名师工程
通识与心理系列

新课程·新理念·新教学
丛书编委会主任：马立　宋乃庆

突破平庸

严育洪 ◎ 著

提升教育质量的 *31* 个跳板

西南师范大学出版社
全国百佳图书出版单位　国家一级出版社

图书在版编目（CIP）数据

突破平庸——提升教育质量的 31 个跳板/严育洪著.
重庆：西南师范大学出版社，2010.3
（名师工程系列丛书）
ISBN 978-7-5621-4890-6

Ⅰ.突…　Ⅱ.严…　Ⅲ.课堂教学－教学研究－中小学
Ⅳ.G623.421

中国版本图书馆 CIP 数据核字（2010）第 043639 号

名师工程系列丛书
编委会主任：马　立　宋乃庆
总策划：周安平
策　划：李远毅　卢　旭　郑持军　郭德军

突破平庸——提升教育质量的 31 个跳板
严育洪　著

责任编辑：郑持军　任占弟
封面设计：周　晓
出版发行：西南师范大学出版社
　　　　　地址：重庆市北碚区天生路 1 号
　　　　　邮编：400715　市场营销部电话：023-68868624
　　　　　http：//www.xscbs.com
经　　销：新华书店
印　　刷：九洲财鑫印刷有限公司
开　　本：787mm×1092mm　1/16
印　　张：18.75
字　　数：316 千字
版　　次：2010 年 3 月　第 1 版
印　　次：2010 年 3 月　第 1 次印刷
书　　号：ISBN 978-7-5621-4890-6

定　　价：30.00 元

《名师工程》
系列丛书

《名师工程》系列丛书

征 稿 启 事

　　《名师工程》系列丛书是西南师范大学出版社策划、组织出版的大型系列教育丛书。丛书以新课程下的新教学为背景，以促进施教者的教育能力为落脚点，以提高教育质量、提升教师水平为宗旨。

　　丛书首批推出的"名师讲述""教学提升""教学新突破""高中新课程""教师成长""大师讲坛""教育细节""创新语文教学""教育管理力""教师修炼""创新数学教学""通识与心理"等系列，共70余个品种，其余系列也将陆续出版。为了让广大教师有一个交流、借鉴的机会，同时也为了给广大教师提供更多、更好的图书，《名师工程》系列丛书编辑出版委员会特向全国教育工作者征集稿件。

稿件要求：

1.主题鲜明、新颖，有独创性。

2.主题以提升教育能力为主，也可适当外延。

3.主题要有一定规模、有典型案例支撑。

4.案例要贴近教育实际，操作性强。

5.文章、书稿结构清晰，语言精彩。

　　书稿作者在选题确定之后，请及时与我们做好沟通，具体事宜确定好之后再进行创作；也欢迎用已经完稿的稿件投稿。一线教师如希望参与图书案例的创作，可联系我社策划机构，由策划机构备案，在适合的图书中参与创作。

　　真诚欢迎各位教师踊跃投稿。

联系方式：

西南师范大学出版社高教分社

电话：023-68254356　　　E-mail：zcj@swu.cn

西南师范大学出版社高教分社北京策划部

电话：010-68403096

E-mail：guodejun1973@163.com

编者的话

当前，以人为本的教育理念正在逐步深化，素质教育以及基础教育课程改革不断推进。在这场深刻又艰苦的教育改革中，涌现了无数甘为人梯、乐于奉献的优秀教师。他们积极探索、更新观念、敢于创新、善于改革，在实践中创造性地发展、总结了很多先进的教育思想、教育理念；创造性地开发了很多新的教学模式、教学内容和教学方法。这些新思想、新模式、新方法在实践中极大地提高了教学质量，是教育改革实践中的新内涵和宝贵财富。这些优秀教师就是我们的名师，这些新内涵就是名师的核心教育力。整理、总结、发展、推广这些教育新内涵，是深化教育改革、完善教育体制、提高教育质量、提升教师水平的一件大事。

教育，是民族振兴的基石；教师，是教育发展的根基。

胡锦涛总书记在全国优秀教师代表座谈会上指出："教师是人类文明的传承者。推动教育事业又好又快发展，培养高素质人才，教师是关键。没有高水平的教师队伍，就没有高质量的教育。"十七大报告又进一步强调了必须加强教师队伍建设，不断提高教师的素质。当今世界，社会进步一日千里，科技发展日新月异，知识更新的周期越来越短。教师作为"文明的传承者"更要与时俱进，刻苦钻研、奋发进取，尽快提升自身素质和能力，为推动教育事业的健康发展贡献自己的力量。

基于以上，西南师范大学出版社策划、组织出版了大型系列教育丛书——《名师工程》。希望通过总结名师的创新经验、先进理念，宣传名师的核心教育力，为广大教师职业生涯提供精神源泉和实践动力，在教育实践层面切实推动从教者职业素养的提升。通过《名师工程》实现"打造名师的工程"。

丛书在策划、创作过程中力求实现以下特色：

一、理念创新，体现教育的人本精神

教师角色在以人为本的教育理念下发生了重大的变化，教师的素质和能力也面临更高的要求。如何弘扬、培植学生的主体性、增强学生的主体意识、发展学生的主体能力、塑造学生的主体人格等问题成为教师在目前教育中亟待解决的难题。丛书以教育管理者和教师为主要读者对象，通过教师综合素质的提高而将人本教育的思想落实到教育实践中，真正实现教育培养人、塑造人、发展人的本质要求。

二、全面构建，系统提升教师的教育能力

丛书选题的最大特点就是系统、全面地针对教师教育能力的提升而展开。施教者的能力决定教育的效果，教育改革的落实、教育效果的提高无不体现在教师身上。丛书针对不同教育能力、不同教学要求、不同教育对象，有针对性地设置选题。棘手学生、课堂切入、引导艺术、班主任的教导力、互动艺术、课堂效率、心灵教育等等，这些鲜明的主题从教育的细节出发，从教育实际情况出发，有针对性地解决问题，让教师在阅读中学有所指、读有所获。

三、科学权威，体现教育的时代前沿性

丛书邀请全国各地著名的教育工作者执笔，汇集在教育改革与实践中涌现的先进理念、成果和方法，经过专家认真遴选、评点总结而成，代表了目前教育实践中先进的教育生产力，具有时代前沿性，是广大一线教师学习、借鉴的好素材。

四、注重实践，突出施教的实用价值

丛书采用了通俗的创作方法，把死板的道理鲜活化，把教条的写法改变为以案例为主，分析、评点为辅，把最先进的教育理念和方法融入有趣的情境中。经典的案例，情境式的叙述，流畅的语言，充满感情的评述，发人深省的剖析，娓娓道来、深入浅出，让教师更充分地领会先进、有效的教育方法。

在诸多教育、出版界同仁的支持与努力下，《名师工程》陆续推出了《名师讲述系列》《教学提升系列》《教学新突破系列》《高中新课程系列》《教师成长系列》《大师讲坛系列》《教育细节系列》《创新语文教学系列》《教育管理力系列》《教师修炼系列》《创新数学教学系列》《通识与心理系列》等系列，共70余个品种，后续图书也将陆续出版。

丛书在出版创作过程中得到各地、各级教育部门与教育工作者的大力支持与帮助，在此一并表示感谢！

教育事业是全社会共同的事业，本丛书的出版一方面希望能对广大教育工作者有所帮助，共飨先进成果；另一方面也是抛砖引玉，希望更多的教育工作者参与到出版创作中来，百家争鸣、百花齐放，为促进教育事业的发展共同努力！

导　　言

我们常说，教育是一门艺术，这是因为教育不可能一成不变。我们知道，教育有着一般的规律，但落实到具体教育实践中，却往往会有不一般的想法和做法。许多教师片面地把教育的"一般"理解为教育的"一样"，导致教育"千人一面"和"千时一面"的格式化局面，这是我们不希望看到的。我们唯有在遵循一般教育规律的基础上，积极寻找不一般的教育途径和创造不一般的教育效果，我们的教育面貌才会日新月异、朝气蓬勃，我们的教育景象才会充满艺术化的魅力。

要实现这样"不一般"的教育愿景，我们就必须具有独立思考能力。然而，事实上，独立思考是大多数中小学教师最为缺乏的专业素养。教师对课改的种种不适应以及教师个人成长的缓慢都与这一要素的严重缺失直接相关。

北京教育学院有关研究人员调查发现：许多教师的工作可以用这样"3＋3"个字来概括："忙"（忙碌），"盲"（盲目），"茫"（茫然），"繁"（繁重），"烦"（烦躁），"凡"（平庸）。

人的成长离不开自我定义，一个人只有"想成为这样的人"才可能为"成为这样的人"做出种种努力。只有拥有了强烈的独立思考意识，教师才有可能成为具有较高的独立思考品质的人。所以，从专业成长上看，教师"不一般"的教育也需要寻找"突破平庸"的教育"跳板"。

课程改革使教师进入了一个多选择的时代，在这种背景下，教师比已往任何时候都更需要独立的判断与省思，其关键集中在教育理论与教育实践的转化上。

人在认识过程中，只能在具体的时间、空间、条件下和具体的结构系统中掌握事物的规定和关系，从而获得具有确定内容的具体的真理。这在思维中表现为由"理性的抽象"上升到"理性的具体"的过程。

对教师来说，把握"理性的具体"的过程也就是关照与研究自己时时面对的充满丰富性、复杂性和可能性的特殊的实践情境与实践难题的过程。它要求教师由关注一般性问题转向关注具体问题；由探究一般性法则、对事物作抽象的分析，转向探究具体的真理，研究特殊情境下的问题解决方案；由关注"是怎样"转向关注"怎样做"。这一转换过程对教师提出了巨大的挑战，但也正是这种挑战，为教师锤炼自己、提高自己的独立思考能力提供了条件和可能。

教师从现有的理论中不能简单推论出适合"这一个"问题或"这一个"对象的答案，他们必须对实践所包含的多样的规定性和多重关系、要素进行分析，才能达到对具体实践的真理性的认识。所以，从教师执行教学上看，教师同样迫切需要"不一般"的教育能力。

本书主要从教育的情感、教育的认识、教育的方法三大方面，围绕"不一般"点化开对师生关系的新定位、教学关系的新认识、言行关系的新动向的详细论述，在行文上采用了教育理论与生活道理相结合、家庭教育与学校教育相结合、国外教育与国内教育相结合、思想教育与课堂教学相结合的写作方法，从与学生密切相关的生活、家庭、学校等三个层面上融会贯通地谈教育，努力使观点更深刻、思路更清晰、文风更活泼。也就是说，笔者力求写作内容能够给读者"不一般"的教育感悟，还力求写作形式能够给读者"不一般"的阅读感觉，最终使本书既适合教师阅读研究也适合家长阅读参考。

然而，尽管笔者有着"不一般"的写作愿望，但限于水平，最终本书可能会存在"一般"之处，恳请各位读者能够用"不一般"的眼光挑出本书的"一般"问题，并能把您的"不一般"的见解发至我的电子邮箱13861472533@139.com，让我们共同打造"不平庸"的教育：一是表现出"不一样"的教育行为，让教育异彩纷呈；二是反映出"不普通"的教育效果，让教育光彩夺目。

严育洪

2009 年 10 月写于江苏无锡

目 录

CONTENTS

第一篇
提升教育质量的情结"跳板"

第 二 篇

提升教育质量的见识"跳板"

第三篇

提升教育质量的方法"跳板"

提升教育质量的情结"跳板"

1

做一个『可爱』的教师

[生恋师，蝶恋花]

平常路　教师常常用自己高尚的道德修养赢得学生的爱戴之心，用高深的知识赢得学生的敬仰之情，用高妙的教育艺术赢得学生的爱好之趣。

非常道　能让学生对教师产生"爱情"的，首先是让学生感到"好看"的教师的神情容貌，然后才是让学生进而"看好"的教师的知识面貌。

　　有人说："希望被爱的人，要先去爱别人，而且要让自己变得可爱。"在教育中，这句话尤其值得教师深思。

　　首先，教师要得到学生的爱，就要先去爱学生。因为教师与学生存在着年龄和资历上的、知识和思想上的天然差距，教师天生就是学生的偶像，学生对教师所表现出的爱不是普通的爱，应该是一种仰望式的敬爱。教师应该维持和保持学生这种与生俱来的"爱情"，不要因轻易地发怒、轻易地埋怨，轻易而武断地破坏自己在学生心目中的慈爱形象。如果教师让学生产生畏惧感，虽然学生可能仍然会因为你是师长而尊敬你，但这种感情更多地会变成一种压抑式的敬畏，师生之间可能由此产生心灵隔阂。要判断学生对教师的感情属于哪一种情况，是"敬爱"还是"敬畏"，只要看学生对教师的态度即可明了：一个学生在远处看到教师向他走来，如果他趁教师没注意就绕道而行，这说明他对教师的感情最多只能达到敬畏层次；如果他在教师还没注意到他的时候就早早地跑上前与教师打招呼或套近乎，这说明他对教师的感情基本达到敬爱水准。

其次，教师要想得到学生的爱，还需要让自己变得可爱。教师的可爱之处不仅在于自身知识的渊博和思想的进步，还在于自身形象的美丽和高尚人格的魅力，这些都将会吸引学生对教师产生"爱情"。

学生对教师也有"爱美"之心

爱美之心，人皆有之。拥有漂亮面孔的人，无论是在情场上还是在职场上都更吃得开。社会学家发现，在学校里，居然也是帅哥、美女当道。研究者发现，对于男学生而言，越是注意修饰仪表的人，综合平均分数就越高；而对于女学生来说，好人缘的重要性似乎更高一些，但漂亮女生的平均成绩依然要比相貌平庸的女生突出。研究者指出，教师本身对相貌的偏见，很可能是造成这一现象的原因。好相貌加好成绩，会让这些学生有机会进入更好的大学，毕业后找到更好的工作，进而组建更美满的家庭。

其实，在教育中，不仅存在着教师喜欢漂亮的学生，而且存在着学生喜欢漂亮教师的现象，并随之影响自己的学习。

1. 教师的美貌能让学生一见钟情

教师的"美丽"主要表现为语言美、行为美和心灵美，能够对学生多赏识、多帮助、多交流。教师通过对学生的一番"美意"让学生感受到教师的一片"爱意"。除此之外，教育中让教师常常想不到的是，学生的"爱美"之心还包括很在意教师的美貌。

有一次，我去听一个班级的课，下课后，我随口问了一个男生："你觉得新教你们的钱老师与以前的老师比，印象如何？"他立马骄傲地回答："当然钱老师好。"他的快速反应让我好奇："怎个好法？"他回答："钱老师漂亮。"

这一回答让我惊讶，原来我一直以为教师的容貌对小学生应该没有多大影响。因为在我的印象中，小学生思想单纯。于是我转而又问了几个女生，她们的回答证实了我原来的"以为是一种"错误的认识。

与学生的这次交谈让我获得的一个信息是"教师的容貌也会影响到学生的学习"，继而我又回想起自己的学生时代，当一个年轻漂亮的女教师来给我们上课的时候，自己确实感到心情莫名的愉快，注意力特别集中，心思特别专注，表现也特别活跃。当时，我对漂亮教师的这种好感是朦胧的、潜藏的，只是上述"漂亮"事件才突然勾起了我对"漂亮"效应的同感。

2. 教师的笑容能让学生一往情深

如今，我常常思考的是"学生真的只在乎教师容貌的漂亮?""教师的漂亮是不是仅仅表现在容貌?"如果这样，那么面广量大的长相一般的教师该怎样展示自己的形象呢? 随后，我看到了下面一个教师写的材料，让我对这一问题又有了更新更深的认识。

近期学校开展了"我喜爱的教师形象"调查活动，结果喜欢"年轻、漂亮、有活力的教师"的学生比例竟高达 87%! 当时我心里很不舒服，学生大都喜欢年轻、漂亮的教师，那我们这些"人老珠黄"的教师岂不是该退出了? 几天后发生的事情，让我感到了自己的狭隘。

那天，是我的公开课，我化了淡妆，衣服也搭配得比平常考究了一些。当我出现在讲台上的时候，学生不约而同地说:"哇，老师今天好漂亮!"那节课，我感觉自己特别年轻，特别有活力，也特别有激情。

下课后，孩子们围在我身边，你一言我一语，几只小手拉住我的衣角，有个小女孩竟仰起小脸对我说:"老师，我发现您眼角有几条皱纹。我下午把妈妈用的去皱霜给您拿来吧!"在这稚嫩的言语中，我从孩子们的身上看到了纯真的美!

于是我读懂了孩子们心中的年轻、美丽，那是一种不受年龄限制的童心，是一种外表的整洁、内心的丰富和一份对教师的绵绵爱心。

看了上述案例，我明白了，其实学生更在意的应该是教师的"面貌"，而不只是"容貌"。我又想起这样一段母女之间的对话。有个小孩对母亲说:"妈妈今天好漂亮。"母亲问:"为什么?"小孩说:"因为妈妈今天一天都没生气。"

虽然是一段简单的对话，但暗藏着发人深省的哲理，那就是:原来拥有漂亮很简单，只要不生气就可以了。那么在教育中，是否"教师拥有漂亮也很简单，只要不生气就可以了"呢? 这，可能才是"漂亮"教师的本质与真义。

于是，微笑理所当然成了教师的一种"漂亮"表情，可以提升人气、融洽关系。微笑能让教育生活的感觉像春天。如果一个教师每天都是春光满面、笑容可掬，那你的微笑一定会感动和牵引许多学生，成为学生提问、倾诉、聊天、交流、求助的"情人"，成为一个受学生欢迎的人，成为一个有魅力的人。

但我们需要清楚的是，微笑不应该仅仅是教师一种脸部的表情符号，它应该是教师内心感情的自然流露。那种虚情假意、皮笑肉不笑甚至笑里藏刀的"包装"式微笑，只能一时迷惑学生，这甚至比严肃的面孔更让学生感到可怕。

只要教师由衷地热爱学生、尊重学生，那么就算你的脸上并没笑意盎然、笑口常开，但学生那颗敏感的心依然可以"读"出你潜在的微笑，这种微笑才真正具有穿透力、激动人心。反之，对于教师并不由衷的态度，学生也是能够感觉出来的，至少你的眼神会出卖你。

一家航空公司因空姐的服务态度冷漠，要求空姐"微笑服务"，但她们给人的感觉依旧是那么冷漠。于是公司请心理学家进行指导，专家把空姐的微笑拍成照片放大：瞧，嘴角都微微翘起来了，但为什么仍给别人一种不愉快的感觉呢？接着专家用纸板遮住照片上眼睛以下的部分，然后再请大家感觉，喔，眼睛！她们的眼睛长得都很漂亮，但她们的眼神传递出来的信息却是不愉快的，旅客从中读到的是，"我累极了""我烦透了""唉，真没有意思……"

眼睛是心灵的窗口。微笑是一个人内心情绪、内心活动的变化，而眼睛又可以准确地传达出这种情绪。美国心理学家艾帕尔·梅拉别思做了许多实验后得出这样一个公式：信息的总效果＝7％的文字＋38％的音调＋55％的面部表情。从这个公式来看，属于非语言行为的面部表情的作用与语言的作用几乎平分秋色。事实也是如此，教师的一个眼神、一个微笑，往往会给课堂带来亲切和谐的气氛，使学生感受到教师的关爱，产生一种愉快的、向上的求知欲。

研究表明，看人眼睛最能记住相貌，因为整个面部上，眼睛包含的信息最多最清晰，其次是嘴巴，再次是鼻子。有一个人在回忆自己学生生涯时说，最使他难忘的是读初三时的教数学的余老师的那双眼睛。

余老师教我数学时，正值我的功课处在非常危险的边缘。令人尴尬的分数，以及前任数学老师的挖苦和讽刺，使我对学好数学几乎丧失了最后的自信心。

在这种情况下，余老师来了。她那双眼睛像一轮太阳普照大地，也照亮了曾被我的前任数学老师遗忘的角落，温暖着我自卑而又敏感的心灵。

上课时，在余老师那双眼睛地注视下，我抬起了曾自卑的头颅，勇敢而且迫切地追随着这束温暖的眼光。

如今，我离开余老师已有10多年了，但余老师那双眼睛时时萦绕在我的梦里。

是啊，有多少学生曾经被老师的眼睛所感动，有多少学生对老师的眼睛记忆犹新。只要想起自己的老师，首先浮现在眼前的肯定是老师那炯炯有神的眼睛。曾经有人搞了一个调查"你希望成为情人身上的什么？"结果多数人选择了"想成为情人的眼睛"这一答案。由此可见，眼睛是许多人记忆中最清晰的感官。

有人说，爱不爱一个人，从你看他背影的眼神可以知道。看一个人的背影时，这双眼睛不会说谎，眼睛面对的是某人的脊背，心灵面对的却是自己。若你从不看他的背影，那你肯定不爱他；若他转身走开5000米，你的清瞳明眸仍不收回，那你肯定爱他。人的眼睛是通向心扉的，你的心此时也跟着他行了5000米。

在教育中，我们有多少教师真心从正面看过学生，更不用说留心看过学生的背影了。反过来，如果一个不正面与你眼神接触的学生，这可能不代表学生不敬爱你，或许他们在背后默默地注视着你，这样的学生往往是比较胆怯的孩子，教师莫被表象蒙蔽了眼睛。

至此，我想说，虽然你不能改变容貌，但可以展现自己的笑容。教师如果既拥有饱含爱意的漂亮笑容，又拥有饱含笑意的漂亮眼神，对学生而言，其魅力要远远胜过教师容貌的漂亮，因为真爱才是最漂亮的。

学生对教师也有 "爱恋" 之情

教师天天与学生来往，日久生情，学生会很自然地把教师视作自己的"亲人"和"爱人"——思想的指引人、学习的点拨人、情感的寄托人。于是，我们经常会看到这样的一幕：学生的言行举止常常模仿教师，把教师说的话当作做事的准则，以能与教师说上话、被教师注意，为荣耀……他们喜欢教师的"样子"，也乐于成为教师的"影子"。如果教师与学生属于异性时，这种恋情表现得尤为突出。例如，从下面的案例中，我们可以发现在懵懂的岁月里有多少男孩的心事在飞。

体味自己少不更事时，感受最深的莫过于对异性的向往。对教英语的杨老师莫名其妙的感觉是源于我的一次生病，那天在英语课上，我突然头疼，就趴在课桌上，她轻轻地走过来，轻轻地拍掉手上的粉笔灰，轻轻地推推我，关切地问我怎么了？我告诉她我生病了，她用手摸了摸我的脑门，探了探我的手心。杨老师的手嫩嫩的，滑滑的，很温润，一种异样的感觉充斥着我的全身，我不由得脸红心跳。也就是这一摸一探，那种感觉永远在我心里定格了。

因为杨老师，我一跃成为学习英语最积极的人，博得了杨老师的喜爱。我会千方百计地找问题问她，而这"积极"的最大目的不过就是能让杨老师零距离地指导我。在我眼里，杨老师不仅是老师，更是一个非常漂亮的女人。

其实对杨老师有好感的远远不止我一个，我就曾亲耳听到几个大胆的男生背地里谈论杨老师的美。杨老师啊！你可知道，你的学生除了非常敬佩你能说一口流利的英语外，还对你的美丽特别着迷啊！

教师的柔情与关心无形中打动了学生的心、激起了学生的情，教师的形象美与心灵美交合成了让学生感动的美好瞬间，吸引着学生为了能向教师"靠近"而积极表现自己、发展自己，以能博得教师的青睐。

除了上述案例所描绘的男生会对女教师产生"爱情"之外，女生也会像下面案例中所描绘的那样对男教师的模样、学识、口才、爱好等产生好感，而努力学习来赢得教师对自己的好感。

该怎么形容这个新来的班主任骆老师呢？他有一张俊秀的脸，加之博学多才、能说会道，使上他课的人都深深陶醉其中。头一个月的民意调查，他以全校最高分成为所有人关注的焦点。

那个时候，上他的语文课已经成为我们最大的期待。他还没进来，教室里已经是鸦雀无声，而我每次都会把讲台和椅子擦得干干净净，为的就是能给他留下一个好印象。

他说他最大的爱好，就是打篮球。于是，下课后，只要看到他在操场，班上的女生就会一窝蜂地跑去，视线全落在他的身上。他每进一个球，我都会为之雀跃。

十几岁年纪的学生，正是情窦初开花蕾绽放的年龄，有关爱情的种种梦想早已经在心里枝繁叶茂，学生的这种生理和心理特征是正常的。在学校生活中，教师是学生学习的陪伴者，又是学生学习的崇拜者，在学生身边是亲近的，在学生眼中是美丽的，此情此景之下，教师容易成为学生的"爱恋"对象也是很正常的。

学生的这种"爱情"是纯洁的，教师完全没有必要大惊小怪，相反，教师应该扮演好学生的"爱人"和"情人"，积极引导学生把这种感情积蓄的力量作用于自己的学习，使他们在学得更快乐、学得更快速中看到教师更多、更美的笑容。当学生长大之后，他们自然会明白这种"爱情"的性质，同时这种学习中的"爱情"经历会在学生以后的生活中留下美好的回忆。

在家庭教育中，这种"美"的教育同样有市场，并能产生强大的"磁场"激励孩子的学习。下面的案例为大家展示了一位高明的家长所使用的"美女家教"的攻心战术。

大三学生晓雅成了我那上高中的儿子建建的家庭教师。建建对清纯、文静的晓雅印象特好。才两个月，晓雅辅导的英语和化学成绩就有了明显进步。

有一次，我无意中看到儿子在好几张纸上写满了晓雅的名字，还画了几个"桃心"。他是不是喜欢上晓雅了？我准备换个家教。晓雅走时，建建傻傻地站在路口。我咨询的教育专家说："青春期引导好了没事，引导不好就有事，有个招儿就不知道你敢不敢使？干脆再给他请个美女家教，让他自己明白爱跟好感是不同的。"

新请的家教叫童笑。建建开始不乐意，可没上两回课，就听到他们的笑声了。童笑上完最后一次课时，建建竟然当着我的面很大方地对童笑说："童老师，以后我想您怎么办？"童笑说："有办法，好好学习，去大学当我师弟。"两个人还击掌说一言为定。

当第三个美女家教上完第一次课走后，建建问我："我学习有那么差吗？怎么还请家教呀？"还冲我挤挤眼说，"妈，你不会是为了让我好好学习，用上了美师计吧？"之后，建建心态平和，保持着旺盛的学习劲头。两个月后，建建主动提出不用请家教了，当建建礼貌而平静地与最后一位美女家教说"再见"时，我也不由得松了一口气。

上述这些案例告诉我们，教师不要总是以为学生只有简单的学习之情，于是只考虑怎样让学生喜欢你的教学、喜欢你教学的知识。我们还必须清楚地认识到，学生还会有对教师的爱慕之情，于是你还须要考虑怎样让学生喜

欢你进而喜欢你的教学、喜欢你教学的知识。学生如果有了这样的"喜欢"，就会自觉地盯着教师的神情、听着教师的语调、跟着教师的动作而长久保持旺盛的学习热情。此时，我们的教学就可以直接进行"热启动"，而不必为了让学生喜欢知识而总是绞尽脑汁地创设外在的教学情境，这样无疑可以提高教学效率。

2

发挥异才，成就教学异彩

[出类人，人出彩]

平常路　生活中，教师有着固定的模样，给别人一种古板的印象，影响到教学，教学就有了固定的格式，给学生一种刻板的课感。

非常道　教师的才艺，可能让课堂漾起的只是一种"兴高"的水花；而教师的异才，可能让课堂激起的却是一种"采烈"的浪花。

你是否有过这样的教学经历：当你替代某个教师走进教室时，如果学生欢呼雀跃，这时你会觉得心旷神怡；而如果学生都发出一声"唉"的长叹，你的心情马上糟糕透了，由此你也就知道自己的课是否受到学生的欢迎了。

让学生们把你所教的学科看做是最感兴趣的学科，让尽量多的孩子像向往幸福一样地幻想着在你所教的这门学科里有所创造，这是每个教师引以为荣的事。怎样让学生喜欢教师的课，不妨先了解一下学生喜欢怎样的教师的课。

学生喜欢"不凶"的教师的课。亲其师，信其道，首先做个让学生有安全感的教师，其次做个喜欢学生的教师。学生喜欢"幽默"的教师的课。如果在严肃的教学过程中，来一点儿幽默，学生会不时发出会心的微笑，说明学生被你的课吸引住了；学生喜欢"好玩"的教师的课，语文课上能讲故事，数学课上会搞活动，英语课上可做游戏；学生喜欢"时尚"的教师的课。不知道"超女""快男"的教师，学生会认为是"老古董"，而能了解学

— 11 —

生的爱好，关注流行的趋势，能哼唱几句流行歌、说几句流行语的教师，他们则认为是"自己人"。

那天讲朱自清的《匆匆》，我强调珍惜时间的重要性，说一分钟也是很珍贵的。有个学生问我："老师，您认为一分钟的时间，是长还是短呢?"我答道："那要看你是蹲在厕所里呢，还是等在厕所外呢?"学生在笑声中明白了答案。

教师的"非常"解释，让学生在"非常"快乐中能够"非常"理解，这样的教学方式学生都喜欢。我们应该懂得学生这样的"心理学"：要让学生喜欢你的课，首先要让学生喜欢你的人。我在学生时代，对喜欢的教师上的科目都学得很好。也就是说，一个学生喜欢的教师，哪怕课上得不"欢喜"，学生也很有可能能学好；一个学生不喜欢的教师，尽管课上得挺"欢喜"，学生也很有可能学不好。因为学生的心态决定着学习的状态，学生一旦喜欢了教师这个人，就一定会喜欢这个教师的课，也就一定能学好这个教师的课。当然，如果学生喜欢的教师的课上得很"欢喜"，如此两全其美的"喜气"更能让学生学得喜气洋洋。

我们还应该懂得这样的学生"心理学"：学生普遍有着喜新厌旧的心理特点，那种一本正经的教师模样和一成不变的教学模式只能让学生越来越提不起劲儿、提不起神。所以，不同的教师应该具有不同的性情特质和发挥不同的教学特长，并能在日常教学生活中尽情表现出来，给学生一种特别的感觉。

教师的样子应该少一点雷同

中国人崇尚相同、相似，而不喜欢差异。西方哲人说"世界上没有两片相同的树叶"，而中国人常会这样说"世界上很少有两片不相同的树叶"，这种情况常常造成我们行为重复的无聊甚至个性压抑的窒息。你看，下面案例中所描写的教师的样子就像那一片片没有特点的"相同"的树叶。

做老师这么多年，要不是朋友提醒，我还真不知道原来在大众的心里，老师有他固定的样子。

在超市，碰到学生，问："作业做完了吗?"这是老师的样子；在公交车上，看见放学的学生，问："今天的课都听懂了吗?"这是老师的样子；周末，遇见和妈妈一道逛街的学生，说："最近有进步，要保持哦!"这是老师的样子；"六一"节，在游乐场碰到学生一家，摸摸学生的头说："你看你多幸福，爸爸妈妈这么陪着你玩，要用好成绩来回报哦！"这是老师的样子；暑假，在丽江古城遇见父母带出来旅游的学生，擦擦学生鼻子上的汗珠问："好玩吗？""好玩！"学生答。老师说："好玩回去要写日记把它记录下来和同学分享哦！"这，也是老师的样子。

朋友强烈抗议："拜托，老师能不能不要总是这个样子？"于是，再和这位朋友出门，我提醒自己换个样子。一进电梯，一个学生便对我敬了个队礼："老师好！""你好！"我点头回礼，看着他手中拿着的两本漫画，我表现出孩子一样的好奇："这书好看吗？"学生响亮地回答："我的作业做完了！"

我的一位同事有一次在公交车上，旁边的乘客对她说："看你的样子，是一位老师吧？"这一看就准，着实让我的同事感到惊讶——"难道教师还有固定样子？"接着感到疑惑——"教师有着怎样的样子？"上述案例或许可以解开她的心结。

常听人说，干什么要像什么，还说，像不像，三分样。仔细想想，这话真能蒙人。当领导的就要打扮成泥胎样，说话拿腔捏调？演英雄人物必站舞台中间，高举右手，横眉怒目金刚状：冲啊！真正的行家哪有工夫装扮自己？真正的行家是用作品证明自己，而不是自己的样子。作家要有公认的好书，画家要有传世的好画，政治家要有流传久远的政绩。那教师要有什么呢？

教书也是"工夫在教外"，七分备课三分讲，只有你的知识储备足够多，你的教育素养足够好，你的课堂语言和课堂结构足够美，你的课才会好。当教师的像教师，像的是内涵，而不是外在形象。干什么不要太像什么，像是外在的形式，关键是内里的工夫。

教师没有特点的"样子"，可能影响学生丧失特点的"影子"。正如现在社会上有许多行为模式和言语方式惊人地相似，教师模样如此，教学模式亦成了"模式"。不信你走遍大江南北，几乎所有教师的程序设置、方法运用、站位态势、举手投足、声腔语调都表现出惊人的一致。这恐怕是一种已被教师习以为常却让学生日久生厌的"职业病"。看山东杜郎口中学的经验可以发现，他们的教师的模样已经脱离了这样的"模样"，他们的教学模式也已经脱离了这样的"模式"，所以他们才能跨出这么大的教学改革步伐，直使得别的地方去取经的教师连呼看不懂他们的教师，听不懂他们的教学。

而一般地方一般教师大致相同的教学套路和套话，常常让聪明的学生知道教师接下来要做的事和要说的话。例如，教师出示画有"蛋糕"的情景图后，学生就知道教师会说"今天是我的生日"等类似的虚假广告；教师提出一系列思考题后，学生就知道教师会让他们进行合作讨论；学生还知道教师的教学范围大多"逃"不出和"跳"不出教材，于是他们就会提前"偷看"教材，上课时还会装作一无所知地配合教师"演戏"……所以，教师的教学风貌让学生看不透、猜不准，有时反而能让教学充满神秘的力量。

教师由"入格"到"出格"的成长方式告诉我们：刚做教师时，要做像教师、上像课；做长教师后，就不必太像教师、太像课。

教师的样子可以多一点雷人

如今，从枯燥的大多数到一个"人"，中国"个性官员"越来越多，如原国务院副总理"铁娘子"吴仪；"刚柔相济"的前外交部长李肇星；敢于"说狠话"，被称为"灭火部长"的前国家安监总局局长、现工业和信息化部部长李毅中；承诺杜绝官场"潜规则"的前商务部部长、现重庆市委书记薄熙来；自称国家财产"看门狗"的原审计署长"铁面"李金华；敢于公开怒斥教育乱收费问题的原教育部副部长张保庆；数次刮起"环保风暴"的国家环保部副部长潘岳等。

多元化的社会培养了一批有个性的官员，多元化的社会同样应能够成就一批有个性的教师。有个性的教师才会容忍和培养有个性的学生，而不会对有棱有角的学生感到大惊小怪，不会把学生磨成大同小异的"产品"。

1. 不同的教师应该"不大同"

不同的教师有着不同的生活习惯、有着不同的思想认识、有着不同的价值取向、有着不同的性格特点、有着不同的兴趣爱好、有着不同的专业学科、有着不同的教学理解……诸多"不同"就要求有"不同"的教师。例如，下面的自行车车棚里相同的停车"规则"，让不同学科的教师写就可能有不同的"法则"。

学校的自行车棚由几位教师轮流监管，车棚外的小黑板用于教师写停放规则。

体育老师写：全体自行车向右看齐。

数学老师写：两条直线保持平行。

语文老师写：另起一行空两格。

尽管这是一则笑话，却可以说明不同学科的教师应该具有不同的教学个性。这也提醒我们，教师的待人处事应该具有属于自己的"特点"。特别是教学中，面对着一个个有差异的学生，教师就不应该先用教师的共性来消灭自己的个性，继而再去统一学生的个性。也就是说，我们应该让学生成为"一个人"，而不是"一类人"或"一批人"。

如今，每每观摩名师教学之后，总有一批教师移植名师教案，"克隆"名师教法，模仿名师教学，以期名师课堂上的精彩效果也能立竿见影地在自己的课堂上显现。但是，绝大多数的实践者往往折戟而返，于是感叹：教案、教法都没变，怎么"差距就这么大呢"？其实，一种原因是，由于个人气质、个性以及教学技艺的差异，每位教师都拥有属于自己的教学风格；另外，教学的对象——学生也不同。正因为这样，同样的教学方法，并不适合所有的教师和学生。教师应根据自身和学生的实际经验水平、个性特点、教学风格有选择地应用教学方法。另一种原因是，那些名师教学中的个性化成分，往往是其他教师在自己的教学中难以复制与粘贴的。

所以，"看别人怎样走路，然后走自己的路"，这或许是教师能够上出"不大同"课堂教学面貌的正确之路。也就是说，"适合的"才是"有效的"。

同样教学"统计"一课，A教师性格外向，长于煽情，他创设了比较动态的教学情境，学生在他的引导下，经过充分地操作、对比、交流，逐渐学会了统计方法；B教师则比较理性，他从唤醒学生原有的经验入手，通过知识的正向迁移，在引导点拨中使学生逐步接受新的统计方法。

可以看出，尽管两种教学风格迥异，呈现方式也大相径庭，但却都是有效的。因为，两位教师选择的教学思路、方法恰恰暗合了各自的教学风格、特长、个性。所以，在备课时，在参考别人教案时，教师需要自己研究自己，同时研究学生，持续追问自己思想理念的根由、实践行为的依据以及教学创新的可能，不断重构自己的思维模式和行为方式，这样的教师进行的教学才可能会"不大同"。

2. 不同的教师可以"大不同"

当你走出校园后，有一些教师总是让你忘了他的好。也许，有的教师曾给你特别的"关爱";也许,有的教师曾带你走出青春期的"困惑"……

但有一类教师,即使他们没特别给过你什么,你这一辈子也忘不了。因为他们在太多相似的教师"面孔"中,总显得很"不一样",他们总在不经意间,留给你一个难忘的瞬间。

(1)做一个"牛气"教师

记得我在读师范时,数学老师是篮球运动员。开学没几天的一节数学课上,他板书时,可能用力过猛,一段粉笔断落下来,在离地面只剩那么一丁儿距离时,只见他飞快地"海底捞月",竟然把断落的粉笔头抓在了手里,接着似乎什么也没发生过似的那样继续讲课。

然而,他可能不知道,就因为这一"惊险"动作让我看得目瞪口呆,之后是深深的佩服——身手真棒!这真是他与其他教师"大不同"的地方。由此,我越来越喜欢听他的课,也总希望能够再次看到这样的一幕。尽管之后一直没能如愿,但这样的期盼一直引导着我专心致志地上他的课。

所以,我还想说,教师的一些"特长"或"特技"同样能打动学生的心,让学生在钦佩和仰慕中喜欢你的人、喜欢你的课。

一位数学老师矮矮的,其貌不扬,课上也没有什么精彩的表现。学生都深感失望,因而上课时总打不起精神。但有一天,学生们都被她震住了。那是在学"圆的认识"时,只见她双腿分开,半蹲着,"唰"的一声,用粉笔在黑板上徒手画下了一个非常标准的圆(课后学生用圆规去量,几乎分毫不差),他们惊呆了。此后,学生在课间都模仿着老师画圆的动作,并因对老师的敬佩而渐渐地喜欢上了数学……

有人说,普通话水平高的教师能教出普通话出色的学生,字写得漂亮的教师能教出字写得好的学生,注意仪表的教师能带出端庄的学生,感情丰富的教师的学生感情也一定丰富。每个人都有长处,要想成就伟业,就得用好自己的特长。教师善于经营自己的长处,能给你原来平凡的教学增光添彩。

高一,我们班换了三个班主任。第一任班主任是一位年轻的男教师,雄心勃勃,妄图指点江山激扬文字,结果折戟沉沙,饮恨而归。第二任班主任是位中年妇女,和蔼可亲,试图春风化雨润物无声,结果涛声依旧,无功而返。第三任班主任是位马列太太,意欲铁腕加高压,收拾旧山河,结果怨声载道,故国不堪回首月明中。

"现在上课。"胡哥说。我们吃了一惊:怎么不约法三章?怎么不演讲自己的苦难史或者辉煌史？

转身，挽袖，板书：《诗经》三首。几个遒劲有力、龙飞凤舞的粉笔字雄赳赳地霸在黑板上，牢牢地拴住了我们的目光。我鬼使神差般地放下了高高跷着的二郎腿——这个胡哥看来有两下子。

古老的《诗经》，美丽的《诗经》，在胡哥抑扬顿挫的语言中复活了。什么叫如沐春风，什么叫五体投地，什么叫心向往之，我想，我们听课的感觉就是这样吧！

这个胡哥，真牛！此后，语文课纪律出奇得好。在我们看来，一堂课没人睡觉，没人瞅窗外，没人跷二郎腿，没人绞尽脑汁抬杠，这是不正常的，也是不可想象的。

由上述案例可以想象，一个"和气"教师与一个"牛气"教师的PK，或许学生身处当时的情境下会把一票投给后者，因为后者产生的冲击波更容易激起学生的心灵感应，更容易一下子"俘虏"学生那一颗颗驿动的心。

当然，如果一个教师既具有"同样"的和气，又具有"异样"的牛气，那么，前者润物细无声的长长的渗透力加上后者暴风骤雨式的大大的冲击力，将会使学生身不由己地对教师"五体投地"，这样的教师将会是一个有魅力的教师，其生发的教学力量不只是"打动"学生，而将是"感动"学生。

（2）做一个"麻辣教师"

什么是"麻辣教师"？最先浮现在我们脑海中的，很可能是电视、电影和漫画中的形象。最有代表性的当属经典日剧《麻辣教师》中的鬼冢英吉。学生反叛，他比学生还反叛；学生另类，他比学生还另类；学生搞怪，他比学生还搞怪！对学生采取有别于一般教师的独特教学方针，最终赢得了学生们的由衷热爱。

但是这毕竟是电视剧，现实生活版本的"麻辣教师"也许未必会这么"张扬"，但有一点是相同的，譬如，因为"大不同"的个性教学方式，最终获得了学生的认同和喜爱。其实，无论在过去还是现在，"麻辣教师"都有很多，甚至不乏"大师级"的人物。

北大的金岳霖教授，平时喜收集一些异物和学生比，输了便将之送给学生，然后他再去买，再去比，其乐融融；而他上课从来不记学生的名字，每次课堂提问常说的一句话就是"今天穿红毛衣的同学回答问题"，弄得这些同学紧张而兴奋。但不久校园里红毛衣便成为一道亮丽的风景，可见他的魅力！

时代在发展，学生一茬接着一茬，不断变换着"新面孔"，教师也应有更多样的个性教学方式。而今，人们提倡的素质教育，也开始树起个性教育的旗帜——如果没有个性教师，怎么会有个性学生呢？

"麻辣教师"，也许更恰当地说，他们应被称为"个性教师"。他们的"麻辣""另类"和"个性"并不是因为穿着打扮的标新立异，更不是"范跑跑式"的"另类教师"，而是他们在对学生负责的基础上，或有着迥然不同的教育方式，或浑身洋溢着个人魅力，无论是在日常情境中，还是潜移默化中，他们带给学生"不一样"的成长经历。

他们中间，有的如孩童一样率真，与学生一起"跌打滚爬"；有的上课诙谐幽默、妙语连珠，有心的学生甚至会收集"某老师语录"；有的教学时真情流露，讲到精彩处时，会大笑不止，神情激动；有的处理事情的方法，可能会让人意想不到，刮目相看，以及因为学生"特殊"也显得"麻辣"的教师……

值得肯定的是，今日的学校，越来越多的"麻辣教师"有了"扬长"的空间，他们找到了属于自己的一片自由飞翔的天空或者可以扎根的多元土壤。"我们的老师很麻辣哦！"也许这是他们所期望的学生对自己的最高评价。

例如，下面一位教师教学的"麻辣"之处在于他的"讲课像说书，课堂像战场"，让学生心潮澎湃、百听不厌。

在江南大学有一个讲授《当代世界政治与经济》课的教师，他上课几乎从不点名，但每堂课学生的出勤率都高达95％以上。课堂上他很少和学生互动，却鲜有学生走神。他一向"我行我素"，不在乎别人的看法，但每年学校对教师评定时，学生都给他很高的评价。他上课就像宣传美女一样，学生每次上他的课，身心都会受到暴风骤雨般的洗礼。

他说："最好的教学效果不是一群学生在下面瞪着眼睛听你讲，而是有人怒目圆睁，非常气愤，恨不得要和你拍桌子争个面红耳赤，个个都有不同的表情才好。"记者好奇地问为什么，他两手一摊："很简单嘛，这代表他并不认同我的观点，他有自己的想法要表达出来，这才是我最愿意看到的教学效果。"

是啊，记得有一次我参加教育部远程教育研修会议时，刘坚主任曾经问我："你认为，现在的教师喜欢怎样的讲座方式？"我回答道："如果一个讲课的教师讲得好，不采用其他辅助手段，同样能够让听众听得津津有味。"所以，我认为，讲课不在于运用的技术手段有多少，而在于讲课的水平有多高。中央电视台《百家讲坛》上的于丹、纪连海等不就是凭借自己的说话艺术来打动听众的嘛，当然，上述案例也是一个很好的例子。

又如，下面一位教师教学的"麻辣"之处在于他的"讲课像唱歌，课堂像舞台"，其开放程度和另类程度可能更让人感到吃惊。

网上曾经流传过一段有关周思成在湖南农业大学进行讲座的视频。演讲结束后，一位辅导员拉着周思成说太感谢他了，因为4年前上了他的课自己的英语过了四级。周思成不无玩笑地说"上了我的班一般都会过四级"，接着在现场女大学生的怂恿下，周思成伴随着音乐热舞引起了不断的掌声、呐喊声、尖叫声，还有不少女生举起手机拍照。

还有一段视频显示，周思成打扮时尚，黑板上有一些粉笔写的英语。应该是在某节课即将结束的时候，他在播放英语录音带的录音机上播放舞蹈音乐，然后戴上假面舞会的面具，随着音乐及女学生的尖叫热舞起来，跳完后又走进同学中间进行交流。

周思成的做法是哗众取宠还是教学创新，许多网友发表了不同的看法，有人认为教师如此授课非常不合适。然而，相对于批评质疑者，热捧赞扬他的则占了绝对多数，"一个老师，既能教好语言，还能不时来段现代舞蹈，竟然还懂声乐，真是多才多艺呢！""这改变了传统的教育方式，把时尚教育融入教学中，也是一种教育创新，也体现了这位教师的多才多艺。""我喜欢这样的老师，多才多艺，很不错，现在的老师大多数太呆板，能像这位老师一样的不多，和学生融在一起，学生也爱听他的课。"……也有他的学生留言讲述自己上课的美好回忆，"上课的感觉很舒服，就是有点雷……他讲课很有特色，实力派，不过人更有特色。"

"麻辣"教师批评学生也麻辣，让学生感觉不再麻木，让学生感觉不到麻烦。下面是"麻辣教师"邓睿在2009年国庆期间整理出来发到第四城论坛上的"麻辣语录"，引起了网友热议。

"请你不要用那样迷离的眼神可怜巴巴地看着我。（睡眼惺忪，其实孩子很辛苦）""请你上课不要摆那样夸张的POSE。（睡觉的pose）""你随便怎么隐藏，我也能看到你特别的大牙在晃悠。你的大牙镶了钻的吧？（上课时，孩子偷偷用书或者手遮住嘴巴吃东西）""你不要想逃离我的注视，因为我的眼里只有你。我说我的眼里只有你——YOU STILL IN MY EYES。（孩子被发

现搞小动作，就不敢正视我的眼睛）"……这些，都是学生上课开小差时，邓睿的麻辣语言。

和日剧《麻辣教师GTO》《极道鲜师》里的"麻辣教师"相比，邓睿的麻辣不在于"武功"，而在于语录！

教师的职业要求教师要成为一类人，一类能够教书育人的人，然而，教师要教得不累人，就必须努力使自己不"类"人，能够拥有自己的教学风格，如此才可能焕发出与众不同的教学风采。

3

快乐，学生『心花』怒放的阳光

[心情好，好学习]

平常路　教师常常对非智力因素对智力因素的影响认识不足，所以也不注重学生的情感状态，也不注重自己的情绪状况对学生情绪的影响。

非常道　让学生快乐起来，可以让他们的学习有一个温暖的环境，并有一个光明的前程，可以帮助学生提高学习的胆量和增加学习的容量。

你是否一直都在迷惑不解，为什么你常常会感到压抑和沮丧？做做这个小测试吧：①当我快乐的时候，我在想（　）的事情；②当我悲伤的时候，我在想（　）的事情；③当我气愤的时候，我在想（　）的事情；④当我沮丧的时候，我在想（　）的事情。

答案分别是：①快乐；②悲伤；③气愤；④沮丧。道理很简单，又很深奥，正是我们自己思考问题的方式在影响着我们此时此刻的心境。

在生活中，我们会经常自问自答一些问题，但你是否意识到，你的答案其实是由你的问题决定的。如果你问自己："我为什么这么愚蠢？"那么你的答案首先是肯定了你的愚蠢，之后再给了你几条之所以愚蠢的原因；如果你问自己："为什么我必须如此辛苦地学习？"答案必定是让你更加厌烦的消极回答。悲观、失败的提问，得到的将会是负面的、消极的答案，这些答案会让你的境况继续暗淡无光。

— 21 —

　　除了问题可以决定心情之外，说话同样能够决定心态。每天都能说出"好的""一定会有办法的""没问题"这种积极话语的人，他们的每一天都会过得非常顺利，即使遇到了困难，他们也能够跨过难关。相反，每天嚷着"学生纪律太糟了""学生的表现太让人气愤了""教学效果没办法提高了"的人，遇到的挫折也特别多，运气也显得特别糟糕。

　　你嘴上所说的人生就是你的人生。你必须要意识到，每天从自己嘴巴里说出的话拥有很大的威力，所以要改变自己的话语。每天你所说的话，都给你的每一天指明了努力的方向。你说的话一定会在说出口后，变成现实。这是由人的大脑与自律神经决定的事情，人的自律神经通过大脑皮层来支配身体，而我们的大脑正是通过自律神经将想法传达到身体各部，从而操纵它们来把我们的想法变成现实。

　　如果要给人们的想法找一个合适的载体，那一定就是人们说的话了。我们在考虑问题的时候，语言其实已经在脑海里浮现了。也就是说，你最终决定说出口的言语，会或大或小地影响你的人生。

　　但是，在一般情况下，比起积极的事件，你的思想更倾向于消极的事件。如果你在一天的学习中得到 10 次表扬和 1 次批评，更多的人只会记得那次批评。科学家们把这种现象称为"负面偏爱"。

　　为了消除我们思想中的"负面偏爱"，一是让自己的思想倾向喜乐，多关注周围积极的事情：一缕阳光、一个微笑、一句好话等。例如，有的教师被安排负责一个自己并不十分满意的班级，我们不必抱怨学校领导或自己的运气差，而应该这样想"遇上你（学生）是我的缘"或"相逢是首歌"，这样我们就会快乐起来。二是给自己积极的心理暗示，从问自己正确的问题开始："我让学生有收获了吗？""我该表扬学生什么？""我怎样才能提高教学效益？""我今天反思了什么？""我应该怎样做才能让学生更快乐？"……快乐的问题决定了快乐的答案，快乐的答案决定了快乐的心情。三是坚持说积极向上的话语，就能积累起相关的重要信息，于是在不经意之间，我们就已经行动起来，并且逐渐把说过的话变成现实。这些对教师和学生来说都很重要，因为它可以让教学充满阳光。

心情好，关系近

1. 给学生"有来由的快乐"

经过罗马的时候，一位新识不久的朋友带我们去喝咖啡。"很好喝的，喝了一辈子难忘！"侍者从一个特殊的保暖器里为我们拿出杯子，我捧在手里，忍不住惊讶："咦，这杯子本身就是热的哩！"侍者转身，微微一躬，说："女士，好咖啡总是放在热杯子里的！"

是啊，好咖啡应该斟在热杯子里的，凉杯子会把咖啡带凉了，香气想来就会蚀掉一些。或许热杯子"传热"给了好咖啡，才会诱发出好咖啡的香吧！但可以肯定的是，用热杯子喝咖啡能让人有一个好心情，这样喝起来会更香甜。

（1）微笑可以成为传染快乐的来由

美国俄亥俄州有家蒸馏工厂，连续两年亏损。新厂长丹尼尔上任后，随即就在工厂的醒目处都贴出大幅标语："如果你看到一个人没有笑容，请你把笑容分些给他"。他还把厂徽改成一张笑脸。他自己总是春风满面地和每个人打招呼。在他的"笑容"感染下，工厂3年未增任何投资，生产效率却提高了80％。

笑容"传染"给了工人好心情，才会诱发出工人的工作热情，笑可以使人的细胞快乐。人的大脑里有各种引起快乐的化学物质：内啡肽、复合胺、荷尔蒙、多巴胺。你的饮食、行动、休息的方式，甚至你的面部表情都会改变你大脑中引起快乐的化学物质。科学家发现，微笑会减少大脑中的压力荷尔蒙，并催生快乐化学物质，增加体内的淋巴细胞，减轻身体的痛苦，让身体更放松。

最近，我去一所学校参观，一进门，迎面看见一堵墙，墙上一张张学生的笑脸立刻吸引了我：有的抿嘴微笑，有的捧腹大笑，有的仰天大笑，有的抚掌大笑，有的掩嘴而笑……有的开怀，有的活泼，有的羞涩，有的腼腆，各种各样，表情丰富。那么多天真、灿烂的笑脸同时"绽放"在"笑脸墙"上，扑面而来的童真气息极具感染力，成为学校一道亮丽的风景。

在这之前，我在很多学校墙壁上看到的几乎全都是名人画像或格言，而在墙壁上贴满学生的笑脸，我还是第一次看到。原来，学校想给孩子们营造健康、轻松、快乐的成长氛围，使他们能够用快乐的笑脸迎接每一天，于是特意请来摄影师随意抓拍孩子们在课间丰富多彩的笑脸，贴在墙上。我不禁想，学生在这样的"笑脸墙"下嬉戏玩耍，抬头就看到自己或同学们的"招牌笑脸""微笑名片"，至少在那一瞬间，他们都会是开心幸福的！

由此可见，微笑可以带给自己好心情，对人微笑也可以带给别人好心情。此时，微笑就是可以让人快乐的唯一理由。在教育中，教师如果要让学生快乐，首先自己要快乐，快乐能缩短师生之间的心理距离，让彼此关系更融洽，这就是快乐效应。

联合国亲善大使乔伊·亚当斯去了法国几次后，宣称巴黎人是全世界最差劲的主人。海关人员臭着一张脸、计程车司机态度恶劣、餐厅侍者傲慢无礼、人民不耐烦又有敌意。

后来，他看到一段话："世界是一面镜子，每个人都在其中看到自己的影像。"于是下次去巴黎时，他决定一路挂着笑容。结果竟看不到任何不高兴的计程车司机、侍者或警察，人人都是神情愉快，亲切随和。他这才发现纠正别人态度最快的方法是纠正自己的态度。

别人是你的镜子，从别人的身上可以看到自己的影子。教师就应是一面能让学生照出好心情的镜子，给学生创造一种愉悦和谐、自由宽松的教育环境，在学生心灵深处映出一片灿烂。

有一对年轻夫妇总埋怨自己的孩子笨，学习成绩不理想，以为孩子心理不正常，便去请教一位心理专家，没想到专家开了这么一副处方："一张笑脸，两句鼓励，三分野餐，须在草地、河边、阳光下全家一起食用，'用药'不分剂数……"

给孩子微笑，孩子也就会笑脸相迎，学习生活也就会充满欢乐。教师的好心情不仅仅只是通过微笑表现出来，还体现在用关怀的语言、温和的目光、善意的举动组织教育活动，由只提要求到多给关怀，由强调刻苦地学到强调愉快地学，由单向知识传授到双向情感交流，由一味指责到千方百计让学生品尝成功，这种适宜的"环境温度"很容易孕育学生的好心情。

（2）赏识可以成为创造快乐的来由

李天笑在重庆做DM杂志，公司被他打理得充满快乐。他常说："只有让员工快乐起来，老板才有快乐的可能。"

他制造快乐的第一招是鼓动情绪。大多公司的办公室准则包括"不准大声说话和大笑",他竟然安排每天上午10时30分为激情时刻,在10分钟的激情时间里,大家要肆无忌惮地舞动身体,想吼什么吼什么。办公室里多了笑声,少了抱怨。

办公室命名是第二招,他把以往熟视无睹的部门招牌改得稀奇古怪:总经理办公室成了"太阳系",编辑部成了"冥王星",财务部成了"火星",门卫成了"防卫工程师"……这么一改,员工们乐了。

他"允许"员工迟到早退。但是,如果想获得"允许",必须给出一个能说明实情又很幽默的理由。有一次,小张迟到了,她的解释是:"一路上风太大,前进一步就要后退两步。"李天笑很疑惑:"那你是怎么走到这里的?"小张振振有词:"我只有倒过来退着走呀!"一句话让所有人开怀大笑,于是小张就没有受到任何处罚。但从此以后,小张再也没迟到过。李天笑解释道:"我很理解员工偶尔对规则的抵触。我希望用一种快乐的方式来解决问题,而不是冷冰冰地处罚。"

宽容与欣赏能让人快乐,快乐的心情能激发和影响一个人的积极性和上进心,让人在快乐中不抵触规则、不抵制惩罚,乐于改过。在教育中,同样存在着这种情绪传染,学生会感激着教师的宽容,幸福着教师的欣赏,喜欢着教师的美意,快乐的情绪传染能加速学生的成功体验。

我读初一时,十分喜欢语文老师那潇洒的行书,我模仿着他的笔迹。本想作业本上"漂亮"的书法一定会投其所好,得到他的赏识,孰料常常被他退回重写,并多次训斥:"怎么写得这么潦草!"老师啊,其实你不懂我的心:我喜爱你的书法,这你应该看得出来,只是功力不够,那你应该指导我呀!我真的好伤心。

读初二时,年轻的英语老师待我特好。那时,他在练庞中华的钢笔楷书,我开始仿写他的中文字与英文字。细心的他"明明白白我的心",就送给我一本《庞中华钢笔字帖》,我欣喜万分,加倍练字。字练好了,英语也学好了。

在教育中,很多情况下教师的善意与善举是学生快乐的理由,或许是教师和蔼的态度给了他好心情,或许是教师亲切的关怀给了他好心情,或许是教师优美的语言给了他好心情,或许是教师高超的业务给了他好心情,或许是教师温暖的评价给了他好心情……总之,教师能打动学生的地方很多。

以学生为本的教育教学没有理由不给学生快乐,并且教育教学本身也应该成为学生快乐的理由，教师为了教育学生找寻的理由应该以能够激发学生快乐的心情为理由。

从前，一位先生教了两个学生，一个他非常喜欢，一个他非常讨厌。一天，两个学生都拿着书本睡着了，老先生朝着自己厌恶的学生抽了一巴掌，教训说："看看你，一拿起书本就睡觉。你看看人家，睡着了还拿着书本！"

这么说可以成为理由，那么说也可以成为理由，相同的事情可以有不同的理由，受一个人的看法不同所左右。就如上述案例中，那位先生对喜欢的学生睡觉的事情自然说出让人开心的理由，而对讨厌的学生脱口说出让人伤心的理由。

在教育中，教师应该由什么"理"来看待学生和要求学生？一句话，那就是以能让学生快乐地接受为理由来决定我们的教育教学行为。教师可以叫家长把孩子送进学校，可以用教鞭把孩子赶进教室，可以提着嗓门吸引孩子的注意，可以瞪着眼睛监视孩子的学习……这样的理由是带着强迫的。它远不及教师通过营造良好的学习氛围吸引孩子、留住孩子来得高明，这样的理由是出于自愿的。例如，下面案例中的家长能够给孩子缓冲的空间，其理由不外乎就是不让孩子因不快乐的事情而变得心情不快乐，导致学习的恶性循环。

放学时，坐在车上的女儿把我抱紧了，用她少有的温柔对我说："爸爸，跟你说件事。"

"这件事能不能不告诉妈妈？"这是接下来她跟我提出的附加条件。在得到承诺之后，女儿便用谨慎的语调告诉我："今天考试我考了……分。"

"多少分啊？大胆说，没关系的。"我怎么忍心让她小小年纪就成为分数的奴隶呢？

"90。"之后是一个含糊不清的排名。

"蛮好的，这有什么呢？你已经很优秀了啊！"

"你真的这么认为啊？"女儿立即来了精神。

"嗯，允许失败，好好努力，爸爸相信你。"其实，我真的不认为这是一个失败的分数。

回到家里，我便和她悄悄地躲在小房间里，让她把做错的题目分析给我听，再谈谈做错的原因。最后，如约给她签上家长的名字。

这样的事情我几乎每学期都要为女儿做几次，每出现一次这样的情形，女儿便会在我的面前好好地乖上一阵，在学习上格外地努力。于是，我就常常扮演一个在她失败时为她提供缓冲空间，帮她度过"危机"的角色。

其实，很多时候，作为教师的我们更应该给学生一点缓冲的空间。布置作业的时候，其他学科的教师布置的多了，你就应该想自己可不可以布置少一点，免得学生愁眉苦脸；当学生气喘吁吁地赶到教室，已经够紧张了，你就不要再步步紧逼，一定要逼问出为什么迟到的子丑寅卯来；试卷发下去的时候，一时失败的学生不敢让试卷跟家长见面，如果他能在内心里给你一个承诺，就给孩子一个努力的机会吧……由此可见，学生的心情应该是决定教师教育教学方式的理由。

2. 让学生"没来由地快乐"

有人曾采访过数十名科学家，他们内心一直非常平和、安宁，从来不会随着生活环境的变化而难过，这种现象有人称之为"没来由地快乐"。在教育中，教师如果能够培养学生这种"没来由地快乐"，那将是快乐学习的最高境界。

当学生做到"没来由地快乐"时，学生就没有必要一定从周围的环境得到快乐，因为他的内心永远充满阳光。同时，学生会把自己内心的快乐带入日常学习与生活中。这种情况还会出现良性循环——学生越容易快乐，就越容易成功。快乐的人会有更多的机会、更好的健康、更深的友谊、更大的进步。

那么，怎样让学生"没来由地快乐"起来呢？一是教师在平时的教育教学中应该培养学生的自信，自信能够让学生从心底里自然地涌出快乐；二是教师应帮助学生学会心理的自我调适，积极心理学领域的研究者发现我们每个人都有"快乐设定点"，它决定了我们快乐的程度。就像冷天里你开取暖器使室温升高一样，教师应该指导学生学会把自己的"快乐设定点"调到较高的水平，告诉学生调节"快乐设定点"的秘诀在于养成快乐的习惯。当学生养成快乐的习惯后，他们就会情不自禁地用快乐的心态看待事物和处理事情。

有一个孩子，看见我的挂表的面覆盖在桌子上，给我翻转来，看见我的茶杯放在茶壶的口子后面，给我移到口子前面来，看见我床底下的鞋子一顺一倒，给我掉转来。我谢他："哥们，你这样勤勉地给我收拾！"

他回答我说："不是，因为我看了那种样子，心情很不安适。挂表的面覆盖在桌子上，看它何等气闷！茶杯躲在它母亲的背后，教它怎样吃奶？鞋子一顺一倒，教它们怎样谈话？"

从此，我也着实留意于东西的位置，体谅东西的安适了，它们的位置安适，我们看了心情也安适。于是我恍然悟到，这就是快乐的心境。

上述案例中，那个孩子乐观的心态让他对身边的事物进行了一番乐"观"处理，之后的事物就变得那么悦目、那么赏心。

《圣经》中说："你们不像小孩子，便不得进入天国。"我们应该追寻孩子们那种童心般的快乐，然后用这样的快乐去调和我们的教育和教学，这样才会带给学生真正需要的快乐。然而，我们常常为学生表现出的这种快乐感到莫名其妙，难以解释学生这种快乐的理由。实际上，学生这种发自童真与童趣的快乐很多情况下是没有理由的，也是不需要理由的。

心情好，胆子大

都说"江山易改，本性难移"，可美国《心理科学》杂志刊登的一项研究指出，处于快乐情绪之中的人，性格也会发生一些改变：胆子更大，探险精神更强，也更大方和开放。

研究者选择了来自不同国家的被测试组。有强调独立和个性的欧洲文化组和崇尚集体和谐的亚洲文化组。在实验中，研究人员让一部分被测试者听莫扎特的欢快音乐，以提高其情绪，另一部分听俄罗斯钢琴家拉赫玛尼诺夫的悲情作品，以降低其情绪。然后，研究人员对他们进行了多项测试，旨在测量其价值观究竟是个体主义取向还是集体主义取向。

结果显示，"心情好"会左右欧洲人和亚洲人的行为，让他们的行为有所"出格"，而糟糕的心情则恰恰相反。积极情绪传达的信号是"大胆尝试是安全的"，可以对"自我"展开新的探索；而消极情绪发出的信号是"严阵以待，不可越雷池一步"。

我们不难看出，情绪对社交倾向有很大影响。我们能不能这样说，学校的教育教学也可以看作是一种"社交"——教师与学生之间的交往、学生与学生之间的交往以及学生与社会之间的交往、学生与知识之间的交往。

我们要获得好的教育效果，教师就必须改善与学生之间的关系，而要形成这一良好局面，首先教师要让学生敢于与你交往，其中一种做法就是让学生拥有一个好心情，这样会更容易让学生乐于接近你、亲近你，你也能更容易走进学生的世界、走进学生的心灵。

其次，在教学中，我们应该给学生一个快乐的学习氛围，让学生能更大胆地探究知识、提出问题、发表见解、交流合作。其中，教学态度的和蔼、教学气氛的民主、教学形式的活跃、教学内容的丰富、教学评价的激励都能够使学生感到快乐。

心情好，收获多

1. 你的心态就是你的主人

慧宗禅师一次外出前，嘱咐弟子看护好寺院里的数十盆兰花。一天夜里，突然下起倾盆大雨，弟子们到第二天早上才发现，兰花已被大雨摧毁。几天后，禅师回来得知原委，宽慰弟子说："当初我因为快乐才种兰花的，如果我责罚你们，我不快乐，你们也不快乐，那么我种兰花有什么意义呢？"

每个人都可以获得快乐人生，只要你拥有一份乐观的情绪、一份积极的思考、一份坚定的信念。一位哲人说得好："你的心态就是你的主人。"

任何人在生命的长卷里总有几处败笔和不如意，无论遭遇多大的不幸，失去了多么重要的东西，都不可怕，可怕的是由这种失去引发的另一种失去，即失去了信心和快乐。如果那样，你将永远失去幸福、快乐和成功的人生，这才是真正可悲的。下面案例中这位班主任可谓用心良苦，用游戏的方式告诉学生——如何让好心态成为自己的主人。

高三，连续几次模拟考试成绩都不理想，我情绪低落。我颓靡的精神状态没有躲过班主任老师的眼睛，她把我拉到一个小木箱旁边，说里面有 3 个白球和 3 个黑球，她每次摸一个球，让我猜球的颜色。我瞟了一眼木箱猜道："白球！"老师笑着把攥着球的手伸给我看，黑球。

老师又把手伸进了木箱，要我猜第二个球。概率论的知识我还是懂的，所以继续猜是白球，结果又是黑球。第三个，还是黑球！我简直不相信自己的眼睛，更不相信自己的运气。

老师意味深长地说："考试不就跟这小球一样么，总会有成功失败和黑白之分的。你心里想着要白球，却偏偏拿到了黑球。但那也没什么泄气的，把它丢掉便是了。坚持下去，黑球拿完了，属于你的就全是白球了。"我一下子醒悟过来。

第二年，我以优异的成绩被名牌大学录取。那天，我问老师："那天箱子里是不是全是黑球，没有白球啊？"老师不好意思地笑了笑，说："你说对了。但箱子里有没有白球不重要，重要的是心里装的全是白球。心中有白球，生活才有力量，这才是最重要的。"

2. 你的心态就是你的生机

美国传奇教练伍登，在全美十二届的篮球年赛中赢得10次冠军，被大家公认为有史以来最称职的篮球教练之一。有记者问他："你是如何保持积极心态的？"伍登很愉快地回答："每天我在睡觉前，都会提起精神告诉自己：我今天表现非常好，而明天的表现会更好。这句话我坚持了20年！"

有一次他与朋友开车，面对拥挤的车潮，朋友感到不满，但伍登却欣喜地说："这里真是个热闹的城市。"朋友好奇地问："为什么你的想法总是异于常人？"伍登回答说："一点儿都不奇怪，我是用心里所想的事情来看待。不管是悲是喜，我的生活中永远都充满机会。这些机会的出现不会因为我的悲或喜而改变，只要不断地让自己保持积极的心态，我就可以掌握机会，激发更多的潜在力量。"

同样一件事情，有人看到的是转机，有人看到的却是危机，其关键是人的心态使然。培养积极的心态，你可以从许多人、事、物当中，洞悉他人所无法体会的绝妙世界。研究表明，乐观者心脏病的发病风险要比悲观者低9％，而因各种原因死亡的几率也比后者小14％。

不知道有没有人相信，或者做过这样的实验：将盛满水的杯子分别贴上纸条，一只杯子上落下赞美的笔迹，如美丽、动人、善良等，另一只杯子上写出讽刺挖苦的语言，如丑陋、肮脏、恶俗等。将这两个一模一样的装有同一种水的杯子放入冰箱中，半日之后取出，你会惊奇地发现，贴有赞美之词的杯子里，开满了妖娆夺目的冰花，晶莹透亮，甚是可人。而另一个贴有嘲讽之语的杯子里的冰花，则呈现出一种碎裂黯淡，毫无光泽的景状。或许有人说我是在危言耸听，但这的确是事实。这些实验，全都来自于中央电视台一档叫做《和谐拯救危机》的节目。

我们不得不开始猜疑，那些不能发出任何生息的事物，与我们人类之间，或者与周旁的事物之间，是否存在着一种极其微妙的联系？再试着想想，我们教育学生，是否曾给过他们一种无形的压力、嘲讽或抱怨，让他们忧愁、苦闷与压抑？让我们永远记住下面这位校长给孩子们上的一节课，她告诉学生的同时其实也告诉我们这些教育工作者，那就是"爱可以让万物快乐地成长"。

一天早上，校长举起两株矮小的、栽在相同花盆里的常青藤说："我们将给这两株同样的植物同等的光照、同等的水分，但是不一样的关注。我们把一株放在厨房，远离我们的关注；另一株则放在教室，请大家每天对它说，我们非常爱它，它非常美丽。"4 个星期后，孩子们觉得不可思议，厨房里的那株常青藤瘦瘦的，病恹恹的，一点儿也没有生长。但是，教室里的那株常青藤，由于每天都能听到歌声，沐浴在美好的思想和言语里，竟然长到了原来的 3 倍大，叶子浓绿肥厚，生机勃勃。

孩子们把厨房里的那株常青藤也搬到了教室，不到 3 周的时间，第二株就赶上了第一株，又过了 1 周，人们已经分辨不出两株常青藤的差别了。

同样，学生的好心情能让自己的学习像教室里的常青藤一样保持"常青"。研究表明，人的情感因素是最具有广泛性、融合性，最为活跃的因素。情绪追求对学生的学习行为具有自发驱动作用和直接强化作用，具有及时调整情绪的功能。学生容易在合适教学情绪的各种活动中得到最大限度的动力激发，其学习的主导动机常常与某种能给自己带来积极情绪体验的情境性活动相联系。

研究还发现，大脑喜欢开玩笑。开心和学习效率成正比，心情越好，学到的知识就越多。情绪心理学研究还表明，人具有一种先天性的行业倾向，即趋向积极的情绪体验而回避消极的情绪体验。这种"趋乐避苦"的特性对学生学习动机的影响是巨大的。比如，学生接触某一课堂教学情境时，并非主要从课程性质及其价值的角度认知，而是更多地从教学内容、形式是否"有趣——愉快"的情绪角度进行判别，并以此决定自己的学习行为。如果教师的讲授不能使学生感到"有趣——愉快"，他们的学习动机也会减弱，普遍会悄悄地从事各种各样的无关活动。

心情快乐的人脑筋活络。我们的一种做法是多欣赏学生，教师的欣赏能让学生焕发生命的活力，而学生由此拥有的快乐心态则能让课堂充满勃勃生机，这样的学习不烦人，不恼人，也不累人；另一种做法是让知识教学"轻

松一点儿"，使学生的学习能够"胜人一筹"。教师可以通过以下几个"一点儿"来让学生学得开心一点儿，最后让学生在开心中开窍：叙述生动一点儿，让学生听得进；内容通俗一点儿，让学生看得惯；气氛活跃一点儿，让学生说得出；探究充分一点儿，让学生做得好；合作随意一点儿，让学生求得多；练习丰富一点儿，让学生做得欢。

法国心理学家勒什兰认为："凡是被试者（学生）认为不愉快的事，不如他认为愉快的事记得牢。"苏霍姆林斯基也说过："如果教师不想方设法使学生产生情绪高昂和智力振奋的内心状态，就急于传授知识，那么这种知识只能使人产生冷漠的态度，而不动情感的脑力劳动就会带来疲倦。没有欢欣鼓舞的心情，学习就会成为学生沉重的负担。"但愿我们的教师都能成为一个让学生快乐学习的快乐教师。

4

幸福着学生的幸福

[慢着教，学着乐]

平常路　教师常常瞧不起学生的"爱好"，认为那是低级趣味，还常常看不上学生的"喜事"，认为那是儿科游戏，由此常常不顾学生喜好而安排一切。

非常道　没有过程的教育，学生无法得到快乐；没有快乐的教育，学生无法得到幸福。所以，要让学生享受教育的幸福，就必须体验快乐的过程。

一位少年向智者讨教幸福的秘密，智者把滴了两滴油的汤匙递给少年："走路时不要让油洒出来"。少年沿着宫殿台阶上上下下，眼睛始终盯着汤匙不放。

"你看到我餐厅里的波斯地毯了吗？看到园艺大师花了10年心血创造出来的花园了吗？注意到我图书馆里那些美丽的羊皮卷文献了吗？"智者问道。少年十分尴尬，他唯一关注的只是不要让汤匙里的两滴油洒出来。

少年拿起汤匙重新回到宫殿里漫步，注意到了天花板和墙壁上悬挂的所有艺术品，观赏了花园和四周的美景。他回到智者面前仔细地讲述了见到的一切。

"可是我交给你的两滴油在哪里呢？"智者问道。少年朝汤匙望去，发现油已经洒光了。智者说道："幸福的秘密在于欣赏世界上所有的奇观异景，同时永远不要忘记汤匙里的两滴油。"

如果把"不要让汤匙里的两滴油洒出来"比作教育的目标和教育的结果，那么行走中观赏沿途的风景则是实现这一目标的教

育过程。上述故事很好地阐释了教育的过程与结果之间的辩证关系，既不能死盯结果而忽视美丽的过程，也不能只顾过程而忘记最终的目标。只有过程与结果完美地统一，"教育"才会与"幸福"联姻。

乌申斯基说："教育的主要目的在于使学生获得幸福，不能为任何不相干的利益而牺牲这种幸福。"马卡连柯说："我确信我们的教育目的，不仅仅在于培养能最有效地参加国家建设的那种具有创造性的公民，我们还要把受教育的人一定变成幸福的人。"一句话：我们要追求幸福教育。

一是追求教育结果的幸福。教育可能是为了升学、就业等功利性的目的，也可能是为了身心的全面发展、精神世界的陶冶、生活情趣的丰富等非功利性的目的。如果把教育的目的仅仅停留在升学上，升学便会妨碍人的幸福生活。

二是追求教育过程的幸福。肖川认为：好教育的过程始终充满礼貌、尊严、秩序、温暖和热情；师生校园生活质量主要取决于身心愉悦的程度、内心充实的程度和成就感，而提高学生的校园生活质量必须主要通过提高课堂生活质量来实现。古人说"知之者不如好之者，好之者不如乐之者。"教育的过程、学习的过程必须成为一个幸福的过程、一次快乐的"旅行"。

三是追求教育内容的幸福。苏霍姆林斯基说："教育上的一个重要任务就是在于使每一个孩子的心都能受到人的崇高欲望的鼓舞，而给别人带来欢乐、幸福、顺利、好处和安宁。"我们应该给学生一种能够欢欣鼓舞的教育教学内容。

跟"急功"告别

一个失落一小片的圆想找回完整的自己，到处寻找自己失去的碎片。由于它是不完整的，滚动得非常慢，从而领略了沿途美丽的风景；由于它有缺口，经常被卡住，从而在困难中学会了解决问题的方法……终于有一天，它实现了自己的心愿。然而，作为一个完美无缺的圆，它滚动得太快了，错过了花开时节，忽略了虫子……以至于失去了许多许多……

这一寓言至少可以告诉我们两个教育道理：一是教育的慢节奏才能让学生收获更多的细节，享受教学过程的美丽；二是真实的教育往往是不完美的，教学的遗憾也是一种美丽。

然而，现实中的教育者普遍是"急性子"。为了不让孩子输在起跑线上，很多家长把孩子送进各种各样的补习班，也不管孩子要不要、能不能。其实，教育不能一味地求速成，所谓"饭未煮熟，不能妄自一开；蛋未孵成，不能妄自一啄"，人间万事都有其平衡之道，"慢慢来"是救治速成之弊的重要法宝，况且，慢不一定代表低效。在生活中，慢至少具有以下好处：一是慢工可以养艺，二是慢步可以养生，三是慢言可以养量，四是慢活可以养寿。

　　在学校教育教学中，同样需要教师和学生的"慢工"——放慢操作活动，"慢步"——放慢教学进程，"慢言"——放慢语言节奏，如此学生才会拥有充分的自主活动空间和自由思考时间，在从容学习中挖掘知识和开发智能，这样的教学过程才能不断涌动知识的魅力和焕发生命的活力。

　　1. 欲速则不达

　　和朋友相约爬山，朋友向我挑战：咱俩换一种登山方法，不再慢走，而是跑到山顶，谁要是输了就买午餐的账单。我欣然同意。

　　我的步伐明显比朋友快不少，很快将他远远抛在身后。他十分淡定，慢悠悠地跑着。由于一开始用力过猛，我很快出现了呼吸急促现象，只好坐在石凳上休息一下。朋友很快来到我的身边，问我有没有事，我摆摆手。他继续向前跑着，仍然保持着一贯的步伐，或昂首挺胸，或侧目山旁的花草，一切看似惬意而悠闲。

　　我决定学习朋友的跑步方法，不再抢跑，努力保持一种慢跑的状态。但由于之前体力透支过度，我这时想要匀速前行竟有力不从心的感觉。

　　上述登山经历还让我想起两位教师，两人在教育素养和教育经历上难分伯仲，但后来，两人的成就有了天壤之别。过程是这样的，其中一位特别好胜，一段时间写作产量很大，在为数不少的教育报刊上维持着较高的曝光率。另一位则不同，他每天坚持只写两千字，其余时间用来读书和思考。然而，10年后的今天，第二位朋友已是省内知名的教育专家，第一位仍然在写着他的千字文。

　　是啊，太想赢，就会输，这也可以算是一种"冲动的惩罚"。我们应该学会在享受过程中得到结果，不能为了"结果"而用激素催熟，缩短自然生长过程，这样的结果未必甘甜。

　　要想赢，心急不得，这可以从一个"赢"字上看出其中的奥妙。"赢"字可以拆分成"亡""口""月""贝""凡"5个字，我们要让学生成为"赢"家，就需要把握以下5点：一是"亡"字，危也。学习如"逆水行舟，不进则退"，我们必须树立危机意识。二是"口"字，说，交流。要敢于质疑书本上的知识、教师的观点，还要善于和教师、同学交流学习心得、学习方法甚至学习中的困惑。三是"月"字，日积月累。学习绝非一蹴而就之事，需要天天如此，朝朝如是。四是"贝"字，优势。我们每个人都有自身的优势，如学习方法、记忆能力、各种特长等，我们一定要充分发挥自身的优势。五是"凡"字，平常。唯有保持一颗平常心，才能胜不骄败不馁，在学习这条路上走得更好，走得更远。

"你是为了去山顶而爬山？还是为了爬山而去山顶？"其实，无论你是爬山去山顶或是去山顶而爬山，都是一种过程与结果的绵延与联结。为了去山顶而爬山，是可敬的；为了爬山去山顶，是快乐的。如果说，前者还带有一种理想主义的崇高境界的话，那么，后者却是享受着一种快乐的人生。我们的教育需要这样的快乐。如果你是为了追求让孩子踏上社会能出人头地的"结果"而让孩子上学的话，那么你就很容易犯用急功近利的手段来"催熟"孩子童心的错误，在美国，这就是一种强奸童心罪。

男孩托比今年11岁，是美国内华达州卡森市第九实验小学四年级学生，各门功课成绩一直很好。为了把孩子的智力开发得更全面，为今后成为出人头地的政治家奠定基础，从今年这个学期开始，父亲黎瑞开始给托比的学习另外加压：每晚作业完成后，必须背诵20句莎士比亚戏剧台词，培养口才雄辩力，然后练习拨打中国算盘，锻炼思维和手势的敏捷性。然而，托比对这些没有兴趣，但慑于父亲咄咄逼人的腔调，每晚不得不消耗很大的心思，用以换来父亲欣慰的目光。

不到3个月的顾此失彼，托比的学业成绩每况愈下。老师感到很奇怪，托比不得不实话实说。老师感到很气愤，向地方法院以"强奸童心罪"提交诉讼状。

法院判定，被告黎瑞任凭自己的武断意志给孩子托比未来定位，是一种变相的人格侮辱和意向剥夺，这样做会给孩子身心造成难以估量的负面障碍，至于托比今后应该成为什么样的人，应该由他的兴趣志向来选择，被告黎瑞无权强加干涉。

若要问现在的孩子最想要什么，他们一定会回答：自由自在。什么是自由自在呢？就是他的生活和学习，处在自觉、自愿、自由的状态中。

我们的教育不能搞"强行塑造"，像捏泥人，想怎么捏就怎么捏，至于孩子的天性、成长规律则考虑得很不周到。获诺贝尔奖的华人科学家丁肇中先生讲过：孩子在学校考第一不代表什么，至少我认识的科学家都不是年年拿第一的好学生。我自己更不曾考过第一名。小时候父母不管我，让我自由发展。

学习时间长短、勤奋程度的大小，通常情况下也许与学习成绩成正比，但绝不是只要勤奋刻苦、学习时间越长，成绩就会越好。医学研究表明，一个工作过度紧张或是长期承受心理压力、缺乏适当休息的人，会出现生理和精神疲乏。

常言道，"磨刀不误砍柴工。"生物学家做过这样的实验：让一组身强力壮的青年搬运工人往货轮上装生铁，一刻不停地连续干4个小时，只勉强装了12.5吨，而且大家都感到筋疲力尽。一天后，换一种方法：每干26分钟就主动休息4分钟，同样干了4小时，结果装了27吨，是前一次所装的2倍多！同样道理，学生的精力是有限的，在学习过程中注意劳逸结合，有张有弛，实现精神上的和谐，不仅不会降低学习效率，而且有助于提高学习质量，有利于身心健康。

2. 欲速先不达

海默特说："教学就是要让人形成有活力的思想，而形成有活力的思想需要时间。"在课堂教学中，学生常常会有这样的不解与委屈："老师，为啥您刚提完问题就要我回答？我还没想好呢。""老师，为什么您课堂上不让我写写生字，背背课文？我课后去完成太累了。""老师，为什么您总认为自己的答案最准确？我有不同的理解。""老师，为什么您听我发言总是急不可待？我话还没说完呢。"……这都是教师性急惹的祸。

要实现活力教学，首先要实现过程教学，教师必须充分展开教学的过程，通过慢节奏、慢动作、慢镜头、慢评价让教学的知识和学生的思维在足够的时间中得到淋漓尽致的展示。

此中，我们不必过分追求知识的面面俱到与多多益善，而应该抓住关键的一点不断做大、做强、做优，就完全能够达到牵一发而动全身的教学功效。例如，一位教师利用信封中的长方形信纸大做"变图形"的文章，动作慢，时间长，能量大，学生的兴趣高。

师：请同学们来指挥老师变图形。

（生请师变出一个长方形，师用力一拉，拉出一个正方形）

生：（抗议）不算重来。

师：这次我慢慢拉信纸，可你们要注意观察，如果是长方形，你们就喊"停"。（师慢慢拉出信纸，生叫"停"声此起彼伏，师很为难，听谁的呢）

生：刚才你拉出来的都是长方形，如果你再继续拉可能又会变成正方形了。

师：你怎么说等会儿会变成正方形？

生：现在上下比左右短，如果继续拉，上下和左右就会一样长，到时又变成正方形了。

生：上下与左右不一样长时就是长方形，当四条边都一样长时就是正方形了。

师：哦！有道理。这样吧！老师再拉一次，这次不喊"停"，请你们根据拉出的图形，不断说出"长方形"或"正方形"。

（师拉到正方形时，停下）

师：如果再继续拉，会出现什么图形？

生：长方形。

师：怎么又会变回长方形啦？

生：再拉出来，上下又会比左右更长了，四条边又不一样了。

（师反过来推信纸，要求学生还是说出"长方形、长方形……正方形、长方形……"）

师：在刚才拉、推的活动中，你们有什么发现？

生：有时是长方形，有时是正方形。长方形可以变成正方形，正方形可以变成长方形。

师：也就是说长方形和正方形可以互相转化，什么情况下是长方形？什么情况下是正方形？

生：如果长方形的四条边都相等时，就成为正方形。

生：正方形的四条边不相等时就成为长方形。

在上述"变图形"活动中，得到固定的结论不是我们的终点，在图形变的过程中让学生的思维能够变动、让教学的知识能够变通才是我们的追求。

而活动中的"停与不停"就成了活动的"灵魂",因为有意的"停与不停"才会触发学生去思考、去想象,才能在变化中感悟到图形间的相关转换关系。也就是说,学生只有在动态过程中才会真正理解知识。

遗憾的是,在现实教学过程中,一些教师常常对促进学生的理解向深层次发展缺乏足够的耐心,吝惜在学生身上耗费宝贵的课堂时间。我们不妨将这样的教学称为"直线型教学"。不急功近利的教育需要的是与之相对的"抛物线型教学",这种教学在开始时虽然进展较慢,但学生对核心概念的理解非常充分,它能加速后续的教学进度,真正实现为理解而教。

跟"玩乐"握手

爸爸问儿子:"最近数学学到什么地方了?"儿子回答:"在学三角函数。"说完,孩子突然问:"爸爸,学三角函数有什么用啊?"这可把爸爸给问住了——爸爸也学过三角函数,但在孩子提问之前,他还未"用"三角函数解决过任何生活问题。

从故事开始追问,十年寒窗所学哪些有用,哪些无用?我们发现,大多并不常用,有的好像"用"不起来。背了一首唐诗、读了一个故事、弄明白了一个算理、掌握了一种解法……它们的意义恐怕就在于拥有它本身,知识成为一种收藏。它们的实际用处并不大,甚至比不上那些驾驶技术、烹饪技术、花草种养知识……至少后者与生活直接相关,关乎人生之幸福。

好在学习不单是获取"有用知识"的结果,它是一段思考、体验、感悟的过程。知识的习得伴随着一系列心智活动、情意活动,知识不是学习活动的全部。如果说所学东西不一定有多少实用价值,那么在学习过程中培植起来的良好的智力结构、完整的人格特征以及情感、态度、价值观则是我们每天生活须臾不可离开的。我认为,学生的学习态度也影响着以后的人生态度,这就是教学的过程意义和价值。

1. 玩中学

我们要让学生学习的不仅只是"有用的知识",还应该是"有情的知识",这对学生的发展来说也是有用的知识。例如,下面案例中的这位美国家长就懂得学校教育中的哪些东西对自己孩子的健康成长是有用的,它或许在中国家长眼里是没用的东西。

一位来华工作的美国人，儿子7岁，该读一年级了。他去考察一所小学，学校不但硬件设施先进，课堂纪律也很好，就连下课后学生的活动也井井有条，学校年年统考成绩都名列前茅。还有一所私立小学，设备差很多，课堂秩序有点乱，课后活动就更乱了，有几个学生还在操场上打架，学生的统考成绩没有一年能进入全市前10名，总是在中间徘徊。

最后他选择了后一所学校，理由是："前一所学校学生在课堂上个个坐得太端正，下课后，操场上也看不见有打闹的学生。这样的学校剥夺了学生的天性，把学生训练成小老头，孩子在这种环境里，很容易有心理障碍。"

旁人不解："可你把孩子送进那所乱糟糟的学校，孩子读不好书，会误他一辈子的。"他笑一笑说："我正是看中那所学校的乱，小孩子本来就应该一边玩耍一边学习的。边玩边学，成绩当然比专心学习的差，不过，有中等成绩我就很满意了。学习的机会多得很，现在学不好，长大后还可以再学。快乐的童年却只有一次，一旦失去，就永远追不回了。健康成长，比学知识更重要。"

许多外国家长认为，中国家长那"不能让孩子输在起跑线上""苦自己不能苦孩子"的想法是极其荒谬的。这种心态会导致家长为孩子的前途焦虑不安，对孩子进行拔苗助长式的培养，只注重"智"，而不注重"德、体、美、劳"，以这样的方式培养出来的孩子，就是一个应试的机器。如果你明白人生是一场漫长的马拉松，那么起跑线上争分夺秒，前两圈谁快一点慢一点有意义么？根本没意义，马拉松最初的领跑者往往都不是最终的优胜者。

另外，家长要明白一条——小学择校根本无所谓。对小学生而言，最重要的是家庭教育。美国学校规定小学两点半放学，这就给家庭教育留出了时间。学校只能给所有的孩子提供同样的教育，而每个孩子是各不相同的，个性化、差别化的教育只有家长才能提供，这就把家长的教育选择权放在第一位了。

国外对孩子的教育可以浓缩到一个"玩"字。玩，可以让孩子身体更健康，脑子更灵活，思维能力和创造能力更旺盛，可以应对各种情况，要比死读书好多了。

鞠萍认为儿童时代是人一生中最美好的时光，美丽却短暂。因此，要多给孩子们留一些游戏的时间。"我让儿子顺其自然地成长，而不是希望他成为这个家那个家，所以我儿子的成绩也不是班上最好的。""我曾经做过全国十佳少年的评委，在评选过程中我发现一些孩子说的都是成人模式的套话，失去了孩子们特有的纯真与可爱。"

我们的家长和教师常常感叹：如果孩子也能够像玩游戏那样投入学习，该多好啊！德国著名教育家福禄贝尔特别重视游戏对儿童教育的作用，他说："一个游戏着的儿童，一个全神贯注地游戏的儿童，一个这样沉醉于游戏中的儿童，不是儿童生活中的最美丽的表现吗？"陶行知也深情地说："……这里玩玩，那里玩玩。大的大玩，小的小玩，人人都有来玩，处处都好玩。玩了再去忙，忙了再去玩。"

心理学家认为，游戏是儿童快乐的来源和本质。游戏活动是培养小学生主动精神和创造精神的主要途径。儿童文化的核心是游戏精神，由此教育教学的最高境界就是游戏精神，如果我们能把思想教育和知识教学变成一种游戏，那么学生就能愉快地接受，其教育教学效果要比教师的苦口婆心好得多。

"写字姿势要正确，胸离桌子一拳，眼离本子一尺，手离笔尖一寸。"每次写字时，我总是不厌其烦地提醒孩子，可总是收效甚微。

这天，我踏着铃声向教室走去。教室门口，几个孩子还意犹未尽地在做着"木头人"的游戏。我眼前一亮，有了！

进了教室，我对孩子们说："今天这节写字课，老师要跟小朋友们做一个木头人游戏。老师喊'开始'，你们就开始写字，听到老师喊'停'，你们马上成为一个木头人，一动也不能动。好吗？""好！"孩子们兴奋地回答。

游戏开始了："预备——"，孩子们摆好了正确的写字姿势——胸离桌子一拳，眼离本子一尺，手离笔尖一寸。"开始！"，孩子们认真地写了起来。

"老师，怎么还没叫停呀？"有几个性急的孩子终于憋不住了。"别急，还没呢！"我大声说。我继续巡视着，曹俊杰小朋友的头越来越低，眼睛离本子只有10厘米左右了，还有许子傲，还有许晨虎……

"停！"我喊道。孩子们全都停住了，一动也不动，俨然是一个个木头人，因为木头人的游戏规则他们太熟悉了。"孩子们，你们看看，现在哪些人的写字姿势不正确？"此时无声胜有声，那几个姿势不正确的孩子，脸顿时红到了脖子根，自觉地调整好了姿势。

现在，孩子每逢作业课，就先摆好姿势，然后异口同声地说："老师，我们玩木头人游戏吧!"日积月累,可喜的变化让我兴奋不已:他们的写字姿势正确了,他们的字迹清楚端正了……

如果把学习当作一种游戏,学生的学习过程就会充满乐趣,尽管这种活动不断被重复,学生也不会厌倦,仍然会乐此不疲,这就是游戏的力量,也就是"玩中学,学中玩"的思想主旨。

2. 乐中学

女儿下载了一篇网文《看一看,你做过以下几样傻事》,一样样对照,女儿傻笑不已:"有意思,这里面列举的傻事,我怎么都做过。"

我拿过来,数了数,一共列了29条傻事。第一条,"玩米缸,将手插入米缸的米里面插来插去。"这事,小时候我也干过啊。米从指缝里钻来钻去,指尖在米粒中游走,多么快乐啊!再看下一条,"地下有阶砖时,特意隔一格来走。"小时候,谁不是这么走路的?即使今天,人到中年了,有时候一个人散步,我还喜欢低头在路上找出一点规律来,走出花样呢!回头想想,不少事,还真有点傻。如其中的一条,"踩别人的影子"。直到有一天,我们再也不追逐影子了,也不屑于踩影子了,不知不觉间,我们已经长大。

女儿惊诧地看着我:"这些傻事,你也真的做过吗?"我郑重地点点头。小时候在农村,几乎没有玩具,泥巴、瓦块、碎碗片,就成了我们的玩具。"下雨的时候,拿起伞故意往雨大的地方走去",我们做过多少这样的傻事啊!这些傻事,很傻,很憨,有点无聊,有点无奈,但是,也很有趣,很轻松,很童心,很快乐。

教育中,或许我们已经忘记了小时候曾经做过的种种"傻事",但我们不能忘记我们现在面对的是一群正喜欢做着"傻事"的孩子。为了学生的快乐体验,我们在教学中就不能不屑于走过程、绕弯路,自作聪明地急于帮学生直入知识的"虎穴",而应该为学生做一些"傻事"。例如,为了激发学生兴趣而故弄玄虚地导入知识。又如,为了开发学生思维而转弯抹角地出示知识,或许在别人看来,教师做的是浪费时间的"傻事",然而这种"傻事"却是学生的"乐事",最终是为了让学生不傻。

在《新闻联播》改版之际,曾有网民建议:是否能以卡通人物喜羊羊与灰太狼担任主播,打造一档孩子们爱看的儿童版《新闻联播》?这种建议在成人看来似乎很傻，但在懂得孩子的人看来，却一点也不傻。

在美国纽约的一所大学里，有一个奇特的规定，上课的时候，学生要给讲课的教师打分数，更为奇特的是，学校专门在每个学生的课桌上安装了一个按钮，名为"讨厌按钮"。因为讲课的教师无法知道是哪个学生按的"讨厌按钮"。因此，听课的学生完全可以诚实地表达自己的听课感受。如果教室后面墙上的灯亮起太多，讲课的教师就会明白，他必须立刻想出更好的办法，使课上得生动有趣，否则，他就会面临学校的处罚，甚至下岗。

我们的课堂上没有这种"讨厌按钮"，但我们可以从学生的脸上看出他们学得是否快乐。如果学生是快乐的，那么教师就是幸福的。在教学中，教师应该时刻思考如何使教学过程能够"快乐着学生的快乐"、使教学结果能够"幸福着学生的幸福"？下面的案例为我们提供了一种不傻的做法。

一次，不经意间，我看了王小丫主持的《开心辞典》节目。在思考中体验快乐，在快乐中增长知识，这是多么巧妙的引导！我的语文课堂能否也如此激动人心呢？第二天，我带着新的构想开始了一节特殊的语文课。

"相信大家都看过王小丫主持的《开心辞典》节目，今天我把它搬到了我们教室。不同的是，老师暂代小丫姐姐当主持人，比赛内容是1至4单元的课文内容。你们想参加吗？""想！"学生脸上洋溢着喜悦的神色。

比赛共分三个部分：必答题、抢答题、风险题。除风险题外，其他题答错不扣分。全班分四个小组，累计分值。必答题由小组推选一个人独自回答，其他题目由小组成员合作回答。优胜小组每人将获得一份精美的奖品。

"请问，为什么把济南称为泉城？""泉城有七十二泉，你能说出其中几个著名的泉的名称吗？至少三个。""请你用生动的语言描述一个给你留下深刻印象的泉。"……学生沉着对答，答对一题，组员就会一起欢呼。

抢答题中有些题是新课教学中我曾忽略的内容，稍有难度，可他们的回答同样精彩。精选的几篇阅读短文被我当作了风险题，根据难易程度，分值分别为20，50，70，100，每组各选一道，组员可以互相补充答案。

下课铃响时，学生仍沉浸在比赛的紧张与兴奋中，忘我地谈笑着。优胜组如愿得到了精美的奖品，其他组则期盼着下一次的《开心辞典》大赛。

一次看似随意的课堂教学尝试，让教师和学生收获了突破教学常规的惊喜和快乐。一切皆来自于创新，我们应努力尝试将传统的教学方法与学生喜闻乐见的教学形式进行有效"嫁接"，当学生快乐着教学的快乐时，教师也就幸福着教学的幸福。

　　教育教学需要过程，没有过程的结果只会让学生收获一种"无情"（缺乏情感的调动过程）的苦涩以及一种"无义"（缺乏知识的展开过程）的枯涩。在教育教学之路上，我们应该让学生怀着学习的需要，踩着知识的路基，跟着快乐出发，走向幸福的终点。

5

为学生的心灵『升旗』

[心自信，行自强]

平常路 教师常常以为自信是心灵深处自尊自重的感觉，是与生俱来的，其实学生的自信也可以通过后天的教育而逐渐养成。

非常道 自信是个人毅力的发挥，也是一种能力的表现，更是激发个人潜能的源泉。所以，培养学生的自信可以张扬学习个性，使学生变得伟大。

孩子的心晶莹剔透，但又容易破碎，需要我们小心呵护，给他们更多希望的光彩，让他们能够"心满"，拥有阳光般的自信；孩子的心纯洁闪亮，但又那么娇嫩，需要我们细心养护，给他们更多渴望的色彩，让他们能够"意足"，拥有智慧型的自强。这样，学生的心才会昂扬，充满斗志，成为在生活和学习之路上大踏步前进的强劲"发动机"。教育的过程就是每个人自我发现的过程。教育让每个人发现自己、信任自己，才能做最好的自己。

让学生变得自信

人生最重要的是什么？人格的核心是自信，自信可以使人度过一个又一个难关，信念是战胜困难的勇气。自信，顾名思义，就是自己相信自己。广义地讲，自信本身就是一种积极性，自信就是在自我评价上的积极态度。

1. 让学生有勇气

相信自己行，才能大胆尝试，接受挑战。如果我们相信爱迪生所说的"没有失败，只有离成功更进一点儿"，那么，对于前进过程中的问题、困难乃至失败，就能从容应对，把注意力集中到完成任务上，不断增强实力。实力，才是撑起信心的最重要支柱。

某少年认为自己最大的缺点是胆小，为此他很自卑。心理医生握住他的手说："这怎么叫缺点呢，分明是个优点嘛！你只不过非常谨慎罢了，而谨慎的人总是最可靠、很少出乱子。"少年有些疑惑：怎么勇敢反倒成为缺点了。医生摇摇头："不，谨慎是优点，而勇敢是另一种优点，只不过人们更重视勇敢这种优点罢了。"

医生问："你讨厌酒鬼吗？"少年说："当然。"医生说："李白难道不是酒鬼吗？"少年打断医生的话："不是。他和陶渊明一样，是爱喝酒的诗人。李白斗酒诗百篇呢！"医生笑道："对！缺点在不同的人身上，会呈现不同的色彩。如果你是位战士，胆小显然是缺点；如果你是司机，胆小肯定是优点。你与其想办法克服胆小，还不如想办法增长自己的学识、才干，当你拥有较多见识、较宽视野的时候，即使你想做个懦夫，也很困难了。"

自信首先要有勇气，勇气首先要有胆量。在教育中，我们可以采用一些方法来训练孩子的胆量。

一是让孩子挑前面的位子坐。大部分占据后排座的人，都希望自己不会"太显眼"，而他们怕受人注目的原因就是缺乏信心。

二是让孩子练习正视别人。不正视别人通常意味着：在你旁边我感到很自卑，我感到不如你，我怕你。

三是让孩子练习当众发言。拿破仑·希尔指出："有很多思路敏锐、天资高的人，却无法发挥他们的长处参与讨论，并不是他们不想参与，只是因为他们缺少信心。"所以，多发言是信心的"维他命"。例如，下面案例中教师激发缺乏自信的学生毛遂自荐读书的做法，让这位学生在当众"显眼"中"鲜艳"了一回，获得了同学的正视。

课前，教师巡视，悄声地问一位学生："平时课上谁读书的机会最少啊？"被询问的女生怯生生地说："我。"教师有点惊讶："那，如果让你推荐一位学生朗读，你推荐谁？"那位女生忽闪着眼睛："老师，我想读。"于是，课堂上第一次朗读，教师特地请了这位同学。当她坐下时，红扑扑的脸上泛起了自信。

在课堂上，总是会有一些特别的孩子，容易被忽视。但我们的课堂应该是"一个都不少"的生命共存，面对这些共存的个体，平等的对话让来自学生心灵的声音得到了回应和回报。

四是让孩子把走路速度加快25％。心理学家告诉我们，借着改变姿势与速度，可以改变心理状态。使用"走快25％"的技术，抬头挺胸走快一点儿，你就会感到自信心在滋长。

五是让孩子多用肯定的语气。不同的语言可将相同的事实完全改观，而且也给人以不同的心理感受。例如，下面案例中教师所说的"其实没那么高"就很好地消除了学生心中的恐惧，让学生跳过物理障碍的同时也跳过了自己的心理障碍。

跳高考试及格高度只有1.20米，但我只有跳1.10米的实力，虽然在老师的多次鼓励下我鼓足劲，但就在冲到横杆前的一刹那，我又不由自主地把脚步慢了下来，我怕被那横杆绊倒。

老师来到我身边："你能跳过1.10米的高度吗?"我点点头。老师又轻声地对我说："我把那横杆的高度降为1.10米了，你跳过去的话就算你这次考试及格。"远远地望去，那横杆的高度的确下降了一些，我心中的恐惧也就一扫而光。在老师的鼓励声中，我腾空一跃，轻盈地跳了过去。

就在我兴奋的时候，老师递给我一个皮尺，神秘地笑着对我说："你量一下高度吧。"横杆的高度竟然是1.20米。

阻碍我们前进的只是心中的那点恐惧，妨碍我们摘取胜利果实的也只是我们心中那份对困难过高的估计。这时需要一种积极的心理暗示，教师就应该给学生自信的暗示，让学生能够勇敢起来。

流浪街头的吉卜赛修补匠索拉利奥，每天早上起床的第一件事，就是大声地对自己说："你一定能成为一个像安东尼奥那样伟大的画家。"说了这句话后，他就感到自己真的有了这样的能力和智慧，就满怀激情和信心地投入一天的工作和学习之中。10年后，他成为一个超过安东尼奥的著名画家。

教学评价的目的就应该为了"能让每个孩子抬起头来走路"，弱化评价的等级划分和筛选功能，放大学生的心理特征，用发展的眼光评价学生，用赏识的方法激励学生，用期待的方式鼓励学生：一是在学生表现精彩时提速。

"你比老师理解得还深刻！""你的解说可以让我们石窟的导游下岗了！""听你朗读真是一种美的享受。"……二是在学生进步明显时推进。"今天你读得比昨天读得好多了！""这么容易写错的字没有写错，不容易。""如果每天都能像今天一样记4个成语，我想不到一年的时间，你就能成为我校的成语大王。"……三是在学生停滞不前时加油。"如果你能多读几遍，我想你一定会读懂盲女孩的心。""细心一点的话，你的作业一定能全对，而且可以看到老师的笑脸噢。""你知道吗，我真想对你竖次大拇指。"……

2. 让学生有尊严

小区搬来一户生活困难的人家。母亲整理了一些衣服，趁天黑悄悄放在他们家门前。"奶奶，您这是做好事不留名啊！"我女儿说。母亲解释："这样才好，没有心理负担。"

母亲在城里生活多年，打扮早已跟从前不同。奇怪的是每次回老家，母亲一定要摘下耳环，穿上洗得发白的休闲装，连鞋子和背包也换成最普通的。我忍不住笑她："人家都是衣锦还乡，您这是干什么啊？"母亲叹一口气说："我那些老姐妹们，有的日子并不富裕……"

是啊，善良，无需张扬，不图回报，悄悄地，最好。在教育中，同样存在着弱势群体，面对那么多孩子，我们也该为了他们的自尊而悄悄地善良。

纽约的冬天，几尺厚的积雪使部分单位和商家不得不歇业，可是公立小学却依旧开课，接送小学生的公车艰难地爬行在风雪路上。来自中国的陈太太很不理解：有必要在这样恶劣的天气里非要让孩子们去学校吗？她忍不住打电话给学校，校方的答复令她感动："不少穷人冬天用不起暖气，把那些孩子接到学校来上学，他们不仅能拥有一整天的温暖，还能在学校里享受到免费的营养午餐！"

陈太太想出一个两全其美的法子："为什么不让家庭条件好的孩子们待在温暖的家里，只接送那些贫穷人家的小孩去学校呢？"校方的回答令陈太太终生难忘："施恩的最高境界应该是保持人的尊严。我们不能在帮助那些贫穷孩子的同时，践踏他们的自尊。"

教育更多的是在公开场合，此时，就需要教师以身作则，维护学生的尊严，引导同学把掌声送给那些需要掌声的学生，点亮他们那一颗暗淡的心。

教师随意点了一个胖胖的男孩朗读，这个孩子一开口就把句子念错了。

教师柔声提醒他看清楚再念，他居然结巴起来。邻座的一个男生忍不住笑了，举手想替这个同学读，但教师没有应允，耐心地鼓励胖男孩重新再来，胖男孩的额头渗出了汗水，总算把那个句子念顺当了。

教师走到那个发笑的孩子身边，问他：“你想评价一下他的阅读吗？”那个男孩站起来，伶牙俐齿地说：“他急得出了满头大汗，才把一个句子念好了。”教师说：“应该说，他为了念好一个句子，急得出了满头大汗——由你带个头，我们一起用掌声鼓励他一下，好吗？”

弱者的自尊心更强，更容易受到伤害，教师应该时时处处维护他们的尊严，保护他们那颗脆弱的心。其实，强者的心也是很敏感的，优秀学生也会有烦恼和苦闷，他们在被人仰望中也会被孤立，这种失落有时候是教师造成的。例如，下面案例中这位优秀学生恳求教师“请你不要再表扬我了”就饱含着这样的痛苦。

小 A 是一位品学兼优的学生，最近上课老是精神不集中。有一次，我发现她的一篇作文写得非常精彩，便读给全班同学听，并对其赞扬一番。可没想到她却拿起书本使劲儿地摔在了桌子上，脸上写满了气愤，随后又拿起笔，在本子上画起了画，连课也不听了。这孩子到底是怎么了？

一下课，小 A 拿着一封信吞吞吐吐地说：“老师，对不起。这是我几天前写给你的信，一直没给你，请你看看。”我打开信，她写道：“……老师，我特别害怕你的表扬，请你不要再表扬我了，好吗？这些天我一直都想让你当着同学的面批评我一顿。你知道吗？每次你在班里讲学习的时候，几乎都会提到我，夸我学习刻苦，进步很大。甚至在批评某个同学不用功时，也总会加上一句：‘学习都搞不好。有什么用？为什么就不向小 A 学习呢？看人家学习多努力！’……老师，因为你的表扬，我感到很孤独，同学们都觉得你偏向我，还说我会讨好你，都不愿意跟我玩。因为你的表扬，我感到压力很大，我担心如果我的成绩下降或者我不小心犯了错误，同学们一定会笑话我‘你看，小 A 哪有老师说得那么好！’……”

表扬也会产生负效应，其原因在于，这种比较性的表扬在打击普通学生的自尊心的同时，反过来可能使他们产生对优秀学生的防备心，使他们彼此间有了心理隔阂。所以，教师应该谨用当众表扬，避免好心办坏事，让学生双方都“伤”心。

3. 让学生有希望

发现自己有"长处"，是自信的基础，发现自己有"用处"，是自信的基调。但在不同的环境里，优点显露的机会并不均等。例如，很多学校注重文化课，成绩好的优点就显露，而体育好的未必被人看重；换成体校，情况可能就恰好相反。因此，我们在评价孩子的时候，可以采用场景变换的方法，引导孩子寻找"立体的我"，这样他们就可能会意外地发现自己原来有很多优点与长处。

以前，女儿经常对我说长大要当画家，这也许是喜欢画画的缘故。但是，今天她又说想当作家了。原来，昨天老师给她的作文打了100分，还在班里说她将来能成为一名作家。

我似乎不相信，女儿才上三年级，学写作文还不久，就能写出100分的作文？教语文的张老师告诉我，给学生打100分主要是受她自己初中语文老师的启发：她的老师有一个习惯做法，就是每次批阅学生作文时，只要学生的作文中有一两句写得好的句子，他就会给学生的作文打100分，治好了许多学生"谈作色变"的恐惧心理，在写的过程中，学生都会主动地多想几个好句子……

特级教师贾志敏就倡导教师要善于用"高分激励"的方法对学生进行激励评价。他说，分数评价很直观、很具体，教师为什么不用好它呢？对写得好的作文，不仅可以给100分，还可以给120分……只要能调动学生学习积极性的评价手段，就是好的评价手段。

也有教师为了引导学生积极发言，采用了"鼓励性记分法"：只要学生答对就记100分，哪怕是补充一个小问题也记100分，答得不全面或不全对也给予高分，答错不扣分，促使学生积极思维，争先恐后地回答问题。

上课气氛沉闷，学生不爱举手发言，写起作文来也总是干巴巴的，乏味枯燥。有一次上课，一位学生的发言比较精彩，我灵机一动，把学生发言中用的好词写在黑板上，并把他的名字用括号注在词语旁边。没想到这一做法激起了学生发言的积极性，都希望能在黑板上露一脸。后来，发言的学生多了，我干脆请发言的学生上台把发言中的精彩词语写在黑板上。

很快，1/3的黑板显得捉襟见肘，同学们纷纷希望老师能再让出一些，最终我"很不情愿"地把一半黑板让给了学生，并且说，如果黑板写不下，就请大家拿出摘录积累本，把你认为好的词语当场写下来。

过了半学期，黑板上我的领地只剩下1/3了，这个班的学生也由不喜欢语文变得盼望上语文课，由怕写作文变得爱写作文了。

让学生的精彩派上用处——"显眼"于黑板，给了学生一种荣耀，学生有了学习的寄托和希望，最终能充满自信地敢于和乐于表现自己。于是，教学也就动了起来，气氛也就活了起来。

不过，学生的激情并不总是靠教师给学生一个好的评价、给学生一个好的舞台等外部因素点燃的，它有时需要靠教师的以情激情，这样的内在"交情"更会让学生获得信任感。

"老师，你能吻我一下吗?"这是一个六年级男生向女语文老师发出的请求。课堂上静极了，老师涨红了双颊，几个好事的同学开始起哄："噢——噢——"

"静一下!"定了一下神的女老师喝止了起哄的学生，并厉声对那个索吻的男生说："调皮什么，谁给你出的主意，好好念书!"男生低下了头，没有说一句话。

第二天，那个男生吞下了半瓶安眠药。抢救过来的他对老师说："老师，你长得特像我的妈妈。在我6岁那年，她离开了我，至今我仍忘不了每天早上她叫醒我时的香吻……"女老师一瞬间愣在那里，眼睛里泪水滚动，她伏下身深深地吻了一下这个可爱的男生。她的泪水滴到了男生的嘴角，他尝了一下，微笑着说："真甜……"

最后，我们值得警惕的是，"矫枉过正"的自信也可能变成自大。自大其实就是某种程度的自我认知失调，从长远看，自大的人由于不顾他人感受、破坏他人的价值感，不可能讨人喜欢。

现在独生子女十分普遍，过度关注和赞美的教养方式很容易让孩子形成以自我为中心的性格特点。所以，我们在肯定孩子时要注意方法。比如，夸孩子"最棒"，就相当于告诉孩子比别人都强，这可能使他们产生自大情结，我们应该鼓励孩子"超越今天的自己就是成功"。

让学生变得伟大

2002年中秋节前，微软公司没有向员工直接发月饼，而是索要两个他们最希望月饼到达的地址。中秋节那天，大家都收到了别人打给自己的电话，有的是朋友打来的，充满了赞美和羡慕之情；有的是父母或亲戚打来的，是告诫他们要好好珍惜现在的工作机会。这些电话，令许多人很感动、很自豪。

后来，大家才知道，公司帮他们将月饼送达目的地的同时，在月饼中附了两段文字：第一段文字，充满了感恩之情；而第二段文字，则描述他们所工作的公司是世界上最优秀的。

有人说，赞美别人也是生产力。事实上，你让他人成功了，你也就成功了，你让他人伟大了，你也就伟大了。一个人有了伟大感就会产生自豪感，自豪感会让人添人气。

美国东北大学研究人员发现，只要自豪感来自于成功且不表现为自大，它就是一种积极心态，会鼓励人们继续努力工作。此外，自豪的人比自卑的人更容易获得周围人的认可和喜爱。研究人员认为，自豪感不应是一种被抑制的情绪，而应该为社会所接受和鼓励。此前已有研究表明，对自己感到满意会改变人的各种细微表现，比如，更爱笑，更自信，会对周围的人散发出"魅力信号"等。所以，成功教育最好的办法也就是让被教育者变得伟大。

1. 教学相长，感谢学生

一位医术精湛、医德高尚的大夫终获国家最高荣誉奖，记者问："此时此刻，您最想感谢的是谁？"他平静地回答："病人。"因为正是成千上万的病人无偿地为他提供了无数疑难杂症，有的甚至献出了宝贵的生命，是病人成就了他的事业。

由此及彼，教师该感谢谁？当然是学生们。因为在实施教育教学时，学生也在反哺着教师，正是一批批的孩子"教会了"我们该怎样"教书育人"。

一次，一个学生读成语故事《不屈不挠》时突然停住了："老师，这个字该怎么读？"我一看是故事中叫杨彤的"彤"字。我傻眼了，这个生僻字我一下子也确定不了它的读音，但我马上镇静下来，如实地说："真对不起，我也不认识。有哪位同学认识吗？"教室里一片寂静。无奈，我请教了字典老师。

等这位学生读完后，我对他说："首先，非常感谢你给大家带来了精彩故事；其次，我谢谢你让老师又认识了一个新字'彤'，我以后还需努力学习。"我刚说完，教室里响起了热烈的掌声。

事实证明，教师承认"我也不认识"是明智之举，并没有影响教师在孩子们心中的地位。"教学相长"帮助我们建立了和谐的师生关系。农民要感谢土地，厂商要感谢顾客，演员要感谢观众，医生要感谢病人。同样，教师要感谢学生，这种真诚的感谢可以让学生感到自己的伟大，从而充满自信地走向学习的辉煌。

2. 大智若愚，抬高学生

在教学中，教师不能太"聪明"，而需要一种"钝感"智慧。"钝感"是相对于"敏感"而言的，但"钝感"又不等于迟钝，它其实是一种大智，是课堂教学的一种别样智慧，它是通过教师的"钝感"反衬出学生的"敏感"，让学生感觉自己的伟大。

"钝感力"一词先是由日本作家渡边淳一提出的，意为"迟钝的力量"。课堂教学中的"钝感"指的是教师在课堂上抱愚守拙，故留时空，以激发学生自主探究的学习信心和热情。

很多时候，教师在课堂上不能太"显露"，亦不能一直点拨指导、循循善诱，始终走在学生的"前头"，更不能"一语点破""直言不讳"。适当时候，教师需要"隐身"或"落后"于学生，依据教学情境、教学情节、教学事件适时巧用"钝感"主动向学生示弱，以创设和谐氛围；巧用"钝感"故设差错，以激起学生的探究期待；巧用"钝感"搁置随意生成，以等待学生灵光乍现；巧用"钝感"迂回问计，以引发学生质疑思辨。

一位老师板书课题《有一个小村庄》，刚写完，学生就小手林立："老师，错了。应该是《有这样一个小村庄》。"老师故意满脸歉意地说："噢。漏了'这样'两个字。"他边说边补写了"这样"二字，然后把问题很自然地抛给学生："'这样'是怎样呢？请同学们先读课文，再来阐述。"于是，学生迫不及待又兴趣盎然地读起了课文。

上述案例中，教师满脸诚恳地在学生的纠错声中改错，正是教师的"难得糊涂"，把学生们的探究期待调动起来，其探究的欲望也被激发，他们在不知不觉中进入角色、进入文本。

3. 克服惯性，造化学生

人类依赖于功能强大而方式独特的"思维"成为万物的灵长，但我们的思维常常有着弱点。然而，很多时候，随着孩子年龄的增长、学习的深入、知识的丰富，这种思维的弱点反而有着被放大的趋势，制约着孩子的伟大。

这或许说明我们的教育也存在着"弱点"——不能开放和灵活学生的思维。

在美国举办的一次科学展览会上，一名高中生的方案获得了一等奖。他力劝人们签署一份要求严格控制或完全销毁"氢氧化物"的文件，理由非常充分：一是因为这种物质会造成流汗过多和呕吐；二是因为它是酸雨的主要成分；三是因为在气态时它会导致严重的烫伤；四是因为它是腐蚀的帮凶；五是因为它会降低汽车的刹车效率；六是因为人们在晚期癌症病人的肿瘤里发现了它……

他问了50个人是否支持禁止这种物质，其中43个人明确表示支持，6个人没有表态，只有一个人知道这种物质就是"水"。这个获奖方案的题目是《我们有多容易受骗》！

受骗的显然是思维。受骗的理由在于人类的思维往往倾向于对"理由"的深入探寻和理解，而不在意"问题"本身的科学性、合理性或正确性。这名高中生的"方案"恰恰抓住了思维的这个"弱点"，并刻意强化了"理由"，有43人落入他的"圈套"也就"顺理成章"了。

我们的思维往往容易把简单的问题给复杂化：A是由B转化而来的，B在沸水里生成了C，C在空气中氧化成了D，D有臭鸡蛋的气味，请问A、B、C、D分别是什么物质？

这个问题之所以容易让人产生"比较复杂"的错觉，原因在于思维是人脑对客观事物的理性探究过程。因此，人们在面对这个问题的时候容易想到很多条件，比如化学方面的，物理方面的，甚至是生物方面的。答案其实很简单，分别是鸡、鸡蛋、熟鸡蛋和臭鸡蛋。

也许每个人都知道简单思考、简单生活的好处，可现实生活中我们并不能很好地做到。"事情肯定没这么简单！"这几乎成了我们的惯性思维，我们生怕想简单了会让人笑话甚至会吃亏。

一个数学家、一个建筑师和一个孩子被关在一间黑暗的房间里，实验者要求他们用最短的时间让房间亮起来。数学家开始计算在哪个位置开窗最好，建筑师开始思考怎样使采光最优化，而小孩子则点燃了一根蜡烛，这个房间霎时充满光亮。

小孩的思维是简单的，还没有形成成年人思维的一些弱点，我们要向儿童学习，不要把问题人为复杂化。哲学家们在对真理的特征定义时，曾这样表述："真理是最直接最简单的道理"。然而，在教育中，我们教给学生的往往是怎样想得更多、怎样做得更多，而不是化复杂为简单的本领，这样只会离"真理"越来越远。例如，在布置练习时认为越多越好，而不思考如何精益求精，导致"题海战术"。

记得我刚踏上工作岗位时，喜欢给学生出难题，甚至做奥数题，学生也能迎难而上。一次调研考试，试题都是一些书上的基本习题，结果学生反而没考好，让我大跌眼镜，因为他们总是怀疑"老师不会出这么简单的题目"，从而"小题大做"。

思维还有一个很突出的弱点就是容易形成"定式"，从主观经验出发来判定事物。有位教师出过一道地理测试题：一位探险家向南走了一英里（约1.6公里），然后折向东走了一段路，后又向北走了一英里，结果他回到了原来的出发地，并遇上了一头熊，请问他遇到的是什么颜色的熊？

面对这样的问题，课堂上大多数同学没有回答。因为根据他们的思维定式，这既不是地理题，也不是数学题，似乎也不是一道生物题。其实这就是一道地理题：按照一般经验，"出发地"可以是地球上的任意一点，但是他两次转向回到了原地，那就只能是地球上的特殊点——南极或北极了，而南极是没有熊的，所以他是在北极点，那头熊当然是白色的北极熊了。

韩寒和队友在挪威奥斯陆参加汽车比赛，下榻的酒店提供当地产的梨。韩寒用刀切开时发现这些梨是没有核的，只有一粒西瓜籽大小的种子。队友王睿诧异地从垃圾桶里捡起前几天吃的梨核，原来他硬生生地用嘴修出了一个核的形状。

"梨有核"已经成了"常识"。若不是韩寒用刀子切开那枚挪威梨，发现了这个"秘密"，恐怕王睿依然会每天啃出一个虚拟的"梨核"。我们也不会想到，世界上还会有无核的梨。

每个人心中似乎都隐藏着一个"不能吃的核"，我们常常被一些"常识"阻碍了手脚，被一些"真理"左右了思维，四平八稳地、习惯性地想问题、做事情，鲜见思维的火花，少见创新的热情。可怕的是，如果一切都循规蹈矩，一切都模仿做人，那么我们教育出来的学生都必将成为"套中人"。

一位学生非常喜爱和钦佩他的老师，他相信，如果老师做什么他就做什么，那么他就有可能获得老师的智慧。老师总是穿白色衣服，他也总是穿白色衣服；老师是素食者，他就停止吃肉；老师生活简朴，他就做出牺牲，开始睡草席。

　　老师知道后笑了笑，把他带到一片田野，一匹马正在那里吃草。"你把所有的时间都花费在观看你身外之事上了，其实这是最无关紧要的。"老师说，"你看到田野里的那个动物了吗？它的皮肤是白色的，吃的也只是青草，睡的是马棚里的草床。你想它可能会有一张圣人的面孔吗？或者哪天它会成为一位真正的老师吗？"

　　是啊，我们应该让学生知道自己是谁。教育的目的不是让学生或像我，或像你，或像他，而应该是让学生像他们自己，促使他们能够有自己的理解，能够有自己的见解，在个性化的教育教学中张扬自己的个性。有时候人们会误解，认为孩子的世界观折射的不过是周围人群的世界观。可是，当孩子展现自我思考能力时，人们才发现事实并非如此。

　　一次，在词语搭配练习中，一位女孩把白云分配给了蓝天、小鱼分配给了河流，我说："白云也有可能在河流里呦，你有没有朝河面上看过？"我想让她联想到白云在河面上留下的倒影。她不屑地说："小鱼才是在河流里面的！"

　　"真的，有可能呦。好好想想。"想了一下，她高兴地叫道："我知道了，白云也有可能在河流里！"

　　"是吧！"我很得意，等待她说出"倒影"两字。

　　"下雨的时候云就到河流里去了。"她的答案，难道不比我预先设定的答案更具有科学性吗？

　　是啊，有时学生的想象会突破我们的想象，学生的思维会超出我们的思维，让我们目瞪口呆。我们在大开眼界中不得不佩服和羡慕学生那颗还没有被定式了的"灵"心。此时，教师应该为自己教育下的学生能有这样的伟大思想而感到庆幸，说明你的教学还没有成为捆绑学生自由的绳索。

　　拿破仑说："信心的力量是惊人的，相信自己，一切困难都将不会是困难。"自信才能自强，伟大才能大为，历史上伟大的人永远是那些自信的人，敢想别人不敢想，敢为别人不敢为，永远是那些勇敢而有创造力的人。这，需要我们从小培养。

6

教学要有情，学生才『领情』

[搭一物，进一程]

平常路 教师解决问题的方式常常是亲临现场言传与口授，然而有时教师的费尽口舌却难以换来学生的心甘情愿。

非常道 赋予一种物质以一定的思想意义与情感意向，那么此物就代表着教师的心意，胜似教师的亲临现场与言传身教。

在生活中，有些"宝物"之珍贵不在于其价值有多高，而在于它记载着一段让人难以忘怀的历史，或者寄托着一段让人刻骨铭心的感情。而有些"宝物"则代表着一种权力与威严。例如，皇帝的尚方宝剑，睹物如见人。

在教育中，似乎这样的"宝物"不多，许多教师也总是认为，师生之间的思想与情感无非是用语言来传情达意的，于是许多教育工作者就成了名副其实的"语言工作者"，以期达到语不禁人死不休的教育效果。然而，言多必失、言多必烦产生的负面效果常常让教师不知所措、黯然神伤，最终造成"效不成语加码效更差"的恶性循环。这是普通教师普遍难以割舍的"用口吃饭"的职业情怀。

高明的教师正是看到了这种有声语言存在的超限效应，采取的对策一是尽可能用简洁的语言说清事情，二是尽可能用生动的语言说明事情，三是采用更为巧妙的办法，积极寻找一些在教师和学生之间有分量的媒体言论来替代自己想说的话和自己想做的事，以期达到"此物无声胜有声、此物无情胜有情"的无言的良好结局。很多情况下，这种"定情之物"往往会让人记住一辈子，而不只是一阵子。此中，寻找合适的相思之物成了实现"通情达理"教育效果的关键。

物语：默默地告诉你"我支持着你"

世上有多少有情物让人难以忘怀。我们经常看到这样的动人情景，当两个有情人私订终身的时候，他们往往会互送情物。这种情物的象征意义往往大于它的实用价值，它成为双方情感的寄托和牵挂。

在教育中，有没有这样一种有情物亦能让学生时时感受着教师的爱意呢？我在初中读书时，英语老师根据我的爱好主动送我礼物投我所"好"，我至今还珍藏着这份陪伴我学习、激励我学习、成就我学习的"定情"之物。

"我想，英语比赛第一名，非你莫属啊！"阅卷刚结束，还未开封，我的英语老师就兴冲冲跑来。"哦!?"我激动后怀疑。"其他批卷老师说，成绩最高的卷子的字迹像我的。我一看，就想一定是你。"字，的确让我引以为傲。我因中英文字迹像他的字迹而感到漂亮，更因字迹能像他的字迹而感到荣耀。为这，他还送我一本《庞中华钢笔字帖》。

这种有情之物不需要语言、不需要解释，它总能让人感受其中独特的暖意和用意，这种无痕的教育却往往会给学生心中留下深深的印痕，让人铭记一辈子。

在用物体传递感情时，默默无语的同时有时还得像下面案例中的这位教师那样，默默把一些不让学生知道的真正物语深深地埋藏于心中，不让学生能够破译其中的秘密，这将是人间最高级的爱的物语。

一个周末，樱子老师突然问我有没有用完的车票。她说，老师们刚添了一项福利，可以报销每年来往的车票。可惜她是个粗心的人，所有的票都是用过即丢，所以问我能否将以后用完的票，都收集好给她。作为对我的答谢，她会将报销费用的80％，都返还给我，剩下的，就留着给那些进步的学生买奖品。

此后的每个周末，我都会将来往的车票细心地保存好，等着樱子老师来上课的时候，夹在作业本里送给她。这是我们两个人的秘密。当我将作业本递到她手中的时候，我总是会在她感激的笑容里快乐上许久。还有什么事情，能够比使樱子老师开心更让我这株卑微的小草觉得骄傲的呢？而给予樱子老师帮助的同时，我也可以在周末的时候，与别人一样，踏上回家的旅程。

这个秘密，一直持续到我高考结束，去领大学录取通知书的那天。我将来时的车票，平整地放在一本书里，去向樱子老师告别。推开办公室门，却看到她的桌子上，已是一片空荡。最终，是一个老师告诉我，樱子老师已经调走了。我握着那张车票，伤感地对那个老师说，麻烦您，能否将这张车票转交给樱子老师？这是最后一张我为她积攒的用来报销的车票。男老师疑惑地看我一眼，问道，报销车票？我在这里待了这么多年，怎么都不知道老师还有这么好的福利？……

可以说，这个案例中的物语是一个教育谎言，其造就的是一个教育奇迹。它既让这位学生用车票换取的奖励的钱能够回家，又能换取老师奖励的书籍，更重要的是换取了与老师的情谊。是这一车票的约定支撑着这一学生的学习，使他能够最后获取大学录取通知书。

物语：默默地告诉你"我随后就到"

上课的信号我们都知道是铃声，但教师还得用上一段提醒语言"上课，同学们！"来告诉学生现在应该静下心开始上课了，至此学生才会真正"心平气和"专心上课。我们都希望能在上课的预备铃声响起的时候，学生就能主动安静下来，然而学生总是将教师到来之后才视作上课的开始。我们也经常发现，如果教师迟到，学生就仍然会在教室里各行其"事"，尽管铃声早已经响过。

那么，有没有什么办法，让学生能够在教师到达教室之前，就能事先做好课前准备而节约组织教学的时间呢？下面案例中的做法就借助教师腰间的钥匙，充分运用了"人未到，声先行"的策略，让学生知道"教师马上要来了"，而主动提前做好上课的心理准备和物质准备，恭候教师的到来。

做了老师十九年，我最不相信的教育神话是小学生的"高度自治"——孩子们能够做到老师在和老师不在一个样。孩子毕竟是孩子，倘若他们能做到视铃声为命令，令行禁止的话，那么教育也就在很大程度上失去存在的意义了；倘若孩子们能真的抛弃自由散漫的天性而主动选择规矩的话，那就不是孩子了，那也是教育的悲哀。可矛盾是：在现实教育活动中，我们的确需要规矩作为保证。

你踏着铃声走向班级时，总有一个调皮的孩子守在教室拐角处，当他瞭望到你来时，一声比铃声更为有效的警报声就悄悄传递了：老师来啦……于是，沸腾的教室顿时安静了。如果不用特殊的手段，你永远也不知道孩子们的另一面。

一次，我出乎孩子们的意料提早来到教室。打开门，居然每一个孩子都已经作好课前准备，瞪着眼睛等着我上课。怎么回事呢？一再追问下我才知道，原来是我腰间的钥匙发出的脆响！孩子们已经熟悉了这种声音，老远听到后就"快速反应"。我这才感到，让孩子遵守纪律，老师不都需要冷面孔。

教师的钥匙也就是一种信号而已，这信号的含意是：注意啦，准备上课啦！这就如同心理学中所说的"锚"，也就如同皇帝的"尚方宝剑"，代表着教师的亲临，代表着教师的威力，代表着教师的意图。然而，钥匙的特别在于它能发出清脆的富有个性的叮当声，学生听到了它的声音，情绪也就可以被"锚定"了。

物语：默默地告诉你"我关注着你"

孩子的东西能够成为教师的喜欢之物，由物及人，这就代表着自己也被教师喜欢着，这将是学生莫大的荣幸和荣耀。丁立梅在其写的《一朵栀子花》一文中讲述了这样一个动人的故事：

有个女孩子，相貌太过平常，甚至有些丑陋——皮肤黝黑，脸庞宽大，一双小眼睛老像睁不开似的；学习成绩也平常，字迹写得东扭西歪，像被狂风吹过的小草；她的座位，在教室最后一桌靠近角落的地方。

就是这样一个小女孩，任何同学、老师也不会过多注意。然而，当我发现了一朵凝脂样的小白花，白蝶似的正落在她的头发里面，就忍不住地向她低下头，笑着说道："好香的花！"此时，她的脸色迅速潮红，不好意思地把嘴一抿，笑得美极了。接下来，我的教科书中就有了一朵她送的芬芳的栀子花。以后，她发生了巨大的变化：活泼多了，爱唱爱跳，还时不时向老师请教问题，成绩大幅提高。几年后，出人意料地考上了一所名牌大学。

教师低头闻香、微微一笑，给小女孩的心灵触动犹如石破天惊。教师每天夹在教科书中的栀子花，似乎每天在告诉着这个女孩"我喜欢你"，也似乎在告诉着其他学生"我看好她"，这是尊重，也是欣赏，更是鼓励。它似雨露滋润女孩心灵的土壤，它似春风吹醒了女孩心中的禾苗。它增强了女孩的自信心，激发了她向上的潜质，焕发了她生命的活力。

上述案例不禁让我有了这样的思考：教育的最高境界应该是这种潜移默化的透亮，我们的教育很多情况下不必要立竿见影地表明你的态度，不妨寻找一些可以牵动学生心思的替代品来附属你的感情，从而让学生时时地、默默地被牵挂着、引导着。例如，下面案例中教师对违反纪律的学生，也同样使用了这种物语的良好教育效应。

一次上课时，学生都在认真地做着习题，然而我发现一个学生在做小动作——折纸飞机，他也突然注意到我发现了他的"不法"行为，一紧张，手中的纸飞机丢落在旁边的走廊中。我若无其事地慢慢地走过去，在别人不注意的情况下拾起纸飞机，轻轻地夹在我的数学书里。他边做题目边紧张地偷看着我的动作和表情，结果却出乎他的预料，我没有责备他，也不再用眼睛盯着他，似乎什么事情也没有发生一样。我知道，我的"不作为"反而让他一直坚持"认真"到下课乃至课后。

第二天上课，我发现他特别认真，眼睛一直盯着我。我知道，他还担心着昨天的那件事，怕我秋后算账。我有意无意地把数学书打开，露出那只纸飞机的一角，我发现他由紧张变成惊讶——纸飞机不仅没有被处理掉，反而成为我的书签，接着他的眼中流露出一种感激。此后，这只纸飞机书签一直吸引着他、激励着他认真学习。

物语：默默地告诉你"我想对你说"

1. 旗语

在课堂教学中，学生举手发言时，教师常常有这样的无奈：很多情况下难以弄清楚学生举手的原因以及指向为何，特别是面对学生高举的那么多手的时候，教师无法一一询问，只能选择几个学生发表意见，于是就可能由此造成有人欢喜有人愁。有的学生正因为抓住了教师的这种"弱视"和"无能"，也就敢于假装举手滥竽充数。

我在课堂教学中，每次都让每一个学生用平时准备好的红、黄、蓝三种颜色的小旗来表示发表意见的性质。如果学生举起红色的小旗，就表示他反对同学或老师的观点，如果学生举起黄色的小旗，就表示他想补充同学或老师的观点，如果学生举起蓝色的小旗，就表示他赞同同学或老师的观点。于是，我在选择学生发言时，就能够见"旗"行事了。

在使用过程中，为了防止学生之间的见风使舵和滥竽充数，使情况能够真实地反映每一位学生所持的态度，教师不妨先给一定的时间让学生自己充分思考，然后在教师发出"出旗"的口令后让学生同时出示自己的选择。

2. 信语

美国实业巨子雅科尔的人事管理诀窍是：表扬一个人，最好用公文；批评一个人，尽量用电话。其奥妙就在于通过公文、电话等物质载体来交流思想感情，避免了面对面时不必要的难堪。有一个校长对一个迟到的教师用手机发了一个短信，提醒她今天迟到了。"你知我知"的短短的一句话既顾及了教师的面子，又达到了校长学校管理的正面效果。

在教育中，教师与学生之间的谈话有时也存在着面对面时的心理隔阂，而有些事情不宜在公开场合交谈。此时，教师不妨通过书信等媒体来传递彼此的信息，反而可以给学生自由思考的时间和空间，从而把一些问题想清楚，也便于师生之间把一些难以用口语表达的情感诉诸文字。马英九经常和女儿以贴小纸条的方式沟通。例如，这是他教育女儿而写在小纸条上的话："黄金非宝书为宝，万事皆空善不空"。

孩子都有被尊重的需要，同时心理承受能力又"娇嫩"，当面或当众的批评易造成"过敏"后的"过挫"。例如，有一位家长只要一对自己的女儿当面谈话，女儿就眼泪汪汪，弄得这位家长不忍心再说下去，后来他就改用写信给女儿，让女儿在自己的房间里看信和回信的办法才很好地解决了问题。

这种书信往来的做法同样可以运用于学校教育，下面案例中先明后暗、先甜后苦的"蜜信"向"密信"的转换过程，不露痕迹，不伤面子，学生在心理安全的氛围中激发并实现了痛改前非的心愿——

有一个"差生"，我抓住他一次表现好的机会送了他一封表扬信，并用同样方法表扬其他学生，直至学生都认为信中写的都是表扬之辞，我开始要求学生拿到信后不必公开，便于老师加写一些悄悄话。

当学生习惯独享老师的"密信"后，我才开始针对他的"毛病"写一些劝告，藏入信封与往常一样送给他。这次，他没有再"反抗"，而是默默接受并改正。然后，我仍然用密信的方式帮助他补习功课，他在回信中附上习题的答案、写下学习的困惑。他在我们之间的鸿雁传书中不断进步着……

除了上述师生之间以"信"传信、以"信"传心，我们还可以抓住作业本每天都在师生之间"专递"与"快递"的特点，开发它留言的"信"功能，让它不仅成为学生学习的阵地，还充当师生之间情感交流的"信使"。

作业本在很多学生心目中是枯燥的、甚至是厌烦的，它的无情与无味很大原因是教师只看到作业本的知识交流功能，而看不到它的情感交际功能。例如，鼓励学生在作业本的旁边或下面写上自己的心里话，可以谈谈做题目时自己是怎么想的以及由此还想到什么，可以谈谈做题目时遇到的困难以及自己是怎么解决的，也可以写一下自己的做后感以及自我评价，还可以向教师提一些疑难问题或提一些对教师的意见和建议，甚至可以与教师说说"悄悄话"等，教师应该在学生的作业本上及时回答与跟帖。另外，教师还应该允许学生对作业本进行"装潢"美化，让作业本更有情调。当然，教师也可以像下面案例中那样专门为学生准备一本"谈心本"。

"谈心本"，顾名思义，学生与老师说悄悄话用。刚开始时，我对学生说：只要你们有话想对老师说，可以课后面谈、打电话，也可以用老师发给你们的"谈心本"（笔记本，一人一本，老师赠送学生的）。老师有两个承诺：一是只要是你们"谈心本"上的悄悄话，老师保证，没经过你们的同意绝不让第三人知道里面的秘密；二是对于你们提的想法、意见、建议，反映的各种问题、现象，老师保证 24 小时内给予答复。

其实，这些小家伙还真没"玩"过在纸上跟老师说悄悄话的"游戏"，有点矜持。后来，征得一位学生的同意，我公开了这位学生与我的一则对话。结果孩子一听，"哇，跟老师聊天还可以听故事呢！"于是，各种各样的心里话就都倒出来了。正因为得益于"谈心本"，我成功地化解了许多潜在的危机，有的还涉及我本人的施教不足等。

虽然现在我不再教他们了，学生们还是常写信、打电话和我保持联络，其中有 7 个走上社会的则用网络与我交流，不过现在的话题已变为展望人生、睁眼看世界的事了。

3. 礼语

在教学中，有时不需要太多的语言、太多的技术、太多的材料、太多的活

动，只需要教师找到一件能够触及学生心灵深处的东西，点燃学生积蓄已久的思想感情，让他们在尽情倾诉中达到教师预设的教学目标，这无疑是教学的点睛之物。例如，下面案例中的教师巧妙地以"礼"相待学生，没有让人眼花缭乱的"声光电"技术，凭借几个小小的礼物，便创设了一个让学生激动不已的审美情境，激活了他们的思维和情感，激起了他们倾吐、表达的强烈欲望。

这是一节以"礼物"为话题的习作指导课。上课伊始，教师精心设计了一个"送礼物"的环节，出人意料地送给学生一个婴儿奶嘴、一件小围裙等5个小礼物，给学生带来了无比的惊喜和欢乐，唤醒了学生许许多多有关礼物的情感记忆。单单是"奶嘴"，便能让人想起美好的童年趣事，想起亲爱的妈妈，想起妈妈抚育自己的桩桩往事，想起生日时妈妈送给自己的深情礼物……

教育中借物代言的资源很多，只要教师做一个有心人，随时随地都可以寻觅到。找到之后，教师还需要做一个有情人，赋予它一定的情感温度和思想意义，使它成为学生寄托情感和传递知识的"情种"。

7

会察言观色，正确对待『是』与『非』

[解真相，望明察]

平常路　教师常常以为学生说的话、做的事都是发自真心的，但之后又经常因为学生的言行不一致、表里不一而感到困惑。

非常道　教学的功利性常常会扭曲学生学习的平常心理和扭转学生学习的正常行为，此时，需要教师能够明辨学生表现的"是"与"非"。

教学中，经常发生着现场与结局不匹配的矛盾状况。例如，在教学过程中学生都"会"了，但一到作业或考试就不会，这种不一致常常让教师感到莫名其妙。其实，其中很大原因在于我们的教学中，经常或多或少地充斥着学生流露出来的"虚假"信息，让教师产生错误判断，导致继而采取的教学措施低效甚至失效。

这种教学的"失真"，一种情形是学生为了自身脸面而有意"伪装"，让教师自以为是，导致教学行为上的武断；另一种情形是学生为了自身利益而故意"造假"，让教师信以为真，导致教学行为上的误断。

这就是一个个体与团体理性冲突的例子。学生作为一个团体，他们本可以学到更多的知识，条件是他们大胆诚实地回答——没听懂或没完全听懂教师的授课。此时，教师如果继续讲课，不仅浪费教师的时间，也浪费学生的时间。但由于学生都有一种害怕心理：担心承认自己什么也没弄明白，会被别人认为愚蠢，显得自己很无知，于是他们只能伪装自己，不懂也装懂。

针对这个例子，美国经济学家弗里德曼提出了一个简单的解决方法：在每个学生座位的前方加装一个按钮，学生可以在不引起其他人注意的情况下按下该按钮。在教室的后方则装有一个很大的指示牌，显示出有多少人正在按下按钮。当教师一旦发现下面听课的学生目光发呆，就可以停一会儿，让听懂或听不懂的学生按一下按钮，然后，教师可以按照屏幕上显示的数字，对所讲授的内容进行调整——再讲一遍，还是开始新的内容。这种简单的方式可以消除学生所面临的担心，并提高教师授课的质量。

集体的力量诱发教学的失真

班级授课制的好处是可以增加教学的受众，利用集体力量激励学生进行学习竞争是其另一个优势。然而，任何事情都存在着矛盾的两个方面，在发挥积极作用的同时也可能会产生消极影响。

1. 优等生太想表现的反常举动

在班集体中，对一些比较好的学生而言，这里无疑是他们表现自我风采的舞台，于是他们就想能有更多的机会得到展示，从而赢得教师和同学更多的掌声。可惜的是，教学时间不允许让每一个好学生每一次都能获得这样的满足，一节课中总会有一部分好学生没有得到教师的青睐。此时，这些没有得到教师欣赏的好学生就会感到受伤，于是有些好学生就可能产生怨言。

不过，他们的这种不乐意如果压在心里而不表现出来，教师也就无法知晓。然而，有些学生却会通过其他反常表现来反映心中的不满，此时对于只看表症、不究底细的教师就常常会产生"错觉"，误解学生的真正意图。

一天课中，一位好学生的表现让教师大跌眼镜，他时不时地把自己的椅子弄出"吱吱"的声响，一会儿文具盒又"啪"地掉落在地上，好几次打断了教学进程。他坐立不安的反常让教师感到很奇怪，也很气愤，于是严肃警告他注意自己的形象，否则就要采取措施，黄牌警告让他终于安定下来。

一周以后，教师在他写的日记中终于明白了他"捣乱"的原因，原来那节课他没有得到发言的机会，让他感到很意外，心里很不舒服，于是就通过这种非常举动想引起教师对他的注意。

上述案例，这位好学生的"捣乱"并不是真正意义上的捣乱，而是欲引起教师关注的一种极端行为，或者以一种特别行动来表示对教师不重视的抗议。但其中的难言之隐却不是一般教师所能明白的，如果不是这位学生自己在日记中揭示答案，恐怕教师就会把他这次的表现鉴定为一种无视纪律的自傲反应。

2. 差等生不想表现得非常举动

在班集体中，一些比较好的学生有着"想表现而往往得不到表现"的失落，而对一些比较差的学生，则有着另一种滋味，他们大多有着"不想表现而常常被要求表现"的痛苦。

为了在教师和那么多同学面前不丢面子，也为了不让自己的无能一览无遗地暴露在教师和同学面前，于是有些比较差的学生就会铤而走险。例如，明明不会回答也与其他同学一起举手，他们想侥幸通过滥竽充数这种不得已的办法来达到遮羞目的。于是，在教学中经常会看到这样奇怪的一幕，这些学生被教师点中回答，要么无言，要么胡言，而不明就里的教师就会愤怒地训斥他们不懂装懂，其实他们的这种行为更多的不是思想问题而是能力问题，他们是碍于面子而无奈"犯规"。

在教学中，我与一位"学困生"约定：以后会答题举右手，不会回答举左手，以此保护了学生的自尊心；我又与班级中的"活跃分子"约定：为了照顾班级中的每个同学，让他们都有答题的机会，以后你们每举三次手，才可获得一次回答问题的权利，如果答题有创意，可以再奖励一次，这样消除了"活跃分子"的不满情绪，调动了他们思维的活跃性和深刻性，让每个学生都感受到课堂的沸腾。

教师应该从这些"学差生"的滥竽充数中发现积极因素，那就是如果他们能有如此想法，说明他们还很在乎自己的面子，还想让自己在教师和同学眼里留下一个好印象，也就是他们还有一颗上进之心，尚未沦落到什么都已无所谓这一不可救药的地步。

对于这样的学生，我们不妨借鉴上述案例中教师与"学困生"私下约定举手方式的做法，既可以保护他们在同学面前的自尊，又可以了解他们的真实学习状况，从而获取正确的教学信息。而对于那些活跃学生，教师则可以与他们公开约定发言的条件，让他们有"盼头"，这种条件是建立在承认他们是好学生的基础上，他们也就会理解教师的这种约束手段。

时间的紧张诱发教学的失真

教学时间的有限常常制约着教学过程的展开，教师在预设教学时只能精打细算，用最经济的教学方法完成最丰富的教学内容。

然而，在教学方案具体实施过程中，教师只能设计好自己的教学，对自己的言行能够做到胸有成竹，而无法计划学生的学，对学生的回答难以做到心中有数。于是，在教学过程中，最常见的问题是教师对学生超出预期的回答缺乏耐心。

1. 延时听完学生的回答

在教学中，让学生把话讲完，是教师基本的职业修养，实质上也是一个学习的调查过程。只有让学生把话讲完，教师才有可能洞察到隐藏在学生心灵深处的闪耀着人性光芒的最为美丽的真相，同时也可以充分展示自己的细致、严谨、豁达、大度的教学风采。

4岁的儿子陪着外公春游。妈妈拿出两个苹果，要儿子给外公一个。没想到儿子在两个苹果上面分别咬了一口，母亲心里很不是滋味。

"妈妈"，儿子看见妈妈狠狠地瞪着自己，欲言又止。外公想孩子这样做可能有他自己的道理，便笑着问道："告诉外公，你为什么将两个苹果都要咬上一口？"

孩子满脸童真："因为……因为我想把最甜的一个给外公。"外公笑得更欢了，母亲为自己刚才的行为感到羞愧。

在教学中，教师因为课堂时间的紧张，只要听到学生的发言不符合标准答案或不符合自己心意，就常常会迫不及待地打断学生，要么另请高明，要么自圆其说，等不及学生把话说完。

可教师是否会这样想，有时候学生的回答"不清"可能是他还没有把语言组织妥当，有时候学生回答"不准"可能是他有着独特的见解，教师应该像上述案例中那位外公一样，给学生机会把话讲完，然后再作定夺。

2. 延迟评价学生的回答

课堂教学的紧张迫使教师争分夺秒地教学，为了完成既定的教学目标，教师只能尽量加快教学活动的进度、督促学生反应的速度、省略评价语言的长度，教师的快人快"语"的惯性可能会让学生辨出其中的快"意"，从而掌握迎合教师意图的应对之策。

例如，当听到学生回答问题结果正确或符合预设时，教师常常会情不自禁地喜形于色，迫不及待地转入下一教学环节，也不问问其他学生是否同意、是否想补充或是否有异议；反之，当听到学生回答问题结果不正确或不符合预设时，教师则常常会情不自禁地黯然失色，迫不及待地询问其他学生"他回答的对不对""他这么说（做）行不行"。教师这种习惯于对学生答对不问"对不对""行不行"，答错就问"对不对""行不行"的语句配上异样的语气，很容易让学生窥知教师心中的答案是否定的，从而依此作出不明其理的假性判断。

要改变教师的这种"暗语"，教师能做的就是在学生回答后不急于问"对不对"或"行不行"这种简单判断，而应不露声色地问其他学生"你们的意见如何""还有其他不同的想法吗"，等待其他学生的支持性发言或补充性发言或纠正性发言或辩论性发言，最后才表态。如此才能制止学生只做看教师脸色行事的"寄生虫"。

一节五年级数学课，教师在巩固练习阶段，出示了一道缺少条件不能解答的应用问题，在学生还没有看完整个题目时，就匆忙问学生："这道题目能做吗？"话音刚落，学生不约而同地回答："不能做"。教师颇感意外地追问一位学生："这题为什么不能做？"教师的一个"为什么"让他露出马脚，原来许多学生是滥竽充数，这时学生才不得不脚踏实地地重新分析题目。

上述案例中，学生的快速反应并非真情流露，其根源在于教师一直对能解的题目不问"能不能做"，而这次出示不能解的题目时才问"能不能做"，教师问话的巨大反差让敏感的学生轻松地嗅出了其中的玄机。教师的这种多此一问实属画蛇添足，是教学的一种语病。尽管教师的"为什么"让学生不得不正经地正视题目，但可惜白白流失了认知的冲突过程，因为学生已知了"不能做"，接下去的学习范围已经缩小为一种"寻找证据"的短距研究。

要克服这种教师问话的弊端，教师就应该做到不管出示什么题目，不先说话，而是让学生直接解答，学生自然会在尝试过程中发现问题。例如，缺少条件或多余条件，或者在尝试过程中感到困难。例如，知识不够或能力不够，此时教师再"开口"就有利于学生的"开窍"。

环境的影响诱发教学的失真

教学环境会影响学生的学习状态，有怎样的学习环境，就会有怎样的学习效果。所以，教师都非常注重教学环境的营造。例如，给学生的学习创设良好的情境，给学生的探究创造良好的氛围，给学生的合作创建良好的机制等。

在这样的学习环境中，学生的情趣得到激发，学生的智能得到开发。然而，如果教师不注意防护环境在学生学习中，可能存在的"黑洞"或"漏洞"，那么貌似良好的教学环境就可能适得其反，产生教学的失真现象，蒙蔽教师的眼睛。

1. 课前屏幕上的暗示

在多媒体辅助教学中，教师常会把上课内容、上课教师等信息设计在课件首页，在上课前就早早地打在屏幕上。由此，课中教师揭示课题的"神秘"，常会被学生"无情"地打破。这时，教师也许还以为是学生智力超常或阅历超群的结果，殊不知，是课前的显示屏泄露了"天机"。例如，一位教师教学"认识分数"课的开头是这样的：

（教师出示教材情境图：聚餐的两个小朋友分东西"4只苹果、2瓶矿泉水、1个蛋糕"）

生：4只苹果平均分给两人，每人分得2只。

生：2瓶矿泉水平均分给两人，每人分得1瓶。

生：1个蛋糕平均分给两人，每人分得半个。

师："半个"该用什么数来表示呢？我们今天就来学习……

教师话还没说完，一名学生举手回答："可以用分数表示"。教师高兴地表扬："对。你真聪明！我们今天就来认识分数。"……

课后了解，这名"聪明"的学生早就从课前的投影屏幕上看到了学习的课题"认识分数"，并非未卜先知。

我们的教师常常以为下课时学生只顾着玩耍，不会看显示在屏幕上的内容，这只是教师的一相情愿。所以，如果教师仍然希望在课中神秘化揭示课题，那么在课前就没有必要提前在屏幕上打出课题信息，或者用空白页或风景画等代替，别再让屏幕成为上述教学失真的导引。

与此相类似，教师以为学生是"睁眼瞎"或"近视眼"的情形，在教学中到处存在。又如，许多教师会把课中需要神秘揭示的内容，在课前事先写在黑板上，然后用报纸遮盖住，自以为学生仍然处于一种不知晓状态。其实，教师的这种做法如同"掩耳盗铃"，你能保证你在黑板上公开板书的时候没有学生看见？事实是，学生的正常心理是对越发神秘的事情越发关注，除非你在办公室等隐蔽的地方偷偷地写在小黑板上。

2. 课中合作的暗机

合作学习原本是让学生进行思维碰撞、思路互补和思想共享的一种组织形式，以期出现"1+1＞2"的教学效应。然而，许多教师在组织学生进行合作学习时，常常跳过让学生事先独立思考这一前期准备环节，而直接让学生聚集在一起合作。于是，如此的合作学习环境中就可能会产生"漏洞"，让学生有孔可钻，浑水摸鱼，从而使教学信息失真。

有一位学生在课中总是盼望着合作学习，在小组合作时，他也总是自告奋勇地要求担任记录员角色。原来，这一"职位"的好处是他只需要记录小组内同学的发言而不需要自己在小组内发言，并且在全班交流时他可以利用"职务"之便代表小组汇报，由此常常赢得教师和其他小组同学的关注。

然而，他在合作学习中的精彩汇报却不能代表他在自主学习中的精彩回报，一旦离开合作的环境，他就无计可施，成绩一落千丈。

从上述案例中，我们可以发现，有漏洞的合作学习环境，可能会造就学生的合作依赖症，使之成为窃取集体智慧的"蛀虫"，此时，他在小组汇报中的全能掩盖了个体学习的无能，也常常能够逃过无能教师的眼睛。由此可见，我们需要为学生的合作学习打上"先个体独立再小组合作"的"补丁"。

方法的失当诱发教学的失真

在教学中，教师由于教学方法设计的不完善、教学程序操作的不规范，"好心"常常得不到"好报"，得来的可能是一些学生学习的虚假信息，给自己进行教学决策提供了错误依据。

1. 教学方法的不灵活让学生产生虚情

教师教学的"有一套"能让学生很快适应教师的教学方法，明白教师的教学意图。教师的一言一行、一举一动都能传递特有的教学信息，让学生心领神会，从而提高教学效率。但是，教师教学的"老一套"，又可能使学生在对教师套路的心知肚明中产生审美疲劳，学生在久经考验中也可能会发现偷懒的"窍门"，从而应付性地配合教师完成相应的教学环节。

例如，有些教师采用目标教学法，在课的开始出示课题之后，常常问学生："看了这个课题，你想知道什么？"或"看了这个课题，你能提出什么问题？"以此来设定这节课的教学目标。学生在经常这样相同的问法中发现了一条"捷径"，那就是可以用"是什么"与"为什么"这种固定格式来回答。由此，学生以后的回答就变成了不假思索的脱口而出，而教师或许还仍然以为这是学生细细琢磨的结果。

一位老师教学《你必须把这条鱼放掉》时，板书课题后，问学生有什么问题，学生提了"你指的是谁？""这条鱼是什么样的鱼？""这话是谁对谁说的？""为什么必须把这条鱼放掉？"等问题，然后老师让学生读书回答。学生提的前三个问题，是只要读一遍课文就能弄清的，学生课前读过课文，应该知道。那为什么还提这几个问题呢？迎合老师呗。

教师教学方法的不灵活就可能像上述案例那样让学生成为"套中人"，使学生的学习变成配合教师教学的应景之作。所以，教师的教学方法既要有规律，但也要没有"规律"，经常因课因时微调自己的教学方法，让学生经常有一种新鲜感或新奇感，从而激发学生的学习兴趣。

2. 教学方法的不现实让学生产生假意

如果说上述现象只是教师的教学方法，让学生产生"不舒服"后造成应付性的失真，那么还有一种情形，是教师的教学方法，让学生产生"不愿意"后造成应付性的失真。这种失真后果比较严重，严格地说，这是教师教学的失败。

例如，许多教师在设计教学方法时常常只考虑知识基础，很少、甚至不考虑学生学习现实——学生在生活中是否已经接触了知识？学生在家庭中是否已经获取了知识？学生在教材中是否已经预习了知识？……仍然只沿着知识逻辑展开教学，而聪明的学生为了适应教师这种笨拙的教学方法，就会装作什么都不知道地配合教师演完事先设定的"剧本"。

上述这种情形，还表现在教师"话语霸权"下学生所表现出的虚情假意，我们经常听到教师在教学过程中问学生"好玩吗?""有趣吗?""喜欢吗?""想学吗?""会了吗?"等征询学生实际学习意愿和学习效果的问题,而深知玄机的学生都会作出肯定性的回答,不管自己是不是这样。于是学生的假回答使得这样的问题成了假问题,教师获得的也就是假信息。

教学中,教师看到的有时并非是学生的真情,由此制订的教学决策和采用的教学对策将可能会失真,教学效果也可能会失实甚至失效,这将是很可怕的局面。常言道:"知己知彼,百战百胜",教师如果连学生的真实情况都摸不透,那么以学生为本的教学只能是一句空话。

8

实事求是，让教学充满『真』情与『实』感

[真心思，细揣摩]

平常路 教师常常以为，学生的情感表露与行为表现，就代表着他们的真情与实感，于是以此作为设计教学的"凭证"。

非常道 教学中经常发生着信息不对称现象，要想保证学生的真才实学，教师首先应该保证教学的真情实感。

所谓"信息不对称"，就是一方拥有比另一方更多的信息。而"个人信息不对称"，就是我们拥有太多"关于自己的信息"，而别人对我们的信息则掌握得太少。我们总以为别人从我们的几个表现中，就能完全接收到关于"我的所有信息"；我们总以为别人已收到所有信息，殊不知对方靠的也不过是一个武断的直觉而已。

在教学中，经常发生着信息不对称现象：教师看到的、听到的并不一定是学生的真情，反之，学生看到的、听到的也并不一定是教师的本意。这种信息输出与输入的错位，常常导致教师和学生判断与决策的错误，影响教学的真实效果。所以，我们应该采取必要措施，尽最大努力保证教学的真实和信息的对称。

评价不失重，让教师把握学生的"真才实学"

教学中，有时学生的语言听起来很流利、动作看起来很麻利、思路想起来很顺利，却不一定代表教学一定"利好"，或许背后潜藏着教学的"黑洞"。例如，表面的热闹并不等同于学生思维的热情，表面的活跃并不等同于学生思想的活络。这种"表里不一"的掩饰很容易让教师产生美丽的错觉，迷惑、误解甚至受骗，这也是许多教师常感纳闷之处：学生刚刚还明白的事情，接下来怎么又不明白了？其实，刚才学生的学习表现有着虚假的"泡沫"，只是教师没有明察秋毫，从而导致了学生"言行不一"的结局。

1. 学生的"发言"不等于"会道"

一位教师在教学"分数的基本性质"的课中，通过举例观察、比较发现、抽象概括，让学生说一说其中隐藏的规律。一位学生非常流利地说出了其中变与不变的规律，与教材上呈现的分数的基本性质的一长段表述完全相符，教师甚喜，表扬了他。

这位学生的脱口成章是否就代表着这位学生的胸有成竹，这需要教师验明。因为对于教材现成的结论，"聪明"的学生不经过研究就可以搬用其"说"，尽管一些学生可以说得头头是道，甚至比其他学生说得更为流畅与标准，但一旦深究其"道"，他就会无言以对。所以，聪明的教师不应该只满足于学生说出"是什么"，更要追究学生内在的"为什么"，还要追查学生过后的"能做什么"。例如，上述案例中教师可以出示一道具体的题目，让发言学生结合实例来论"理"，如果他不仅"能说"而且"会道"，不仅"知情"而且"达理"，说明他的确已是"得道中人"了，此时表扬才有价值。

2. 学生的"发问"不等于"不懂"

在那位教师教学"分数的基本性质"的课中，当一位学生概括出分数的基本性质之后，教师顺便问了一下其他学生还有没有其他想法，一位学生大声质问那位学生："为什么要0除外？"等那位学生回答完毕，教师马上接口："回答得非常好！"

后一位学生的提问是不懂的询问还是已懂的反问，这需要教师查实。如果属于前者，教师应该在被问者回答后进行提炼总结，便于问者理解知识的"内幕"；但如果属于后者，教师就不应该在被问者回答后自行评价总结，而不问问者的意见，也不顾问者的心情，出现这种情况归根到底是教师无视与不知提问学生的"内幕"。而上述案例中，从那位提问学生气壮的语调中，可以听出这位学生是属于"理直"的气壮，他是在挑战同学，所以教师理应把对回答者的评价权还给发问者。

材料不失真，让学生掌握知识的"真凭实据"

在教学中，有时并不是有材的学生就能成才，这首先需要教师提供好的材料，让学生有材可用，更需要教师用好材料，创造条件物尽其用，不大材小用，使教学材料成为有用之材，为后续学习中的有据可查、有法可依提供物质保障。也就是说，教学材料既要让学生看得见、摸得着，还要让学生看得准、想得出。

1. 学生的"眼见"不等于"为实"

一位教师在教学"面积单位"中，让学生认识了"平方厘米"这一面积单位后，教师手举一张邮票让学生估计"邮票的面积大约有几平方厘米"。结果发现，坐在前排的学生的估计大多比坐在后排的学生的估计更接近于精确值，并且后者的估计往往偏小。

上述案例中的"奇怪"现象的原因在于，用一张小小的邮票作为教具，且只拿在教师的手中，而教师又只站在教室的前面，根据视觉原理，学生越远看邮票感觉就会越小。如果材料面积较大，此时的视觉误差对判断结果的影响就会显得微乎其微，然而现在由于邮票的面积本身就小，所以相对对学生判断结果的影响就会被放大，对教学效果的"利害"程度就高。所以，要避免教学因教具的不合理使用而造成的失真现象，明智的教师应该给每一位学生发一张邮票或者用同样大小的纸片代替，使学生对近在眼前的材料能看得真切，从而学得准确。

2. 学生的"心想"不等于"事成"

一位教师在教学"长度单位"中，先让学生在米尺上看一看1分米的长度，然后用手在米尺上比一比1分米的长度，最后脱离米尺想一想1分米的长度并用手势演一演。一些学生保留米尺上移下来的手势来演示1分米的长度，另一些学生重新凭感觉用手势演示1分米的长度。一次表演匆匆结束，教师迅速进入后继教学环节"画一画1分米长度的线段"。

上述案例中，教师设置了"看一看""比一比""想一想""演一演""画一画"等诸多教学环节来加强学生对1分米长度的直观认识，以此建立比较清晰准确的表象。然而，学生独立演示 1 分米长度的准确度并不高，原因在于教师为了节约时间，对"想一想""演一演"环节进行了"走场子"似的扫描，没有做细做实，"浮光掠影"使这个教学环节成了一副"虚架子"。教师应努力使"想一想""演一演"等教学环节成为"实体"，可以先让学生脱离米尺闭上眼睛想一想 1 分米的长度，然后用手势直接演示。此时教师应让学生再用米尺量一量，看一看演示结果与标准长度有多少差距，然后手势"还原"后重新演示，再量一量……如此学生在多次比试、反复调整中就会逐渐加深印象，对 1 分米长度的感知的精确性也就会越来越高。

在教学中，首先，教师要准确运用教学评价，正确揣摩学生的心思，让自己教得明明白白；其次，教师还要准确使用教学材料，正确传递知识的信息，让学生学得清清楚楚。如此，教师与学生之间才能做到心相通，学生与知识之间才能做到意相近，这样的教学才会真正有效。

9

巧妙利用评价的『天平』

[获好评，须评好]

平常路 教师常常不能好好把握每一次评价机会，不能好好琢磨每一句评价语言，把教学评价当作学生学习的"兴奋剂"而滥用。

非常道 教师应该提高教学评价的作用力和含金量。教学评价唯有"评"在刀刃上才能"价"更高。

有教学活动就有教学评价。好的教学评价对学生学习既是一种情感激励，也是一种力量支持，还是一种方向指引。所以，好的教学活动离不开教学评价。

不过，好的教学评价，我们不能仅仅把它理解为说好，还必须用好，这样才能换来学生的好评。因为评价是一把双刃剑，反映在评价对象上，在一批人中用多了，学生就可能产生教师厚此薄彼的失落情绪。例如，教师只对表现好的学生大加赞赏，无形中就会冷落和打击其他学生。另外，反映在评价频率上，在一节课中用多了，学生就可能产生不胜其烦的抵触情绪。所以，好的教学评价应能恰如其分、恰到好处。

好的教学评价应恰如其分

在基础教育课程改革中，教师以新的理念"艰难"地跋涉在新的教学之路上。其中一"难"就是在新的教学环境之下的过程性教学评价问题：如何评价学生的"是"；如何评价学生的

"非";如何评价学生的"热";如何评价学生的"冷";如何评价学生的"过";如何评价学生的"失"……教师要不偏不倚地、恰如其分地对待各种情况,让学生既要"动心"而不"冻心",又要"舒心"而不"伤心",还要"正心"而不"偏心",真难!处理不好就会使"好心"变成"坏意",使"赞扬"变成"伤害",从而使评价的天平失衡。

1. 过"滥"

新课程要求教师改变传统教育静态的、功利性的评价观,树立动态的、发展性的评价观,建立评价目标多元、评价方法多样的评价体系。在评价目标上要关注学生的知、情、意、行诸方面,在评价方法上要把师评生、生自评、生互评、生评师等结合起来。新课程理念对评价的重视,刺激了一些教师过分重视评价在教学过程中的运用,问题主要反映在两个方面:

(1)评价专用时间过多

有的教师在每节课中除对学生进行即时评价外,还特意安排一定的教学时间或教学环节,让学生进行专门的评价活动,过分追求了评价参与的面广、评价内容的俱到、评价方式的齐全,从而导致评价因占用时间过多而冲击知识教学,或者导致教学环节过渡的不自然,给学生一种"硬插"的突兀感,这只是一种为评价而评价的形式化的功利性做法,将会得不偿失。

所以,我们认为应积极寻求评价与知识的融合点,把评价有机地渗透于、附着于学习内容,使它们浑然一体,没有刻意雕琢的痕迹,这种评价将会是潜移默化的。

例如,一年级"统计"课尾,教师可以让学生运用本课知识,统计所获得的各种纸质奖品,评比出冠军小组。又如二年级"确定位置"课尾,教师可让学生用所获的拼图奖品按照背面标注的位置,合作拼贴出一幅美丽的图案。这种评价方式既达到了评价的目的,又服务于所学知识,自然且有用。

(2)评价专用语言过多

有的教师在教学过程中多以口头语言评价为主,且常用"你真聪明"表扬学生,认为这简单易行,容易"感动"学生。殊不知,教师专用口头语言评价次数愈多,对知识进程的影响就愈大,学生觉得单调乏味感愈强。

我们认为教师应增强利用手势、眼神等体态语言的评价,像摸摸头、使眼色等都可以成为评价方法。另外,心理学家一项最新研究显示,那些被称赞为聪明的学生往往变得过于注重考试成绩，一遇到挫折就灰心丧气，而那些被夸奖为努力和刻苦的孩子，更富有持久的上进心和学习兴趣，他们认为智力和能力是可以通过刻苦学习来提高的，从而更愿意承担有挑战性的学习任务。所以，我们认为课上像"你真聪明"之类的语言还是少出现甚至不出现为好，而对表现好的学生多采用"不赞聪明赞勤奋"的方式来评价可能更为有效。

总之，评价应避免过"滥"，让评价多一点"价值"，让学生倍加"珍惜"。

2. 过"露"

心理学研究表明，首次表扬或批评对学生的触动是最大的，随着表扬或批评次数的增多，对学生的刺激程度就会逐渐减弱，其价值就会越来越低。尤其是当众评价，其厉害度更高。第一次当众批评学生，有可能伤害学生使其一蹶不振，而多次的当众批评又可能使学生麻木，使批评不成为批评；第一次当众表扬学生，虽可使这个学生兴奋不已，却同时又可能在无形的对比中伤害其他学生，而多次的当众表扬也可能使学生麻木，使表扬不成为表扬。这正是年级越高，学生年龄越大，教师当众评价的效果却呈降低趋势的原因所在。

鉴此，我们认为教师应适当降低当众评价的频率，而且要在不伤害学生的前提下采用当众评价这种方式，并积极寻求其他合适的评价方法来代替，例如：

（1）信的交流

教师可把一些不宜当众评价的语言写成信装入信封，"送"给学生，学生也可以用写信的方式来与教师交流。由于信的接受对象面向全体学生，而信的内容是表扬之辞还是批评之辞，对其他学生而言是个未知的"谜"，也就避免了其他学生对其的看法可能引起的消极影响。此举还可由师生间"信"的交流逐步转化为师生间"心"的交流，最大限度地触及心灵，学生也会乐此不疲。

（2）纸的记录

用书面语言评价代替口头语言评价的好处，就在于给了学生一种阅读评语的渴望欲，给了学生一种相互交流的选择权，给了学生一种学习存盘的足迹感。它注重的是学生的纵向评价。

一个满脸通红的孩子后面跟着一群小朋友，有的拽着他的衣襟，有的摇着他的胳膊，孩子们到底在干什么呢？我来告诉你吧！走在最前面的那个孩子刚刚在课堂上收到我奖给他的特殊礼物——"悄悄话"。我在送"悄悄话"时总会一再叮嘱，这是师生之间的小秘密，谁也不能告诉。瞧，这些跟在他屁股后面的小朋友，就是来打听这个秘密的。

其实要想拥有这个秘密并不难，只要表现好，谁都有这个机会。当然，我奖励给每个人的"悄悄话"都是不一样的。我会对学生 A 说："老师一看到你，心里就高兴！"对学生 B 说："你是我最喜欢的学生！"对学生 C 说："你前一阶段的努力，老师非常满意，你能这样一直保持下去吗？"对学生 D 说："可爱的小精灵，你的脑子真好使！这么难的题目你都能做出来，太了不起了！"对学生 E 说："你进步真大，老师都佩服你了"……我常常当着同学们的面，故意神秘地对着一位同学小声地说话，以引起其他同学的好奇和羡慕，使他们明白，要想让老师也对着他的耳朵说悄悄话，下次可一定要努力哟！

总之，评价应避免过"露"，让评价多一点"神秘"，让学生备受"诱惑"。

3. 过"淡"

对低年级学生而言，"看得见、摸得着"的实物奖品常能引起他们的兴趣。在教学中，教师多以红五星作为评价学生的常用实物。然而，随着时间的推移，学生所获红五星的增多，他们发现红五星并没有多少"用途"——"他有、你有、大家有，已不稀奇；东有、西有、满桌有，已呈富余"，单一的评价形式逐渐消磨着他们的乐趣。原来的"糖水"变成了"淡水"，如何使"淡水"恢复"甜味"再添学生兴趣，我们认为，可有以下方式：

（1）以新换旧——改变实物形态

用鲜艳、美丽、有趣的其他图案或一些小玩具、学习用品替换红五星，并不断变换品种，让学生尝"新鲜"。例如，用书签作为奖品，正面画着图画，反面写上评语，既受用又实用。又如，在一年级教学"长方形、正方形、圆"的课上，教师就用五颜六色的三种形状的贴纸贴在学生衣服上作为奖品，既与学习内容"挂钩"，又与学生喜新心理"挂钩"，学生情不自禁地感叹"奖品真漂亮""衣服真漂亮"，进而步入"数学真漂亮"的殿堂。

（2）以旧换新——发展实物形态

当学生集满几个相同奖品后，教师就换给学生其他奖品。例如，换给学生漂亮的纸花，让学生在纸花上写上自己的姓名来布置学校环境，给学生展示奖品的机会，也就等于给学生展示个人的舞台。再如，教师把学生所获奖品"换"成一种奖项，记入成长记录袋或成长档案，让学生每次都有"成功"的快乐和"长大"的兴奋。

总之，评价应避免过"淡"，让评价多一点"味道"，让学生倍觉"新鲜"。

4. 过"假"

国家基础教育课程改革专家组核心成员吴刚平博士曾说过："教育不应只是一种技巧和方法，否则它可能将丢掉教育的灵魂。教育应是丰富人的精神世界、丰富人生……评价应以不伤害学生为底线，给学生一种真实的感受和真切的体验。"我们认为，教师要让学生做"真人"，首先自己应做"真人"。所以，教师评价学生时应做到：

（1）评价的前提是"真爱"

教师要满怀真爱来对待学生、评价学生，这样的评价才会真正感动学生。教师缺乏真爱的表扬只会造成"皮笑肉不笑"式的尴尬，"微笑的和被微笑的都将是一种痛苦"，缺乏真爱的批评只会造成"狂风暴雨"式的打击，气愤的和被气愤的都将是一种伤害。

（2）评价的结果是"真给"

教师不要言行不一致，不要给学生一种被欺骗的感觉，不要让学生生发对教师怀疑的态度，从而对教师产生信任危机。例如，教师课中许诺奖给学生的物品，要"真"奖给学生。又如，课上教师既然鼓励学生多发言、多提问，那么就应真正给学生发言、提问的权利和自由，不应"挑三拣四""说三道四"地过多限制学生，即使他们出现一些意外的或荒唐的回答或做法也应宽容，不应视之为"大相径庭""大逆不道"，不要把上课当成虚假的"演戏"，而应把上课看作真实的"生活"。

总之，评价应避免过"假"，让评价多一点"真实"，让学生倍添"生机"。

好的教学评价应恰到好处

好的教学评价应该有两个指标：一是评在"情真"上，让学生凭自己的实力获得教师的好评；二是价在"意切"上，让学生借教师的好评获得知识的实惠。如果换成一句话，那就是好的教学评价应恰到好处。

1. 好评应该致力于转"好"

一个人请品酒师品尝了他珍藏的名酒，品酒师却保持沉默。他又让品酒师品尝了一瓶普通的酒，品酒师却说"很好，非常好！"他糊涂了，品酒师解释："对第一种酒，不需要说什么，它本身已经说明；但对第二种酒，必须有人赞扬它，不然它会受挫！"

品酒过程其实就是对酒的评价过程。教学评价更多地表现为对学生学习的评价，这可谓之为"品人"。我认为，教师对学生的评价也应该像那位品酒师那样对学生"另眼相看"。

在教学中，教师习惯并热衷于对一些好人好事进行好评，这固然能引导其他学生积极向"好"的方向发展，但这种好评用在好学生身上或许已经难以激发他们的好感，因为他们本身已经证明他们是好样的。所以，教师应该因人而异，对好学生的好评吝啬一点，而对普通学生不妨慷慨一点，把好评"重用"在一些普通学生的不普通表现上，为他们的些许进步大声喝彩。例如，一个中上等学生与一个中下等学生都提出了对一个问题的不同看法，教师无疑应该"看重"和"厚待"后者，因为这种好评对他们来说更加受用。

另一方面，教师还应该因时而异，把评价放在目前需要重点和大力倡导的行为上。例如，对一个平时不敢主动发言的班级，教师就应该抓住每一次机会对积极发言的学生及时表扬，激励其他学生及时跟进。当学生都能主动发言后，教师的好评就应该转向，进而对敢于质疑的学生"重彩浓抹"，引导学生在教师新的评价中有新的追求。例如，课中教学评价也需要"扶贫"。

在一次听二年级教学"分类统计"的课中，教师在黑板一角设计了一张各学习小组表现评价表。在课的后段，最多的一个小组已经获得了 5 颗星，而有一个小组一片空白。此时，教师又提了一个问题，那个"明星"小组依然举手踊跃，于是教师仍请这一小组中的学生回答了这个问题，于是这一小组又加上了一颗红星。

教学评价不能让"月亮还是那个月亮，星星还是那颗星星"，教师也不能只"月亮走，我也走"，而应该通过评价资源的合理调节与重新分配，促使"星星"也有可能展现"月亮"的光彩。上述案例中，如果教师能够把目光投向那些落后的小组并把"绣球"抛给他们，或者与"明星"小组学生商量

"能否把发言的机会让给其他小组"，既能激活这些暂时落后的学习小组被冷冻的表现欲望，又能激发学生之间乐于助人、携手共进的良好合作精神。

2. 好评不能简单地说"好"

女友问男友："你看我这件衣服好看吗?"男友有以下几种评价回音：①"挺好看的。"②"还行。"③"真好看，我女朋友穿什么都好看。"④"来来来，转一圈让我看看……"待她害羞地转完一圈后，把她拉过来，拉着她的手微笑着看着她说"挺好看的"。

解析以上回答，评价①会让她觉得你应付她，评价②会让她觉得没自信，在她心里她穿什么你都应该觉得好，可是如果真说好看，就会像评价③一样，她又会觉得你花言巧语不真诚。所以，你要表示出对她提的这个问题的认真程度，必须要像评价④那样仔细地看看再说。

对照课堂教学中教师对学生的评价，许多教师为了体现赏识教育而乐当"好好"先生，只要学生说对就说"好"，至于好在哪里学生有时并不清楚。于是，这种千篇一律、大同小异、无关痛痒、缺少内容、过于简单的好评，时间长了就会让学生感觉这似乎仅是一种教学点缀，留下的只是"好"的虚词，失去的却是"评"的实用。

这样"好"言满堂飞的终极只会是"夸奖所有的人，等于没有夸奖任何人"。要让学生真正感到教师评价的真诚与真实，首先，评价要惜"好"如金，不要轻易地进行廉价表扬，而应该称赞在学生的闪光之处，评得学生心服；其次，评价要足智多谋，实现教学评价与知识教学的无缝对接与融为一体，不打断学生学习的思路，多润滑学生学习的进程，评得学生知足。这样提高教学评价的指向层次，和强化教学评价的渗透作用，才能更好地让学生感受到教师好评的好"处"。例如，课中教学评价也需要"合资"。

在听另一位教师上二年级数学"分类统计"的课中，教师采用的是用小五星粘贴在学生额头上的奖励方式，答者人人有份。教师一只手拿贴纸一只手拿粉笔，来回穿梭于学生中，忽而上前板书，忽而下来贴星，忙得不亦乐乎。

此时我产生了两种想法，一是教师这样不"珍惜"奖品，泛滥的结局可能导致学生不珍惜。当然，判断泛滥是否成"灾"，只需看学生课后是小心保藏还是一扔了之；二是教师不能简单地做奖品发放员，寓知于评，才能让学生感到好评所起的"好"学与学"好"的双重功能。例如，这节课的最后一个环节，是教师让学生按性别分类统计男女生人数，以及按组别分类统计小组人数，这一活动设计，还不如改成让学生按组别分类统计获得红五星的学生人数。因为前者学生本来就已经知道自己班级的男女生人数，也事先就知道这节课是按 6 人进行分组的，也就是学生缺乏统计的需要，只是为统计而统计，而后者因为学生对教师发放的奖品总数，以及在每一小组中的分布状况不清楚而成为统计的理由。

事物的发展就是这样，轻视教学评价，无疑会使评价的天平失衡，而过分重视教学评价后的行为不当，也会使评价的天平失衡。新课程倡导的重视教学评价的作用，应是在评价天平平衡状态下的"重视"。让我们一起谨防评价的天平"过重"后的失衡吧！

第 二 篇

提升教育质量的见识"跳板"

10

学无止境：生本课堂的原动力

[人本性，爱挑战]

平常路　教师常常认为学生只是"学生"、课堂才是"课堂"，从而低估学生的学习能力和限制学生的学习时空。

非常道　学生学无止境，具有强烈的挑战心和挑战力。教师应该打破时限设置难题，让学生迎难而上。

我们都知道，当你手中抓住一件东西不放时，你只能拥有这一件东西，如果你肯放手，就可能会获得更多。对教师而言也是如此，你若执著于自己的观念，不肯放下，那么你的教育智慧也只能达到某种程度而已，你若不肯放开学生，学生也就会失去很多你无法给予的东西。

我们还应该知道，学生的学习并不只是在课中才开始的，其实在课前、课后学生也时刻在生活中不断学习着。所以，我们应该转变观念，不要只揪住课堂时间，也不要太揪住学生手脚，而应该积极利用课前和课后实施大教学。

教师在课前让学生挑战任务，带动课中学生合作交流，延续课后学生拓展反思，这种基于学生学习时间的向课前与课后开放的课堂，在教学面貌、教学功能与教学评价上发生着根本性的变化，大教学观下的课堂，更有利于激发学生的自主意识和开发学生的自主能力，真正实现以学生为本的课堂教学。

生本教学，学生的探索能力是在课中才定点训练还是在课前、课中以及课后就全程培养？学生的思维状态，是全靠教师设置有阶梯、有阶段的思考提纲来"牵"，还是只需教师设计一个有温度、有难度的挑战任务来"激"？

生本课堂，学无止境。其意一是在潜能上无止境，学生天生具有学习求知的强大潜能；二是在挑战上无止境，学生完全可以自主探索攻坚克难；三是在时空上无止境，教师、教材、课堂之外有更广阔的学习资源和学习时空。

课前抓纲，设置"大任务"

传统教学，似乎教学始于课堂。其实，学生的学习并非只在课堂，在学校生活、社会生活和家庭生活中，他们时时刻刻都在接触和获得知识。这种耳濡目染、潜移默化的学习，很少有课堂紧张学习的劳累。课堂教学时空的限制，常常让教师难以放开，让学生难以尽兴，很多时候，学习时间短与学习任务多的双重挤压常常让学生喘不过气来——一时吃不了，也常常让学生回不过神来——一时想不通，在匆忙中浅尝辄止，顾此失彼。

我们完全可以把学习前置，设置兼具综合性、开放性、挑战性、趣味性和简洁新颖的"大任务"，把握教学关键，抓纲举目，激发兴趣，让学生在课前直面挑战、迎难而进，自觉明白学习的内容任务、目标责任、困惑关键等。这样，既减轻了课中的教学压力，更激发了学生学习的自主性和积极性，最终实现教师在课中"少教"甚至"不教"。

例如，教学"年、月、日"前，教师给学生布置了一个有挑战性的难题"自己制作一张2050年的年历"。学生因为没有现成的年历可查可搬，只能找来今年和往年的年历参考和琢磨，并自动预习教材甚至调动家长等资源。教师抓住"设计2050年年历"这条"纲"，布置学生进行课前小研究，学生必然要去了解大月和小月的天数和月份等知识的"目"。

又如，教学"等腰三角形和等边三角形的认识"前，教师要求学生预习后用彩色纸各剪一个等腰三角形和等边三角形，并在表格中画等腰三角形和等边三角形，写一写自己对图形的认识和发现。这个前置学习任务的设计，同样抓住了教学的关键和核心（即抓住了"纲"），让学生直面困难，学生也愿意完成这样有趣味又有挑战的任务。

由此可见，课前设置一个简单、开放的"大任务"，要比一组细碎的小问题更能激发学生的挑战欲，磨砺学生的学习力，从而让学生站得更高，看得更远，学得更主动。另外，学生对操作型、表格型前置学习任务更有好感，教师应多设计这种动手动脑相结合的活动，让学生玩出知识、做出学问。

当然，除了把课中需要的学习材料让学生课前准备之外，还可以布置"帮老师设计板书""举自己的例子来提醒和解释"等学生乐做能做的事情，以达到为课堂学习助跑的效果。

课中抓本，组织"大研讨"

生本课堂不应是生"笨"课堂，我们不能把学生当配角，只管牵着学生的鼻子走自己的教案。生本课堂应该是学生展示自我、交流分享的大舞台，学生才是课堂学习的真正主角！因此，教师一定要充分相信学生，全面依靠学生推进课堂教与学的进程。

学生预习后的课堂，教师该怎样组织课堂教学？因为课堂教学如果只是重复学生预习到的那些事儿，就可能让学生产生"我都会了，何须再听你啰嗦"的无趣。所以，预习后的课堂，需要教师更好地把握自己的主导作用和找准教学的切入点与着力点。

例如，教学"年、月、日"一课，教师先让学生在四人小组内交流展示、相互比较自己的作品，说说制作过程和体会，然后推举小组代表向全班交流汇报。因为学生有了课前的学习与研究，所以在全班展示交流和相互探讨中，底气十足，敢于表达，各抒己见，很快就达成共识，掌握了年、月、日的一些基本知识点。课堂上，学生还提出一些有价值的问题："为什么2月份有时是28天有时是29天？""2050年的2月份是28天还是29天？"等。教师给予必要的讲解和说明，学生因为心存疑惑，个个都求知若渴，学得特别专注和投入。

再如，学生预习"等腰三角形和等边三角形的认识"后，课中交流得头头是道，感觉知识似乎都在自己的掌握之中。此时，教师突然抛出一个问题："请问等边三角形是等腰三角形吗？"把学生一下子难住了，产生了正反两派意见，迫使学生带着新的疑问开始更深层次的探索和思考。

由此可见，教师在课堂上，一是要在有更大研究价值的重点内容上、更大讨论范围的各类学生中组织好"大研讨"，就是在学生课前个体学习的基础上，围绕学习目标和任务，组织小组交流和全班研讨，让学生用自己的资料、自己的例子、自己的故事、自己的思想、自己的制作……表达自己的观点，展示个性的风采，共铸课堂的精彩，同享学习的快乐。二是要把握好"教之本"，课堂教学的根本任务，是要全面达成教学目标和顺利突破教学重难点。因此，教师在课堂上，首先，要牢记教学目标，以"人为目的、爱为源头、真为根本"，做好平等中的首席。要以敏锐的眼光，捕捉交流研讨中的亮点或问题，以简洁真诚的话语，及时给予激励欣赏和点拨，要着力营造平等民主、积极向上、相互赏识的课堂氛围。其次，教师要牢记教学关键，把握好学习研讨的方向、节奏与进程。教学重点环节，教师要根据学生交流学习的到位程度，给予适当的重复和强调；教学难点环节，要根据学生交流研讨的理解情况，给予必要的引导和追问。

课后抓典，引导"大拓展"

我们都知道，理想教学应该让学生带着问题、带着思考走进课堂，学生的前置学习无疑有此功能；理想教学还应让学生带着问题、带着思考走出课堂，去遨游更为广阔的知识海洋。

生本课堂不应是生"绷"课堂，把学生的精神绷紧在"只读一套教材、只靠教师一个人、只在课堂上学习"，无疑会制约生命的多姿和绚烂。为此，教师要打开视野，在备课时，就设计与本课学习相关的学习资源链接及典型的思考题，让学生在课前课后开展与课题相关的专题"大拓展"学习，以帮助学生在一个点上尽可能挖深挖宽，通过相互举一反三、交流研讨、对话争论，拓宽学生的视野，引领思维的深入，实现分享、感悟和提升。

例如，教师在教学"年、月、日"的课尾出了一道思考题：1个月中会出现5个星期日吗？学生交流自己的想法：有的学生采用寻找特例的方法，有的学生采用假设推理的方法，并在比较中优化方法。

要实现课后的"大拓展"，除了可推荐经典的专题阅读资料以外，我们不妨采取"每日一难题"的进步方式，让学生每天进步一点点，这样的课后实习才不会难为学生，让学生感到为难。典型的思考题等可以贴在教室公告栏中或黑板报上让学生打擂台，也可以像灯谜一样悬挂在教室中，不要求学生即时回答，教师也不急于揭示答案，让学生先独立思考后合作讨论或请教高人，在努力登高中提高自己的实力。例如，在教学"梯形的面积计算"后，教师就可以补充"只用一个梯形，能不能用转化的策略推导出梯形面积计算公式"这一学生在教材上找不到答案的问题，让学生在进一步的研习中大显身手，从而对梯形面积计算公式理解得更深刻、记得更牢固。

　　总之，要让学生的学习可持续发展，教师就应该坚持儿童视角，站稳生本立场，提倡学生先下手为强，给学生提供可持续的探索时间和思维空间。

　　同时，教师必须用发展的眼光来审视和评价课堂，因为生本课堂可能没有传统课堂那样流畅与顺利，学生的不成案（预习时学生形成的更多是一种零碎的个体经验）、不成熟（预习时学生形成的更多是一种粗浅的个体经验）、不成见（预习时学生形成的更多是一种易变的个体经验）往往会冲击课堂的"正常秩序"，甚至影响教学任务的完成，这需要教师的大智、大度和大气。

　　于是，这样的课堂不可避免地会有"疙瘩"，教师的责任就是梳理好学生出现的知识"疙瘩"，解决好学生存在的思想"疙瘩"，然后设置新的问题挑战，重新让学生在"疙瘩"中探索与思维。学生自主程度高的课堂，一般会有着教师感觉不那么流畅与顺利的"疙瘩"。也就是说，教与学的"疙瘩"才是生本教学的原生态。

11

把学生的挫折变成造『英雄』的『时势』

[吃一堑，长一智]

平常路 我们多以为顺风的环境能让孩子生活顺心、学习顺利，可以让孩子长得更快、学得更多。所以，我们常常为了不为难孩子而一味地追求愉快教育。

非常道 其实，不经历风雨，怎能经受得起风雨。不如意的环境反而能让孩子收获满意，有压力的环境反而能给孩子增强动力。

常言道，一个人的成功离不开天时、地利、人和。是啊，一个人的成长需要时间的保证与环境的熏陶。然而，有了时间并不等于就有了时效，关键得看这些时间是不是紧紧抓在学生手里，是否能给学生更多的"时光"；同样，有了境遇并不等于就有了境界，关键得看这种境遇是不是深深留在学生心中，是否能给学生更多的"风光"。

不一样的时期，不一样的时数

我们都知道，孩子要从小培养。我们还常听说，从小看看，到老一半。不管是现代教育观点还是民间教育经验，它们都明白地告诉我们，孩子小时候的培养对以后成人会有深远的影响。所以，我们不能错过教育的最佳时期。

1. 不压制孩子发育的"无畏期"

我们小时候曾有过许多梦想，但你有没有觉得奇怪，为什么

— 94 —

那么多人的人生轨迹，都没有沿着他们曾经有过的理想之路发展呢？

小时候，对放得高高的饼干盒，我们会想办法拿到它。例如，抓一把椅子，不成，再垫上几本书，一本一本越垫越高，直到小手终于够着了饼干盒。当我们将书一本一本叠高时，根本就没有想过困难或者危险之类的词儿。作为孩子，"害怕"与"困难"的概念根本不存在，只要想得到的，就一定要做到，一定能做得到。但当我们渐渐长大后，一些伟大的梦想也随之消失，我们中的许多人学会了说"不"，习惯于说"不"，让"不"影响着我们思考问题的方式。

周末，我的朋友和 4 岁的女儿去公园玩。女儿想去玩一个高高的攀爬网，他想阻止她，但就在话要出口的那一刹那，他改变了主意，没有对女儿说"不"，而是说："小心些，脚下站稳点，知道吗？我就在这儿。"女儿安然无恙地爬上了那个攀爬网，很快乐。

成年人首先看到、想到的是困难和危险，在生活中我们往往会为一些细碎琐事而陷入慌乱。但是孩子不会，因为她想到的只有她渴望的一种快乐和迎接的一种挑战。

所以，一方面，我们也应该像孩子那样思考，像孩子那样无所畏惧，以快乐的心态面对人生的挑战；另一方面，我们可以用这样的心态去培育孩子、教育学生，让他们依然能够勇敢地寻找挑战、接受挑战，而不随着年龄的增长而慢慢消失。

然而，现实情况常常让我们感到困惑：知识分子家庭的孩子的创造力，反而不如非知识分子家庭的孩子强。知识分子父母，会将自己的学习方式当作经验灌输给孩子，教孩子懂道理守规矩，渐渐地，孩子就习惯于从现成的经验中吸收养分，就好像圈养的老虎会渐渐丧失某些能力一样。而非知识分子家庭的孩子，因为家长没有经验可以传授，规矩也少，他们反而容易养成不拘一格的创造力，要么做不好，一旦做好了，谁也比不上。教师也属于知识分子，但愿能够给学生"风风火火闯九州"的自主时间，和"欲上青天揽明月"的梦想时空。

2. 不浪费孩子教育的"有效期"

最近去拜访朋友，当我们聊天时，他 18 岁的女儿跟着同居男友走了进来，两个人手上都拿着一支烟，穿着很新潮，后面露出腰的部分还有一个刺青。两个人有说有笑，但对外人都露出很不屑的眼神。

我突然领悟到，父母跟食物一样，都是有"有效期"的。我第一次见到这女孩时，她才8岁，可以在短短时间内把我送的一瓶酒上的字和图一模一样地画出来。我好惊讶，怂恿她的父母带她去拜师学艺，但他们总是找出一堆不是理由的理由来搪塞我。

我不认为她的父母现在有资格去批评他们的女儿，因为一直以来，她的父母只顾着自己，从没重视过对她的教育问题。现在再想教育已经不可能了，因为父母的教育功效已经"过期"了，而且她的父母在"有效期"内也没努力过。

孩子在小的时候，父母对他们来说是完全可以依靠的，这就是父母对孩子教育的黄金时期。孩子到了青少年时期，父母的"有效期限"就快到了。"过期"后的父母再怎么努力，也比不过10年前来得有效了。

学校教育同样如此，学生年龄越小、年级越低，对教师言听计从的程度就越高，这常常让许多家长感叹自己的作用远不如教师。这是因为孩子上学后，学校"小社会"产生的教育力会强于家庭教育。然而，不可避免的是，随着学生年龄的增长，他们会有自己的主见，甚至产生叛逆心理，表现得越来越不"听话"，这一现象也就说明教师"言传"教育的最佳时间也在慢慢过去。相比较，教师教育的"有效期"比家长教育的"有效期"要长一些。

所以，孩子要从小及早培养，让他们从小就养成良好的生活习惯和学习习惯，让一些基本的思想认识和重要的道德品质在孩子幼小的心灵中扎根，因为一旦扎根，以后就不能被轻易地改变。在教学上，学校应该一开始就让学生"好学"并"学好"。然而，现实情况常常是，许多小学一般把最强的师资力量集中在高年级，而低年级师资力量相对薄弱。这些小学更重视毕业前那几年，因为那几年的努力成果能最直观地展现在考试成绩中。

小学启蒙貌似简单，其实不然，低年级教育影响更为深远。英国研究人员发现，小学启蒙教师水平的高低对儿童学业表现的影响至少能持续至中学。还发现，入学时在较差班级的学生11岁时，学术能力测试平均成绩比普通班学生低1/5；而入学时在最优秀班级里的学生，成绩比普通班学生高1/5。

达勒姆大学课程评估与管理中心教授彼得·蒂姆斯猜测："测试持续多少年，残留效应就会延续多长时间。"研究人员说，教育对儿童的影响会累积。因此，如果一名小学生每一学年的教师都不甚优秀，他在考试中的整体表现将比其他学生差。蒂姆斯建议："人们应该在小学最初几年里付出更多心血，因为最初几年最重要。"这一点，正是我们常常忽视的。

不一样的境遇，不一样的境界

有人说，评价一个人的能力，看他的对手；评价一个人的层次，看他的圈子。这告诉我们，一个人所处的环境对一个人的成长与成功有着很大的关系。我们也明白，让孩子在甜蜜中成长未必能强健、成功未必能铭心，相反，让孩子在苦辣中成长或许更能壮实、成功或许更能刻骨。

1. 让学生在"苦味"中成长

鉴真和尚刚入空门时，住持让他做了谁都不愿做的行脚僧。鉴真很苦闷。住持带他来到黄土坡，由于刚下过雨，路面泥泞不堪。

住持问："你昨天是否走过？"鉴真点了点头。

"你能找到自己的脚印吗？"

鉴真不解回答："昨天这条路既平坦又坚硬，小僧哪能找到自己的脚印？"

住持又笑了一下："今天在这条路上走一次，你能找到自己的脚印吗？"

鉴真说："当然能。"

住持听了，微笑着拍拍鉴真的肩："泥泞的路才能留下脚印。"鉴真听后，惭愧地低下了头。

环境的不如意，更能让人做事踏实，更能让人体验深刻，更能让人印象清晰，因为"一捅就破的成功之门"与"千锤才破的成功之门"相比，无疑后者让人获得的成功感更强烈。所以，我们应该在日常生活和学校教育中，给孩子创造一种"苦其心志，劳其筋骨"的艰难环境，锤炼出他们能够担当大任的心骨。

(1) 吃饭桌上看育人——"不喂吃""不定吃"

中国家长对孩子的爱尤其体现在吃饭上。首先是让孩子多吃，使劲儿喂。经常可见祖母端着碗，四处追赶、喊叫着孙儿喂一口饭。父母可以挨饿，但孩子碗里的肉不能少。

美国家长从不硬逼孩子多吃饭，美国孩子从能够拿得动勺子那一天起，就开始自己吃饭了，即使弄得满脸满身，家长也不会去管。而且，美国孩子从上小学一年级开始，每天中午就在学校吃午饭，根本不会有家长跑回家给孩子做饭。

美国家庭吃饭，桌上摆几样菜，孩子喜欢吃哪样或者不喜欢吃哪样，都由自己决定。尽管美国父母也知道青菜的营养价值，但他们不会强迫孩子去吃。美国孩子自己说吃饱了，就可以立即放下刀叉，甚至离开饭桌。

美国人在吃饭这件事上的态度和做法，体现了美国儿童教育学的一个核心目标：培养孩子独立思维的能力。孩子吃饭，必须自己决定喜欢吃什么或者自己是否吃饱。如果是为了贪玩而不再吃，那么过一会儿他就要自己承受挨饿的后果，真正尝到苦处，下一次就不会重犯。美国人爱说，犯错误是一个不可缺少的学习过程。

美国家长相信，孩子的生活是孩子自己的生活，不管现在还是将来，孩子只能过自己独立的生活，所以必须尽早培养孩子独立生活的能力。与此相反，中国家长则认为孩子年纪尚小，缺乏生活经验，没有能力做出正确选择，所以父母必须替孩子做决定。结果，美国孩子长大后，最爱说的一句话是："我知道，我会。"中国孩子长大后，最爱说的一句话是："我听话，我是好孩子。"

在此，我们不妨作这样的比方，"饭桌"比作"课桌"，"吃饭"比作"习知"，那么学校教育与饭桌文化就有了紧密的联系。在饭桌上，我们应像美国家长那样让孩子"好好"吃饭，那么在学校中，你也会这样让孩子"好好"学习吗？看到这个问题，你可能会感到奇怪：作为一个教师，理所当然应该让学生好好学习。然而，读了下面两则故事，也许你就会明白其中的"良苦用心"。

（2）动物园里看育人——"不够吃""不易吃"

故事一

美国的一家动物园，新来了一个喂河马的饲养员。老饲养员告诉他，不要喂河马过多的食物。新饲养员十分纳闷，他没有听老饲养员的话，拼命地喂他的那只河马。在他喂养的河马前，到处都是食物。

两个月里，他发现自己养的河马没有长多少，而老饲养员不怎么喂的那一只，却长得飞快。他以为是两只河马自身的素质有差别，老饲养员不说什么，与他换着喂。不久，老饲养员喂的那只河马长得又超过了他喂的河马，他大惑不解。

老饲养员这时才一语道破天机：你喂的那只河马，太不缺食物，反而拿食物不当回事，不好好吃食，自然长不大。我的这一只，总是在食物缺乏中过生活，因此它懂得珍惜，是珍惜使它有所获得，有了健壮。珍惜是一种正常的生命反应，甚至是一种促进。

故事二

日本的一家动物园，一个常年喂养猴子的人，不是将食物好好地摆在那儿，而是费尽心思，将食物放在一个树洞里，猴子很难吃到。正因为吃不到，猴子反而想尽了办法要去吃，猴子整天为吃而琢磨，后来终于学会了用树枝努力地把食物从树洞里弄出来。

别人都很奇怪，对养猴人说，你不该如此喂养猴子。养猴人却说，平时你把食物摆在猴子跟前，它连看都懒得看，也不会主动去吃。只有换了这种办法去喂它，你越是让它够不着，它才越会努力去够。正因为猴子很难得到它，在得到它时，才会珍惜。珍惜，使普通的东西变为了好东西。

养河马的人和养猴子的人，从日常生活中都发现了一个真理：不能"好好"喂养他们的动物。

我们的教育教学，教师为了能让学生"好好"地学习知识，处心积虑地把学生"该有的"和"该要的"知识都悉心准备并无私奉献给学生，不忍心也不甘心让学生"吃不够"，担心学生"饿"着。于是，复习铺垫"一应俱全"，不怕学生"一帆风顺"，只怕学生"难产"知识。新授讲解"无微不至"，不怕学生"无话可说"，只怕学生"难解"知识。巩固练习"铺天盖地"，不怕学生"昏天黑地"，只怕学生"难留"知识。

由此，教师"慈母"般的关怀，因过分"不放心"而异化成"保姆"式的包办，学生学习知识"得来全不费工夫"，缺乏"惊涛拍岸"般激动人心的深刻体验，更多的是单调枯燥、机械重复留下的苦恼与厌倦。

新课程背景下的知识教学，要求问题设计具有挑战性，如减少复习铺垫的暗示性、加大新授讲解的探究性、提升巩固练习的思考性，从而增加学生学习知识的"阻力"，让学生感到知识学习"不够吃"和"不易吃"，在困难中自力更生、艰苦奋斗，品尝到知识习得过程中的"酸甜苦辣"，最后取得胜利。这样的"果实"，学生才会"吃"得更有滋味、更有营养。

生活中有许多东西，就因为能轻而易举地得到，我们就熟视无睹、无动于衷。相反，生活中有许多事情，就因为需要付出智慧与真情，我们才会主动关注和加倍珍惜。教育中的知识教学同样具有相同的情理，学生会因知识的"不够吃"，而产生索取更多知识的强烈欲望，学生会因知识的"不易吃"而把辛苦得来的知识当成宝贝。

人世间，什么东西是最好、最宝贵的？解释多种多样，但有一条不容忽视，就是那些往往离人们最远、又最难够到的东西最为宝贵。同理，教育教学中，什么知识是最好、最宝贵的？解释也多种多样，但这一条也不容忽视，就是那些往往离学生最远、又最难得到的知识最为宝贵。

那么，在教育教学中，教师该怎么做呢？我认为，不让学生"好好"地学习知识，或许这样"狠心"的教师反而能让学生学得更好。也就是说，教师不能出手大方、出手太急，而应学会该出手时才出手。

我们常常惊佩盲人凭借一根木棒探路的本领。有人说：生理缺陷可能会造就一个人某方面的特异功能。我不以为然，这恰恰是盲人在坎坷的人生道路上无奈的苦苦的修炼，其非凡的能力是为了生活而逼出来的，是无数次失败叠加成的。

在日本东京的地铁站，有个坐在轮椅上的残疾人奋力地推着轮子前行（在中国，轮椅通常由别人推着）。突然轮椅往旁边一歪，那人几乎摔倒。一个女孩刚要去扶，一个小伙子用眼神制止了她。小伙子在旁边看着那人奋力地校正自己，眼睛写满了关注，双手伸着，仿佛随时可以上前帮助，直到残疾人把轮椅弄直。小伙子向他竖了竖大拇指，目送他"走"出很远才放心离去。

这个小伙子并不是漠不关心、袖手旁观。他相信残疾人身残志不残，会自己摸索校正的方法，多好的一次尝试锻炼的机会。一旦无法"挽回"，小伙子才会出手相助。小伙子用心良苦啊！我们的教育，是否也应该做到"该出手时才出手"。

小学四年级，下午劳动课，李老师带着我们到后山捡柴。我脚一滑跌进一个深坑。同学喊来了老师，李老师站在坑边上，盯了我许久，坚决地说："跌进坑里，别急着向上看！我们不拉你上来！""老师，我上不去！"我在坑里急得大叫。

李老师带着同学们走了。我边哭边生气地在坑里打滚，无意间我看见了一道亮光。擦干眼泪，我坐起来向亮处爬去。钻进一个洞，不一会儿到了山坡上。

随着我的出现，山坡上响起了热烈的掌声。老师抱起我转了两圈。我所有的不快一扫而光，不解地问："老师，你怎么知道坑里有洞能出来？"

"老师看你没摔坏。""老师在上面就看见光了。""老师想让你自己出来。"同学们抢着告诉我。

李老师一字一句地说："孩子们，记住，跌进坑里，别急着向上看，一心寻求别人的帮助，常常会使人看不见自己脚下最方便的路。"

在教学中，时间的紧张常常让教师急于出手。就举数学教学的例子吧，教学新课时，总是先复习本课要用到的旧知，把学生在学习新知过程中可能遇到的障碍一一罗列，并且分解得很细，让学生轻而易举地解决问题。学生在教师面面俱到、点滴不漏、无微不至、步步为营的教学"关怀"和"体贴"下，在已经平坦的道路上，一帆风顺地、毫不费劲儿地朝着教师指引的方向前进。

这种近乎专制的教学方式，可能一时比较容易让学生领略到"成功"的喜悦，但太顺利的"成功"是难以深入人心、久驻人心的。长此以往，就会造成学生的依赖心理，一遇到挫折极易经不起打击，更易成为失败者。这正是下面故事所描述的结局。

（3）植树林中看育人——"不常吃""不好吃"

有两个人，各自在沙漠上栽下一片胡杨树苗。一个人每隔三天，都给他的树苗浇水；另一个人在树苗刚栽时浇过几次水，等到树苗成活后，他就不再浇水，只是扶一下被风吹倒的树苗。

过了两年，两片树苗都长得有茶杯粗了。忽然有一夜，狂风大作，飞沙走石，辛勤人的树几乎全被暴风刮倒，而悠闲人的树没有被风吹倒或吹歪的。

这是什么道理呢？其实树与人一样，对它太殷勤了，就培养了它的惰性。你经常浇水施肥，它的根就不往泥土深处扎，只在地表浅处盘来盘去；反之，树在没有现成的水分和肥料吮吸时，只能拼命向下扎根寻求需要。同样道理，果农在给果树施肥时，也是离开果树一定距离而不直接在树旁施肥。所以，我们应该给追求一段距离，这样学生才有更大、更高的追求。

皮亚杰说过：孩子与生俱来就希望自己成为一个探索者、发现者、创造者。孩子要真正成为这三"者"之"大写的人"，就必须付出汗水和心血、经历困难和失败。有此"磨难"的孩子更易成为学习的强者、生活的强者、社会的强者。

凡是用来做笛子的竹子，都需要经年历冬，因为竹子在春夏都长得太散漫了，只有到了冬天，气温骤冷，天天"风刀霜剑严相逼"，它的质地才能够变得更加紧密结实，不管你左吹右吹，轻奏急奏，它都不变样，不走调。

我们的教育工作者啊，大可不必对孩子呵护备至，完全为他们提供舒适安逸的环境，而应量"力"量"度"而行，尽可能地让孩子自力更生、艰苦奋斗，赢得成功。

母亲总拒绝给10岁的儿子洗脏衣服，要他自己洗。他气愤地把衣服甩在地板上，母亲总是心平气和地拾起放在沙发上。脏衣服越来越多，直到有一天，儿子将所有的衣服都穿脏了。

"妈妈，给我洗洗衣服吧！"儿子眼巴巴地望着母亲。

"孩子，"母亲双手轻轻地摩挲着他圆圆的脑袋，"你已经是一个小男子汉了，要学会自立，懂吗？"

儿子撅着嘴将洗衣粉胡乱地倒入脸盆中，又胡乱地搅了几下，然后把衣服放在水中，泪水顺着胖乎乎的小脸滑落下来，一阵手忙脚乱过后，他将衣服从水中捞出，挂在衣架上。母亲微笑着在他布满泪痕的脸蛋上轻轻地吻了一下："儿子长大了！"

从此，儿子所有的衣服都是自己洗，而且一次比一次洗得干净。儿子在学校经常对小伙伴们说："看我自己洗的衣服！多么干净！我自立了！"

一天深夜，儿子起来去卫生间，发现卫生间里的灯亮着：原来母亲在洗衣服，正是今天自己刚刚洗过的衣服。

正如那位母亲事后才出手洗一下、帮一把，我们也只需要在孩子"山穷水尽"处才出手点一下、扶一把。唯有这种历尽"拼"的体验，孩子才会刻骨铭心，唯有这种历尽"搏"的经验，孩子才会受用终生，成长为可以做笛子的有用之材。

日本教育的"苦待"（中国更多地追求"善待"，可能导致过分后的"溺待"），给了孩子更多的挫折磨砺机会。幼儿园的孩子每天早晨就身着汗衫、短裤，有的还赤脚，进行各种体育活动。即使冬天也如此，可很少有人感冒。一年级的学生自己上学和放学，不用家长接送。"自己的东西自己背"，日本全家人外出旅行，不论多么小的孩子，都要背一个小背包。这种不舒逸的环境培养了日本孩子自强自立精神。

美国教育的"出格"（中国更多地追求"严格"，可能导致过分后的"死格"），给了孩子更大的自主探究空间。他们获取知识的方式更多地靠自己的努力和求索，教师提供的仅仅是参考和帮助。美国家庭育儿法则中有一个"20码"法则，指的是培养孩子的独立意识，父母与其至少保持20码的距离。这种不面面俱到的环境培养了美国孩子探索创造能力。

值得注意的是，我们不提倡让孩子感受死学之苦，因为其苦后仍是苦，有损身心，而提倡让孩子感受探索之苦，因为其苦后就是甜，有益身心。

或许，可能有人会认为，这样的磨难会让学生更容易遭受失败的痛苦。"失败是成功之母"这句流传甚广的话，其实包含了很大的错误成分。许多失败，其实不是成功的生成者，而是成功自身的另一个侧面，两者在本质上是一个东西。台湾教育学家吴静吉认为：快乐与痛苦是连体婴，谁也少不了谁，是名符其实的"痛快"。

失败，是用社会标准得出的结论，而此失败的过程，却是"成功"在演化自己时不可逾越的阶段。任何迎着朝阳走向成功的人，背后都一定会投下失败的阴影。而原本居住在巨大社会阴影中的人，反倒因为显不出阴影而不会被确认为是失败者。

诺曼伍德，美国著名收藏家。很多收藏家纷纷花巨资收购一些珍贵的绘画作品，而诺曼伍德却想，为什么不收集一些劣质的画呢？许多画家纷纷把自己曾经的"失败作品"卖给他或者送给他。

几年后，他举办首届"劣画大赛"，目的是让更多的喜欢绘画的年轻人从这些名家的手迹中学到东西，从而发现好画的真正价值。诺曼伍德从展览中提升了自己的名望，而且还赚到了一大笔收入。

其实，失败也是一种投资，而成功是失败的收益。上述案例中，诺曼伍德所做的"请把失败卖给我"的生意，不仅使自己有了很好的经济收益，还给了别人很好的精神收益。在教育教学中，学生从失败中得到的收益要比从成功中得到的收益更深沉。

2. 让学生在"辣味"中成功

辣椒是如何引诱人类"馋嘴"的呢？最有意思的说法是：美洲一对恋人，小伙子挡不住红辣椒的诱惑，吃了一个，马上被一种奇怪而又剧烈的痛苦所折磨。女友帮他解毒，情急之下"吻"了他，也被传染了。随着时间的推移，当嘴里只留下微微辣味时，两人都体验到了一种别样的感觉，一点点的刺激，一点点的舒畅，"感觉像在飞"。至此，辣味开始撬开人类的"味觉大餐"。

辣是辣椒真正的精髓，可以给食客刺激的快感。那么，"辣"能否成为教学的精髓，挑战学生的学习神经，给学生学习刺激的快感？

(1) 给学生一点刺激

同样用上等钢材，经千锤百炼，为什么有的剑青锋寒光、霜气凛然，有的却黯淡无光、柔弱无力？关键在于"淬火"这道工序是否恰到好处。所谓"淬火"，便是当所炼之剑加热到相当高的温度时，及时将其浸入水或油中迅速冷却。这样铸就的剑，无论强度、硬度、韧度还是耐磨度都大为增强，自然成了一把好剑。

剑的被"淬火"，很容易让人联想到人的受"刺激"。有的人早年曾遭剧烈刺激，但恍若醍醐灌顶，终成大器。

21 岁的朱起凤一次阅改学生课卷时，把"首施两端"改批为"当作首鼠。"众生讥笑说："《汉书》都没读过，怎能批阅文章！"原来，"首鼠""首施"在《汉书》中是可以通假的。朱起凤受到这样的奚落，从此发愤，耗时 30 年，写出了著名的辞书——《辞通》。

25 岁的季羡林在德国哥廷根大学学习梵文和巴利文，老师是著名的梵文学者瓦尔德施米特教授。写毕业论文时，季先生花了一年多时间写好了绪论，自我感觉极好。教授评价道："你的文章费劲儿很大，引书不少。但是，根本没有自己的创见。因此，我建议，把绪论统统删掉。"半个多世纪过去，已是国学大师的季老先生仍记忆犹新："这是我第一次受到剧烈的打击，然而我感激这一次的教训，它使我的头脑终生都能够比较清醒。没有创见，不要写文章，否则就是浪费纸张。"

如同佛门的"当头棒喝"，不少人确是经过刺激而顿悟，而发愤，而受益终生的。胸有千壑的你如果真愿自己或你的学生"夜夜龙泉壁上鸣"，终要将自己或自己的学生锻炼成精钢之质，就要在最后"淬火"时经受住炼造，换骨脱胎，破茧成蝶。"刺激"可以促使人思想最终的改变，还可以激发人好奇一时的生成。例如，下面案例中这位教师的"行天下之大不韪"大大刺激了学生。

美国堪萨斯州的小学老师盖瑞尔曾许诺，如果学生们的数学评估测验通过率在80％以上，他就与猪亲吻。结果，学生们达到了要求，盖瑞尔老师便信守诺言，于2006年4月18日这天，当着学生们的面，和一头猪接了吻，让学生们在成功的喜悦中着着实实开心了一回。

盖瑞尔老师的打赌无疑刺激了学生的好胜，挑战了学生的能力，给了学生"火辣辣"的考验，在群情激愤中群情激奋，终于如愿以偿。这样教师的"麻辣"做法不禁让我们肃然起敬。不过，在教学中，这种刺激并不总是由教师挑起，有时也可能由学生挑战教师，在刺激教师的快乐中获得学习上的快感。

我要求学生阅读《水浒传》等古典名著，但是，还没看几页，他们纷纷叫苦：小说太长，看不完；人物和事件太多，记不住。正在这时，不知谁喊了一声："如果老师能把《水浒传》的回目背下来，我们就有信心了。"这可是一个难题，真是逼上梁山啊！我说："好吧，给我两个月时间，如果我把《水浒传》的回目背下来了，大家就读；如果我背不下来，大家就别再读了。"他们同意了。

两个月的期限到了，我把回目先从头到尾地背了一遍，再从尾到头地背一遍，又由学生随意抽背。当我一字不错地背完100回的回目后，教室里响起热烈的掌声。我就是这样引导学生读名著的。

（2）给学生一个对手

新任中国乒协主席蔡振华提出了一个大胆的"养狼计划"。为什么要"养狼"？因为中国乒乓球队动不动就包揽世界大赛的所有冠军，弄得很多对手和观众不愿意和咱们玩了。所以要采取"走出去"和"请进来"的办法，帮助外国乒乓球运动员提高水平。也就是说，用我们自己的经验和技术主动去培养对手。这样才能在乒坛制造出一种虎狼相争的热闹局面，让对手有劲头，让观众有看头，让自己有奔头。

对手给了我们困难和压力，也给了我们激情和力量。人生中很多的精彩和辉煌，都是在对手的挑战和竞争中，才能"更高、更快、更强"。我们需要"狼"，是因为我们不害怕"狼"。

换一句话说，这样的"狼"也就是可以与你较量的人。有人说，一个人成长的快捷方式，是周围有很多比他更聪明的人。因为有了这样的环境，就会有比较，接着就会有比拼。所以，高明的教师会给学生的学习引进或创造一个"对手"，最大限度地激起学生"要争气"的勇气和"不服气"的底气，在你追我赶中相互竞争、相互促进。

高二结束，全班36人，我排第28名，数学尤其差，满分120分，我得了 29 分。暑假数学补课，一天早晨，我借后排男生的作业抄，发现只有得数，没有过程，就问他为什么，他说，写了，你也看不懂。我愣住了。平生第一次，我感到耻辱。我不由得握住了拳头，对自己发誓，我一定要考上大学，考给他看。

我把高一高二的数学书从每一章每一道例题开始，用最笨的招数抄和背。到高考前，我都能默写出来。

开学后第一次考试，120 分的数学卷子，我得了 81 分。老师讲解时，我双手捏着卷子的角，把它微微竖起，这样，后排的男生就能看得见吧。但我听到，他和同桌正讨论着我是否抄袭。那一刻，我的心里充满了对他的敌意。只要一碰到学习困难，或者出现厌倦的念头，我就仿佛看到了后排男生的脸……我不能放松。

高三上学期结束，我成了后进生转化的典型，等到高考后，我成了我们那所升学率极低的中学难得的几个本科生。我有时甚至想，如果没有假想敌，我的今天会怎样？

上述案例中，好学生的为难、讥笑与怀疑深深地刺激了那位"差生"的心，他在刺痛中唤醒了那颗沉没的心，从此发愤图强，为了战胜自己的那位对手，当然也为了战胜自己。实际上，在教学中，水平旗鼓相当的学生更容易成为竞争的对手，但不能"拔刃相向"彼此受伤，如果能善待对手最终可以演变成学习上的合作伙伴。

新学期我班转来了一位新同学。"听说新来的同学很厉害哦，得过市数学竞赛一等奖呢！"刘老师拍拍我的肩膀，"大班长，现在你有对手了，好好努力呀！"果然，几次考试下来都与我不分上下，我感到了一种威胁。

一次全省联考，这次的成绩几乎就是高考的成绩。我想，真正较量的机会到了。进考场，我发现她坐在我的左后方。最后一场数学考试，时间才过一半，我便只剩下一道题没有做了。我忽然想看看她做了多少，一扭头，发现她正看着我，她的嘴忙动了两下，又指了指自己的试卷，仿佛想问我什么。我心中一惊：不会吧，她问我题，怎么会呢？

没多久，在监考老师从我旁边过去之后，一个纸团从后面飞落在我课桌上。我回过头，发现她正望着我，两只手不停地比画着，好像是让我打开纸团。她真的在向我要答案！顿时，我确定了自己的想法，并开始怀疑她以前的成绩。

我忙举手检举，监考老师气愤地打开看，但脸色渐渐变得严肃起来，把纸团给了我，一行清秀的字迹映入眼帘：试卷作答只能用钢笔。我忙翻开试卷，考试规则上清楚地写着：试卷答题请用钢笔，圆珠笔、铅笔作答零分处理。原来她第一次指自己的试卷是让我看试卷规则的，我没有领会到。她没有办法，才又冒着被罚出考场的危险给我写纸条。我猛然觉得自己是多么的卑鄙无耻。监考老师忙给我拿来一张新答题卡，让我用钢笔把原来的答案抄一遍。

　　分数出来后，我以一分的优势胜于她，又获得了第一名。其实我输了，而且输得很惨。

　　学习中，"对手"的在场或在心，给了学生前进的目标，给了学生精神的刺激，给了学生情感的激扬，给了学生能力的挑战，也给了学生收获的快乐与成功。所以，我们应该感谢"对手"。

　　时势造英雄。要让孩子或学生成为生活和学习中的强者，家长和教师的英明之举就是为他们创造一种能够出类拔萃的时间和空间，让他们能够"天高任鸟飞，海阔凭鱼跃"，成长为学习上的"英雄"人物。

12 把学生的『短板』变成教学的『跳板』

[寻短处，不短见]

平常路　教师普遍崇尚扬长教育，过分追求教育教学过程的"畅（顺畅）优（优美）"，认为对学生短处的轻描淡写就是尊重学生。

非常道　实际上，发现自己的短处比发现自己的长处更重要。高明的教师会把学生的"短板"当作教育的契机，开发与利用，从而创造出教育的奇迹。

有人说，人的长处决定他的成就，要成功，必须发扬长处。其实，发现自己的短处，与发现自己的长处同样重要，甚至更为重要。

"木桶理论"认为：一只木桶的盛水量，不取决于木桶最长的木板，而取决于最短的木板。其实，一个人，也是由许多块"木板"组成的：才能、德行、胆量、谨慎、自信、度量、冷静、超脱等。一个人的成就，常常被他身上的"短板"制约着。

孙策有勇有谋，胸怀宽广，26岁就聚集大批英才，连曹操也感叹"难与争锋"。孙策外出打猎时，因为只带了几名士兵，疏于戒备，被许贡的3个门客所杀。"轻率"是他的短板，使他辉煌的人生戛然终结。

钱宇平是一位围棋天才，1991年，第四届"富士通"杯世界围棋赛上，24岁的钱宇平九段完胜多位超一流棋手，杀进决赛，备受世界棋坛瞩目。可是，决赛前夕，他以"头疼"为理由弃权。后来他说，弃权的真正原因，是"没把握肯定赢，觉得输掉不好看，面子上下不来"。不自信是他的短板，智力超群的他，一生与成功无缘。

最长的木板是你身上耀眼的花朵，决定你的高度；而最短的木板，可能是你的缺点甚至是缺陷，决定你最后的"盛水量"。例如，孙策的短处就是太过自信，导致生命的"短路"，而钱宇平的短处就是不太自信，事业只适合"短跑"。

《道德经》说："知人者智，自知者明。"发现自身最低的木板，才是自知者，才算明白人。而在教育中，教师要做一个"智者"，能够看清学生身上的"短板"，还要看清学生在学习过程中发生的"短板"现象。例如，见识的短视、信心的短气、思维的短路、能力的短欠、习得的短暂，之后教师一是引导学生自己也能看到，也做一个"明白人"，在学习中能够扬长避短、扬长补短；二是促使学生通过教师的指导、同学的帮助和自身的努力把"短板"拉长，使之变成走向成功的"跳板"，这就是成功的教育。

把学习的"短处"变成教学的"长处"

南极的海狮成年体重 200 公斤以上，水中的游动速度每小时 20 公里，可到陆地上，那庞大的身体就成了沉重负担，只能一跳一跳地前进。企鹅在水中的游动速度每小时 26 公里。那海狮如何捕捉企鹅呢？海狮捕猎的场所并非在水中，而恰恰是在它不擅长活动的陆地。

海狮将企鹅追到陆地上，海狮身材庞大，跳动一次的距离能达到企鹅十几步跑动的距离。尽管最后海狮在笨拙的跳动下也会累得气喘吁吁，但企鹅终难逃成为海狮一顿美食的命运。

陆地活动是海狮的"短板"，但这个"短处"却将体长数倍于企鹅的优势发挥出来。所以，在合适的地方面对合适的对象，"短板"就可能成为"长板"。

金无足赤，人无完人。在学习中，每个学生都有自己的短处，可能属于智力因素，也可能属于情感因素，可能属于心理问题，也可能属于环境问题。回避短处只能使短处更"短"，正确的做法是：教师不仅要正视学生身上或学习中的短处，更要利用或转化学生的短处，变其"短处"为教学的"长处"，化其"短板"成学习的"跳板"，从而让学生获得更大的进步。

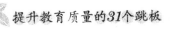

　　台湾作家林清玄做记者时，曾报道过一个小偷作案手法非常细腻，犯案上千起的事件。文章的最后，他情不自禁地感叹："像心思如此细密、手法那么灵巧、风格这样独特的小偷，做任何一行都会有成就的吧！"

　　林清玄不曾想到，他20年前无心写下的这几句话，竟影响了一个青年的一生。如今，当年的小偷已经脱胎换骨，成了几家羊肉炉的大老板了！在一次邂逅中，他诚挚地对林清玄说："您的那篇特稿，打破了我生活的盲点，使我想，除了做小偷，我怎么没有想到过做正当事也行呢！"

　　"心思细密、手法灵巧、风格独特"在小偷看来似乎是自己作案时难以被人发现的"长处"，但在正常人看来无疑是小偷的"短处"，环境不同，认识也就不同。而林清玄的欣赏却让小偷在感动之中良心发现——自己的"长处"其实是人生的"短处"，并且也突然醒悟，自己的这种"短处"如果用在正路上就会成为自己的"长处"，于是促使他以此为"跳板"走出了人生的辉煌，彻底改变了自己的命运。选对了地方，"短板"就成了"长板"。

　　我在小学曾教过这样一名学生，他好"懒"，讨厌做数学作业，作业拖拉、潦草、"短斤缺两"、错误百出是经常的事情。更糟的是，他好"管"，"对己自由主义，对人马列主义"，总喜欢对别人指手画脚，不是检举同学作业不认真，就是嘲笑同学作业错误多。但是，他在课上回答问题或考试时却是常胜将军。典型的学习态度差，且屡教不改！咋办？

　　我尝试改用欣赏的眼光审视他、引导他、教育他。首先允许他自愿做作业，可以全做，也可以选做，还可以不做；其次赋予他管教的权力，让他批改和辅导学生作业；最后由我检查他批改作业和辅导学生的情况，据此替代他的作业成绩和评定他的学习成绩。

　　在我的欣赏下，他的缺点变成了他的优点，"检举别人"变成了"督促别人"，"嘲笑别人"变成了"帮助别人"，并且他还会到了以身作则和"下水做"的必要性和重要性，开始主动又认真地做起了作业。后来的他就不再是原来的他。

　　上述案例中，因为教育的常规是要求学生首先要做好自己的事情，在这样的环境下，"爱管别人而不管自己"可以说是那位思想"差生"的"短处"，让我头疼。后来我干脆迎合他的"爱好"给他换了一个环境，赋予他"管"和"教"别人的正当权力，在适合他的环境的引导下促使他由"检举别人"变成了"督促别人"，"嘲笑别人"变成了"帮助别人"，使他原来的"短处"

变成了现在的"长处",然后在管好别人所需要的以身作则中管好自己,最终改变自己。

有人说,悲观泯灭希望,乐观激发动力。我们不能"悲观"学生的"短处",而应该在"乐观"中促使学生的"短处"变成教学的"长处"。

把学习的"短跑"变成教学的"长跑"

我踏上工作岗位不久,在小学曾经教过这样一位学生:在数学课上,他发言积极,回答问题的正确率也比较高,但在课后的作业和考试中,他却速度不快、成绩不高。一旦我在一旁"指点江山",他就能"自力更生"。

他前后的表现怎么会判若两人?教学的"失败"促使我认真地反思。调查研究后,我终于明白:我在课上分析习题时采用的一步一趋的教学方式,无形中已经为学生安装了"登高"的脚手架,学生循着我设置的台阶一步步攀缘,显得比较轻松。而当他们独立作业或考试时,就失去了教师循循善诱的"拐杖",必须自己寻找解决问题的"抓手"。这对于习惯"喂养"方式的学生无疑是难题,他们有时就会感到无所适从。这位学生就是这样的典型。

1. 让学生在知识的"跨栏"中增长原动力

那种步步为营的小步子教学方式只能训练学生学习的"短跑"能力,使他们走不远,看不远,也放不开,只能在教师画定的"跑道"中步调一致地前进。我们应该通过开放式教学培养学生学习的"长跑"能力,在遥远的"征途"中更多地凭借自己的能力确定方向、制订方法、决定速度、搞定困难、坚定意志,这样的学习才是自主的。

一天,去野生动物园游览,眼前的这群天鹅为什么常年就待在这一方狭小的水域,而不会飞走呢?

饲养员解说,原来,在不破坏天鹅高贵优雅的观赏姿态和同时剥夺它飞翔习性之间,一个两全其美的办法便是——尽量缩小水域的空间。因为天鹅在展翅高飞之前,必须有一段足够长的水面可供滑翔;如果助跑线的长度过于短促,天鹅就难以施展它拥抱蓝天的理想了。久而久之,这群天鹅便会丧失飞翔的信念,甚至泯灭了飞翔的本能。

古人称天鹅为"鸿鹄",从来就是志存高远的象征。然而,一旦失去了飞翔的能力，"鸿鹄"和"燕雀"又有什么区别呢？生命永远是值得期待的，因为它蕴涵着无限的潜能，为了领略更为高远的人生风景，不断地超越自我，我们应该时常提醒自己——你的助跑线长吗？

也就是说，我们要让学生达到更高更远的目标，先要加长学生学习的助跑线。于是，我们应该改变"保姆"式的教学方法，在课中呈现新知识、新问题前，不管内容属简单还是复杂，不管学生会成功还是失败，我们都不急于讲解，而是拉长学生探索知识的"路程"，加多学生解决问题的"路障"，放手让学生有足够的时间和空间去尝试一阵，去折腾一番，更多地凭着自己的能力跨过知识的一个个障碍。

例如，教学"能被3整除的数的特征"时，我先让学生自己研究，学生受能被2，5整除的数的特征的定式影响，着眼点会局限于数的个位。屡次的失败使学生产生强烈的探究需求，我顺势导入教学。

又如，教学"求三个数的最小公倍数"时，我先让学生自己尝试用短除法解答。多次的失败同样使学生产生浓厚的求知欲望，我趁机讲解方法。"失败"，营造了学生学习的良好心理氛围。

另外，教学中的这种"跨栏"活动，教师还可以故意把习题改编成缺问题、缺条件、多条件、多问题等开放题"捉弄"学生，增加"跨栏"的难度，培养学生处理信息的能力。在安排习题中，教师还可以故意穿插一、二道思考题"为难"学生，增加"跨栏"的机会，培养学生知难而进的信心。如此发生在学习"长跑"途中的"跌打滚爬"，可以让学生有一种刻骨铭心的体验，有效促使学生逐步练就审题的本领。

2. 让学生在知识的"接力"中增长见识面

我们经常为这样一种现象而感到苦恼：有些学生只会做教师作为例题讲过的相同题目，对同质异形的相近或者相似类型的习题就感到陌生，对那些仅仅跨出"一步之遥"的发展性习题就感到束手。也就是学生只会就事论事，缺乏触类旁通的学习能力，这也可能造成学生像上述案例中的学生那样——离开教师"喂奶"后就无法"自食"的弱智。下面的一个事例对我产生了很好的启发。

有人是这样卖豆子的：假如豆子卖不完，就磨豆浆卖。如果豆浆卖不完，就制成豆腐，豆腐卖不成，变硬了，就当作豆腐干来卖。而豆腐干卖不出去的话，又会把豆腐干腌起来，变成腐乳。

后来又有人奇思妙想出很多办法：豆子没有卖完，加上水让豆子发芽，改卖豆芽。豆芽卖不动，就让它长大成豆苗。如豆苗还是卖不动，就移植到花盆里，当作盆景来卖。如果盆景卖不出去，再将它移植到泥土中去让它生长，几个月后，便结出许多新豆子。

我们是否可以从上述卖豆子的商机中联想到教育：为了提高学生由此及彼、由浅入深的学习能力，教师没有必要为此而罗列大量的习题进行轰炸式训练，我们完全可以像上述"豆子"那样由点到面地不断伸展与进取，对一道题目进行多次与多种变式，从而衍生出一批带有"血缘"关系的、不断"进化"的题型与题意。题目的变通度能有多强，学生的灵通性也就能有多强。

对此，教师应该抛弃那种"讲一题练一下"的"短跑"式教学，而采用更有广度、更具难度的"讲一题联一串"的"长跑"式教学。我们可以设计一题多问、一题多解、一题多变、一题多式等一串或一套具备发散性或发展性的题组，促使学生的思维能够"芝麻开花节节高"。

例如，我教学"用方程解相遇问题"时，自设目标为：一是培养学生处理信息、迁移建模的能力；二是培养学生整合信息、融会贯通的能力。由此在练习时，我设计了这样的题组。

题组一

①两艘军舰从相距 609 千米的两个港口同时相对开出。一艘军舰每小时行 42 千米，另一艘军舰每小时行 45 千米。经过几小时两艘军舰相遇？

②两艘军舰同时从一个港口向相反方向开出。一艘军舰每小时行 42 千米，另一艘军舰每小时行 45 千米。经过几小时后两艘军舰相距 609 千米？

题组二

①从南京到连云港的铁路长 568 千米。两列火车从两地同时相对开出。从南京开出的火车，每小时行 77 千米。从连云港开出的火车，每小时行 65 千米。经过几小时两列火车相遇？

②甲、乙两个工程队合修一条长 1288 米的公路。甲队每天修 54 米，乙队每天修 38 米。几天可以完成？

③甲、乙两人共同加工 171 个机器零件。甲每小时加工 18 个，乙每小时加工 20 个。(缺问题)？

④甲、乙两个打字员一起打（缺条件）书稿。甲每小时打8页，乙每小时打10页。经过几小时可以完成？

⑤一所有986名学生的（多余条件）小学，给学生买校服，一共用去3800元。已知上衣每件23元，裤子每条15元。请问学校买了多少套校服？

题组三

①龟兔围着圆形跑道相背运动，跑道一圈长280米，乌龟每分钟跑2米，兔子每分钟跑12米。经过多少分龟兔相遇？

②龟兔围着圆形跑道同向运动，跑道一圈长280米，乌龟每分钟跑2米，兔子每分钟跑12米。经过多少分兔子追上乌龟？

题组一中，题①为舰艇的相遇问题，仿例巩固，题②为舰艇的相背问题，拓展延伸。学生比较发现"题目取材相同，运动方向不同，但解题方法相同"。

题组二中，五题分别是行路问题、修路问题、加工问题、打字问题、购衣问题，我引导学生比较："它们讲的是相同的事情吗？"备课时预设答案是"题目取材不同，但内在结构相同，解题方法相同。"意外的是，部分学生认为"它们讲的是相同的事情，因为它们的数量关系都差不多"，这生成性回答有着殊途同归的效果。这样设计练习，目的是把不同的生活原型整合成相同的数学模型，触类旁通、举一反三。另外，后三题我有意分别附设成缺问题、缺条件、多条件的开放题，再次培养学生迁移同化、合情处理的能力。

题组三是"龟兔赛跑新编"。一是为了深化学生思维；二是为了训练学生灵活运用知识的能力。有一个学生在电脑演示过程中大喊"让兔子睡觉"。于是，我随机应变，结束时遵循学生的意愿，指导学生把上述两个情景改编成"兔子途中休息几分钟后再跑"的题目，作为更高层次的思考题，让学生课后研究。

至此，全课结束，总结收状时，学生不认为学习的只是列方程解相遇应用题，而是解答了很多问题。其中，一个学生却认为就解决了一个问题，理由是我们可以把众多应用题看成同类问题。真是异曲同工！

题组一和题组二中同质异形的习题，让学生在深入比较中实现知识的横向拓展，体会多种生活问题"外貌"不同的背后是数量关系类似，具有相同的内部结构，从而建构起一定的解题模型，达到融会贯通、举一反三的目的；而题组三则让学生在不同情景中发现思路仍相同、在相似情景中发现思路并不同的问题，培养学生具体问题具体分析的能力，克服思维定式。

如此样式的教学过程中，知识"路程"不断延长的同时也不断延长着学生学习的见识，同样，知识"路线"不断延伸的同时也不断延伸着学生学习的风景。

把学习的"短路"变成教学的"长路"

在教育教学中，经常发生着学生因思想错误或学习错误而出现的"短路"现象，这很正常。因为，一个人一生不可能不犯错误，不犯错误的不是人而是神，一个人是在犯错误中不断前进的，犯错误可以让人进步得更快一些。

当一个人被贴上"不会出错"的标签时，真不知道是该欢喜还是该悲哀。科学研究表明，如果一个人要强行不让自己出错，那么一旦进入"不出错"的思维模式，对个人的脑细胞生长是一种抑制。到最后，"不出错的人"虽然不再会出错，但再也做不出最棒的作品了。

所以，教师对学生的错误当头棒喝和操之过急，会使教育教学发生师生之间感情上的"短路"。相反，教师对学生的错误应该小心呵护并从长计议，放学生的错误一条"生路"。

1. 学生的思想错误是一次教育良机

一名叫麦克劳德的小孩子有一颗特强的好奇心，老想看看狗的内脏是什么样的。有一天，他终于杀了一条狗。

这条狗恰恰是校长的宠物，校长知道了，决定"惩罚"这个无法无天的学生。怎么罚？他没开除这个学生，而是罚他画一幅狗的骨骼图和一张血液循环图。麦克劳德被校长的宽容所打动，发愤学习，成了一位有名的解剖学家。

上述案例中，校长没有采用粗暴的惩罚手段，而是让与知识"挂钩"的惩罚之路，成为引导犯错学生走上学习新知识的一条"长路"，这是一条需要学生花费时间和精力进行探索与研究的长久之路和长远之路，由此造就了一位解剖学家。如果当时校长只图感情的一时之痛和惩罚的一时之快，这位未来的解剖学家很可能便从此"短路"。

2. 学生的学习错误是一种教学的资源

学生的另一种错误是学习错误，学习错误是学生学习成长必然出现的客观产物，然而绝大多数教师视"错"为忌，具体表现为：

一是教师害怕"错误"。教师普遍希望学生没有错误，作业本上的"错误"成了学生听课不认真的有力证据，课堂上出现的"错误"更成了打乱教学预设、影响课堂流畅的"罪魁祸首"，这种情况造成学生出现错误时紧张、害怕，不敢暴露出错状况。

二是教师掩盖"错误"。教师为了课堂不出错，打造精彩的"无错课堂"，在课堂上，让学生表演式的一猜就中、一试就准、一列就对、一验就灵，掩盖了真实的思维过程。即便有学生偶尔不幸发言错误，教师也大多采取"快刀斩乱麻"的方式，轻描淡写一带而过，或以权威的姿势加以"纠正"，或是用一个"请坐"进行置换其他学生回答，直至答案正确为止。

三是教师拖延"错误"。许多教师对待"错误"，采用了延缓处理的办法。他们采取课外大量补课的方法，不厌其烦地给出现"错误"的学生讲解。乍看起来，问题得到了解决，可当后来一旦遇上同类题目时，学生又会出错，如此恶性循环，教师教得精疲力竭，学生学得心烦意乱。

其实，学生学习中的"短路"是一次很好的教学反馈，也是一种很好的教学资源，既可以让教师看到教学方式中存在的问题，也可以看到学生思维方式中存在的问题，从而修正自己的教学方案和采取合理的教学对策。另外，学生的"错误"中还可能隐藏着许多能巧拨妙引、以错变对的教学良机。在此意义上，学生学习的"短路"现象可以成为教师反思教学、调节教学、完善教学的一条通向有效教学的"长路"。

所以，教师应该不怕学生学习"短路"，甚至可以说，没有学生学习"短路"的教学只会是不真实的教学，也将是短效的教学，学生学习的"短路"将会不断接合成学生走向成功的"长路"。我们可以这样来有效开发和利用学生学习的"错误"资源：

（1）营造宽松氛围，允许学习错误

教学乘法简便计算 24×25 时，一位平时不太爱说话的学生也举了手，于是老师请他回答，他刚开口说" $24 \times 25 = 20 \times 4 \times 25$ "时就引起同学的一片哄笑。教师冷静地对大家说："大家不要笑。课堂是你出错的地方，如果每个同学都已经学会了，还要我这个老师来干什么？"学生听后都静下来参与讨论，寻找错误原因，探究正确方法。

正是有了"课堂是你出错的地方"这张"保险单"，让学生在错中发现闪光点，在错中不断成长。在如此宽松、和谐的"不怕出错"的教学氛围中，学生们学得更快乐，也最容易迸发创新的火花。

（2）优化处理教材，暴露学习错误

教学"已知一个数的几倍是多少，求这个数的应用题"，如果按照课本编排，教一个例题，再相应练习，不管理解还是不理解，学生都能用除法来列式计算，乍看上去，效果很好，可到综合练习，学生就搞得稀里糊涂。针对这种情况，我在例题教学后，穿插一题求几倍数的应用题，果然很大一部分学生因思维定式或审题不清等原因列出除法计算的错误算式。

教师通过充实教学内容或丰富练习材料，将学生潜在的学习错误及时呈现，然后通过比较、思辨，可以帮助学生从对错误的反省中引出对知识更为深刻的正面思考。从一定意义上讲，教师应该"怕学生不出错"，因为有时学生现在的"不出错"并不代表学生以后的"不出错"。也就是说，现在不让学生暴露错误将会使以后学生出错后的纠错更麻烦。

（3）提供尝试机会，经历学习错误

求一个数的近似数，一般用"四舍五入"法，在学生学会这一方法后，教师让学生尝试解答："金龙鱼每桶售价35元，妈妈带了100元钱能买多少桶？"学生往往出现可以买3桶油的错误做法。这时，教师不要急于评价，要让学生借助生活经验来检验。他们会发现，购物时钱不够就不能买东西，这就创造出了用"去尾法"求近似数。

布鲁纳说"学生的错误都是有价值的。"当学生的回答出现错误时，或许可以从另一个角度去挖掘和肯定该结果产生的借鉴和提示作用，让学生觉得尽管刚才答错了，但是还有一定的价值。因此，我们没有理由不善待错误和巧用错误，让学生"错"得有价值。

（4）选择转化路径，利用学习错误

教学"三角形边的关系"时，我让学生小组研究用小棒摆成的三角形两边之和与第三边的关系。汇报交流时，好几个小组发现了正确结论。

这时，一位学生慢慢地站起来："老师，对不起，我们小组听错了要求，研究的是三角形的两条边的差和第三条边相比较。所以，我们的发现和他们不同。"有学生笑起来："哈哈，怎会听错呢？"我制止了大笑的学生："是吗？你听错了研究要求？快，说说你们小组的发现，我们都想听听呢？"

"我们研究了3个三角形，发现两边之差都比第三条边要小。"我面向其他学生："他们的发现到底对不对呢?"从而引发了学生的再次讨论与研究。

上述案例中，学生因听错了教师的要求而出现了"错误"，我并没有批评指责他们，也没有视而不见地"冷处理"，而是巧妙地进行教学的第二次设计，将"错误"适度开发成了"新结论"，生长出比知识本身更具再生力的因素，保持了学生继续探究的热情，增强了学生参与学习的勇气和信心，更激发了其他学生学习与探讨的积极性。

一位哲学家曾经这样说过："错误同真理的关系，就像睡梦同清醒一样，一旦从错误中醒来，就会以新的力量走向真理。"但愿我们的教师能够充分利用学生的"错误"，让它成为学生学习的漫漫"长路"，而不是学生学习的漫漫"长梦"。

总而言之，学生有"短板"不可怕，可怕的是教师害怕学生学习的"短板"，避之，压之，杀之，教师这样无奈的态度与无情的处理只能使学生的"短板"越来越短。我们唯有把学生已经存在和显露的"短板"不断拉长，使之成为让学生走向成功的"跳板"。有人说，思想的缺点、知识的难点、学习的弱点等对弱者而言是拦路虎，但对强者而言却是跳板。但愿我们的学生都能成为生活和学习的强者。

［前中后，长备课］

13

把备课『进行到底』

平常路　教师常常认为，备课的时间在课前，备课的对象是教材，备课的方式写流程。于是，备课的语气只有"一定"的预设，而缺少"如果"的生成。

非常道　课前备课往往只是备课的准备，备课的完备还需要在课中与课后才能完成。所以，备课不是一次性行为，需要教师反复推敲、试验与完善。

备课，在传统教育思维中，教师大多把它等同于"写教案"。后来，尽管其含义有了进一步的发展，但也只是把它理解为教师"为上课做准备"而进行的教材钻研、教案设计、教具配置等以"教"为主的课前任务。

但我认为，备课的意义不止于此，它应该在教与学的碰撞、磨合与协调中不断生发、生长和生成：在课前，它应该是一个"？"，因为备的课需要在实践中"试验"——这样的教学方案"行不行"；在课中，它应该是一个"，"，因为备的课需要在实践中"检验"——这样的教学方案"通不通"；在课后，它应该是一个"！"，因为备的课需要在实践中"化验"——这样的教学方案"棒不棒"。

由此可见，备课的过程其实是一个"……"，一层意思是需要教师切实做好每一点的点化工夫，使备课在教学的每一个时点、每一个节点、每一个难点上不断延伸着、变化着、完善着。另一层意思是备课没有"放之四海而皆准"的通识性与通用性教学方

案，它常常会随时而变、因地而异、为人而动。

所以说，备课不是教师"一下子"或"一阵子"就能完成的事情，而应该是教师"一辈子"才能成就的事情。

延长备好课的风景线

那么，如此广义上的备课到底应该怎么备和备什么？我们不妨将"备课"分解成"备"与"课"两个关键词来解读：

1."备"

这个词可以理解为"准备""完备"与"预备"，这能够解决"怎么备"的问题。

（1）"准备"——更好地为了上课

这也就是传统意义所说的备课，通过教材的选择、"人材"的分析和"境材"的利用，在知识、人员、材料等方面为上课作好必要的、充分的前期准备。

（2）"完备"——能让课上得更好

通过教学方法的优化、教学信息的交流、教学进度的调节、教学结果的反思，全程关注教学的动态变化和质量监控，课前量体裁衣，课中随机应变，课后精益求精，以使课能在这一刻或在下一次上得更加完备。

（3）"预备"——选用更好的课来上

通过一课多案、一课多试、一课多评等多条可供选择的路径和多种可供参考的途径，根据学生的实际情况和教学的生成情况能有多种变通方案供预备，从而让教师能见机在各种教学方案中实施"置换反应"或"中和反应"，进而提取或提炼出一种更适合当时教学形势的教学方案。

2."课"

这个词可以理解为"课本""课堂"与"课题"，这能够解决"备什么"的问题。

（1）"课本"——备教学形态

这是指备课首先要备教材（主要指教学的物质材料），课前教师根据自我理解设计教学方案。据此，备课是一种预设性备课，是教师最容易把握的备课起点，它需要教师的钻研精神。

（2）"课堂"——备教学行态

这是指备课还应该备过程（主要指教学的生成过程），课中教师根据具体情况调整教学方案。据此，备课也是一种生成性备课，是教师最容易烦心的备课难点，它需要教师的教育智慧。

（3）"课题"——备教学性态

这是指备课还可以备问题（主要指教学的困惑问题），课后教师根据实施经验完善教学方案。据此，备课还是一种反思性备课，是教师最容易忽视的备课高点，它需要教师的科研意识。

由此可见，备课不仅需要备在课前（预设性备课），还应该备在课中（生成性备课）、备在课后（反思性备课）；备课不仅需要备现在（如今的备课设计），还应该备过去（以前的备课资料）、备将来（以后的备课愿景）。这就是大备课所表现出来的"过去时""现在时"与"将来时"的三种时态，但它永远没有"最好"教学方案的"完成时"，而只有"更好"教学方案的"进行时"。

编织备好课的关系网

由此可想，作为备课呈现的主要方式——教学方案，在新课程教学中，就应该用新的眼光来考察与思量，这就需要，教师能够正确处理围绕教学方案而展开的以下几个方面的辩证关系，促使教学方案能够以一种崭新的姿态展现在教师的面前：

1. 正确处理"详案"与"简案"之间的辩证关系

"详案"可以让看的人一目了然，但容易导致做的人一成不变。所以，从执教者的角度看，教学方案未必需要备得那么详尽与细致，有时采用纲要式、框架式、板块式的"简案"反而会使教学方案更富有弹性与活性，减少对执教者的教学束缚，更容易让执教者灵活操作和开拓进取。所以说，教学方案不在于是"详"还是"简"，而关键在于是否"精"。

2. 正确处理"形案"与"心案"之间的辩证关系

"形案"是写在纸上（可以写在备课本上，也可以写在教科书上）的教学方案，"心案"是写在心里的教学方案。一种有形，一种无形，前者只不过是后者的外化。判断它们的有效性并不能用"有形"还是"无形"来衡量，而应该看它们有没有"用心"来写。用心写出来的教学方案不管是留在纸上还是存乎心间，都不会流于形式，因为它不是为了应付领导对教学方案的有形检查而进行的被动性备课，而是为了应对课堂对教学方案的有效检验而进行的主动性备课。

3. 正确处理"预案"与"议案"之间的辩证关系

"预案"是指事先进行预设的教学方案，"议案"是指事后可作议论的教学方案。"预案"更多地带有浪漫主义色彩，体现着执教者的"先见之明"，在考虑教材特点、学生个性以及自身风格的基础上潜心谋划实施方案；"议案"更多地具有现实主义成分，体现着执教者的"自知之明"，在听课教师与上课学生的议论中虚心改进原有方案。可以说，"预案"是对课堂教学进行"计划"的一种期望，是教学理论与教学理想相结合的产物；"议案"是对课堂教学进行"计较"的一种回望，是教学理想与教学现实相磨合的产物。

4. 正确处理"教案"与"学案"之间的辩证关系

"教案"，教师在备课时更多地着眼于并方便于教师的教，考虑更多的是教师的教授路线；"学案"，教师在备课时更多地着力于并服务于学生的学，考虑更多的是学生的学习线路。不同的参照标准导致教学方案的"主语"不同，"教案"只能被教师使用，而"学案"还可以为学生所用。因此，它们所呈现的行为动词、所选择的行进路标，以及所反映的行动责任也就有了很大的差别。其实，教学方案的"语气"应该最终指向和落实在学生的学。

5. 正确处理"正案"与"反案"之间的辩证关系

"正案"是指经过教学实践证实是一种比较成功的教学方案，"反案"则指经过教学实践发现是一种尚存缺陷的教学方案。对于教学效果而言，无疑我们应该追求"正案"的教学质量。但对于教学研究而言，"正案"与"反案"都具有科学研究的价值，它们都是教师进行教学研究的宝贵的第一手材料。通过比较，我们可以从中总结成功的经验或吸取失败的教训，扬长避短或扬长补短，从而能够胸有成竹地推广较好的教学方案，或不甘落后地寻求更好的教学方案。

6. 正确处理"名案"与"民案"之间的辩证关系

"名案"特指部分知名教师在公开场合中提供的教学方案,"民案"特指大量普通教师在日常工作中使用的教学方案。对"名案",我们不能一味地"拿来主义",而应该批判性学习,因为它可能存在着在平常教学中难以复制或移植的高难"动作",让普通教师望"成"莫及、望"样"兴叹;而"民案"可能少了执教者想"一鸣惊人"的功利——激发听课教师的惊叹,也就少了来自外界不必要的一些"干扰",可以让教师"静心"教学,但有时恰恰因为执教者关注的对象只有自己的学生,而致使执教者很容易把课上得"波澜不惊"——无法激起学生学习的高潮。所以,我们在设计"民案"时应该吸收"名案"的精髓,抛弃教学中讨好局外人(教师)观摩的"外景",而不放弃教学中利好局内人(学生)学习的"内质"。这样面广量大的"民案"也就有可能被激活,成为普通教师教学的"名牌"优质教学方案。

7. 正确处理"课案"与"说案"之间的辩证关系

"课案"是用做教师上课的教学方案,它以能让学生"好好学习"为价值取向;"说案"是用做教师教研的教学方案,它以能让教师"天天向上"为价值取向。"课案"中所依据的教学理念、所制订的教学目标、所采用的教学方法等这些涉及教的层面上的隐性内容,教师没有必要给学生说明,只需要追求这些因素综合作用于学生学习而产生的良好反应;而"说案"不仅需要说清"教什么",还需要向同行说清上述这些教学背后的内容,从而让他们明白你是"怎么教的""为什么这么教"等问题,以便他们能够探讨你的教学方案是否可行或可否更好。"说案"的使用可以集中其他教师的智慧,在课前就为你的"课案"出谋划策,为教学方案的顺利实施提供经验预测与技术支持。

总之,备课,在目标指向上无疑是备"好课",在操作行为上表现为"备好"课;所以,要让"课备好",教师就必须备好备课的"进行时态"——要显思想轨迹、留修改痕迹、化成长足迹,从而达到"好备课"的自觉状态。

14

教学有任务，更要有弹性

[事人为，故为人]

平常路　教师平常只是以教材内容和教学参考来制订教学任务，以完成教学任务以己任，视完不成教学任务为教学的失败。

非常道　学生的学习兴趣和学习能力才是约定教学任务的依据，这样的教学任务就不再只是一种硬性的标准，而是一种具有弹性的标记。

在前段时间区骨干教师高层论坛上，一位数学骨干教师上了一节"折线统计图"的课，让我领略了品牌教师的风采。

在"品"课时，我吹毛求疵地谈了一些想法：我认为，要上好这一教学内容，教师应该抓住"变"来设计。具体而言，一是要抓住知识之间的演变过程；二是要抓住知识本身的量变特点。相对而言，教师一般都注重对后者"折线统计图可以很容易看出数量之间的变化"的知识特性进行重彩浓墨。除此，我建议，教学要从"重教"走向"不教"，就要充分利用学生已有的知识基础，让学生从旧知的迁移中自主建构新知。也就是教学要显现知识之间的演变过程，让学生感到新知只是旧知的一次延伸或一种变化，促使学生根据旧知学习经验来同化或顺应新知。对这一节课，我认为应该沟通先前已经学过的统计表、条形统计图与折线统计图之间的共同点。例如，让学生发现折线统计图同样能够反映出相关统计表与条形统计图中的项目与数据等内容，这样学生就很容易看懂折线统计图的基本信息，而不需要教师为此再费口舌进行解释，之后的教学重点，只需在折线统计图与众不同的呈现形式，而体现出来的"变化"这一显性特征上做好文章。

然而，一位数学老师反驳说，突出知识之间的演变过程不是这节课的教学任务。此时，出身中学语文教师的局长的想法却与我一致，令人惊讶。不同观点的碰撞不禁引发了我对"教学任务"的一些思考。

"量力而行"——制订教学任务的基点

"量力而行"应该成为教师制订教学任务的依据，大致包含以下几层意思：一是教师根据教材的"材力"来制订教学任务，抓住知识之间的影响力来提高教学的生长力；二是教师根据学生的"学力"来制订教学任务，挖掘学生之间的潜在力来焕发教学的生命力。

1. 教材上没有的，是不是不能成为教学任务

在教学中，教学目标在一定程度上决定着教学任务，也就是，教师在教学中既要做好知识的传授，又要做好学法的指导，还要做好情感的激发。其中，有些教学任务是显性的，在教材上写明的，教师可以依计行事，而有些教学任务是隐性的，在教材上没有写明的，教师需要凭借自己对教材内容的分解、对教学内涵的理解，以及对学生内心的了解进行"中和"反应后"自定义"。

例如，上述教学"折线统计图"一课，教材上呈现的是从旧知"某地5月21日白天室外气温情况统计表"引出折线统计图，教材上的"引"只是简单地通过一句"表中的气温情况还可以用折线统计图来表示"来过渡。严格意义上讲，这称不上引导，只是一种告诉，因为一旦新知匆匆登场，旧知就匆匆退场，在"启下"时让学生得到的"启发"很少，在"承上"时让学生看到的"承接"也很少。于是，教师照章办事的结果，就是在统计表后直接出示折线统计图，然后专门讲解折线统计图的结构。我们知道，虽然统计图与统计表在外形上不同，但都能看出相同的基本信息，条形统计图与折线统计图之间也同样如此。要让学生知道这一点，我们就会发现教材上这种"告诉"式引入就显得太简单，反而使学生自主理解折线统计图显得不简单，不得不更多地由教师"告诉"学生。

教学需要为学生创造一种沟通新旧知识之间联系的"接点"，而新旧知识之间的"接头"以及学生对知识的"接收"，不应只是由教师来"通知"，而应该通过教师提供的基础性和结构性教学材料，由学生来"感知"。也就是说，要实现学生的自主学习，首先应让学生清楚新旧知识之间是可以"通路"的，其次应让学生自己来"铺路"。当学生"知道"了知识之间的来龙去脉和千变万化，就更能深刻理解知识的发展之"道"，就更能深层掌握知识的学习之"道"，学生就可能实现从"教"学转变为"自"学的自主学习。这无疑是帮助学生进行学习建构的一条教学"定律"，难怪没有数学教学经历的"外行"局长也深谙其"道"，说得头头是道。

由此可见，知识之间的演变过程尽管在教材上没有展现，但它理应成为我们首要的教学任务，并且是所有知识教学的共同任务，它是"有理"教学和"有情"教学的前提。

2. 教参上规定的，是不是只能成为教学任务

我由此进一步想到，现在教师备课时，决定教学任务的时间是课前，制订教学任务的依据是教参，评定教学任务的标准是预设。也就是说，教学任务基本上事先由教师预定和教参规定了的，在课堂教学中必须不折不扣遵照执行的，由此"有没有完成教学任务"成了评判一节课成功与否的一项硬指标。

然而，这一指标的"硬性"，很多时候反而造成教学的"伤性"和学生的"伤心"。例如，这样固定的教学任务，很多情况下难以做到与学生的学习节奏合拍，有时是教学任务本身有重有轻而让课堂教学时松时紧，有时是教学任务作用于学生水平的有高有低而让课堂教学时松时紧。于是，课堂教学存在的不确定性与教学任务的确定性之间的"性"别矛盾，常常造成学生"吃得了时没有吃"的失望和"吃不了时必须吃"的痛苦。

这种缺乏"松紧"的教学任务产生的不协调现象，在如今教学中普遍存在，此中，本应顺应"民意"的教师对此却常常不敢见机行事。一种情况是，教师发现教学任务太轻而不敢增加教学任务的分量或难度，如布置额外的任务让学生挑战，又如把后续的教学内容提前教学；另一种情况是，教师发现教学任务太重而不敢减少教学任务的分量或难度，如删除额外的任务让学生减负，又如把后段的教学内容延后教学。教师难以做到灵活自如的原因在于，

一是教学准备不足，备课到此即止；二是教学机智不够，缺乏随机应变；三是教学勇气不大，不敢打破常规。

本来，教学任务的任务是为教学服务，但这种以"本"为本而制订的教学任务，往往让教师把这种"服务"固执地理解成教师以完成教参上规定的教学任务，为自己的教学任务。于是，统一的教学任务就不可避免地沦为统治教学的"紧箍咒"，由不得教师的"任意"，让教师无法自作主张，也由不得学生的"任性"，让学生无法自作多情。

要改善这种教学在任"人"与任"务"之间的"紧张"局面，教师必须具有教学的全局观念和整体意识，不能简单地在课前以知识的逻辑结构来划分教学任务，而应该在课中以学生的学习热情和学习能力来调整教学任务，让教学任务具有更多的人情味。尽管这样可能会打破知识板块的连续性和教学安排的连贯性，但只要"顺理"，有利于学生学习，教学任务的课堂布局就不一定"成章"，或许一个知识点因学生吃得慢而临时被分成了几课时，或许几个知识点因学生吃得快而临时被合成了一课时。也就是说，课堂应注重以学生学习的"情节"来划分知识教学的"时节"。

根据以上分析，我们是否应该这样来理解"教学任务"：教学任务制订的依据不应该是知识学习的数量，而应该是学生学习的能量，不以知识的"多不多"和"顺不顺"来定论，而以学生的"要不要"和"能不能"来论定。一句话，教师应该以"有利于学生发展"为根本的教学任务。

如果这样，教师的备课就必须相应"进步"，首先要做到心中有"数"，在制订教学任务时不能只看教材上的"一节课"，而应该多看教材上的"几节课"；其次要做到目中有"人"，在课堂教学中根据学生学习的进展，来决定教学任务的进度。这样，教学任务才会真正做到务实和务远，课堂教学才不会僵硬而是富有弹性。

教学任务是"人（教师）为"的，所以我们可以改变它，但教学任务是"为人（学生）"的，所以我们必须为了学生的发展去改变它，这样的教学任务才是动态的、人本的。做到了这一点，教学就不会陷于因书本上没有的教学任务而"架空"学生自主，或因书本上规定的教学任务而"挟持"学生自由等困境。那么，怎样的教学任务才是学生需要的？教学任务该怎样来制订？这需要我们从长计议。

"量体裁衣"——制订教学任务的落点

"量体裁衣"应该成为教师制订教学任务的方法，大致包含以下几层意思：一是教师参照学生的"体质"来"裁衣"，也就是教师应该根据学生的实际情况来制订教学任务；二是让学生自己来"裁衣"，也就是让学生自己来确定自己的学习任务，以此"换算"成教师教的任务；三是让学生结成学习"团体"来"裁衣"，也就是引导学生依靠小组的力量来合作完成学习任务。

1. 把教师的执教任务转变成学生的自学任务

教是为了不教，我们的教学任务应该最终落实到学生的自主学习。也就是说，教学任务应该是以学生学的任务来确定教师教的任务，教材与学生构成了制订教学任务的参考坐标。

（1）让教学任务成为学生可接受的学习任务

教学任务在课堂中常常表现为教学形式与教学内容相辅相成的两方面，教师对教学任务的价值也常常理解为形式的多彩与内容的多彩，教学形式的亮度与教学内容的深度叠加成教学的密度，在有限度的时间内只能加快教学节奏，导致学生缺乏充分反应和消化的时间，时间紧与任务重的矛盾常常让学生对学习只能浮躁与应付。

教师一方面要增加教学内容的机动性，因学生学习的能力水平而灵活伸缩，实现教学任务在学生知识层面上的可接受；教师另一方面要增加教学形式的生动性，让教学形式的配置真正能触发学生的学习兴趣，实现教学任务在学生心理层面上的可接受。对后者，许多教师为了教学设计的"漂亮"而在教学形式上进行了任务包装，然而有时却换来的是学生的无动于衷，此时我们就应该反思教学中外附的形式任务学生是否需要，否则这样的教学任务只能沦落为教师自以为是的教学装饰。

例如，教师故弄玄虚的揭示课题，自以为可以给学生一种"惊喜"，然而许多学生早已经从书上看到。更有甚者，有的教师课前在投影屏幕上明明已经打出了课题，课中教师还在装腔作势，此时这种悬念式揭示新课的教学任务实际上已经名存实亡。

又如，教师自作多情的情景导入，自以为学生也会触景生情，然而当学生看惯了教师总是那些"购物""借书"等生活画面、听惯了教师总是那些"小兔""小熊"等童话故事时，此时这种趣味式导入新课的教学任务实际上已经黯然失色。

要让教学任务不失实效，就必须让教学任务不失人心，要达到这一目标，我们就必须以学生的需要来制订教学任务，尽力避免教的任务与学的任务之间的脱离，也就是要以学定教。教师在教学中应该多征求学生的意愿，然后再决定教学任务是否需要实施或是否需要修改。例如，在教师自以为需要安排小组合作的环节，是否先问问学生是否需要合作。如果大多数学生需要，教师无疑可以安排这样的教学任务；如果只有一部分学生需要，教师可以让需要的学生进行合作学习，剩下的学生可以等待也可以应邀加入或主动加入合作小组；如果学生都不需要，教师就可以把小组合作的教学任务改成学生独立学习。又如，对全课总结这一教学任务的安排，教师也可以见机行事，如果发现学生对全课知识已经胸有成竹，此时，水到渠成地取消总结任务，反而会让教学少一些重复的感觉和强制的痕迹。

（2）让教学任务成为学生可支配的学习任务

教学任务的品位与品质，归根结底是看学生在学习过程中对任务的品味与品评，也就是教学的品牌需要通过学生的口碑来衬托与树立。教学的过程实际上是学生"品尝"的过程，所以教学任务的"品级"应该指向学生学习的"品性"上。

对于学生学习的"品性"，我们不妨用"品"的解字来说明："品"字有三个"口"组成，一是我们可以把"品"字理解成"分三口吃"，也就是教学任务的实施要体现"慢过程"，让学生慢慢地"品"；二是我们可以把"品"字理解成"三张口来吃"，也就是教学任务的分配要体现"多参与"，让学生一起来"品"；三是我们可以把"品"字理解成"用口说话"，也就是教学任务应培养学生"敢发言"的习惯，让学生敢说、会说、想说。

要让学生具有上述学习的"品性"，教师就需要让学生拥有自主学习的"品行"，其首要任务是教师必须让教学任务成为学生可支配的学习任务。因为教学的"慢过程"需要充分的时间，而课堂教学时间的限制成为制约学生品味学习的瓶颈，此时我们不妨把教学任务前置，让学生在课前就能够为课中的集中学习而"时刻准备着"。例如，课前预习教材以了解课中学习任务"是什么"，课前准备材料（知识准备与学具准备）以知道课中处理任务"要什么"，在前置性学习任务的自力更生中发现自己"不懂什么"和"不会什么"，以此制订自己课中的学习任务需要"问什么"和"听什么"。课中，教师的首要任务，就应该在学生反馈前置性任务的进展情况中，理出学生已知什么和未知什么，然后把学生不解或难解的知识作为本课的研究任务组织教学活动，让学生明白知识的"因为什么"和"能为什么"。这样的教学任务，就成了为巩固学生在开展自主学习任务中所获得的正确认识，并解决学生在开展自主学习任务中所产生的疑难问题而设计，也就是这样的教学任务需要分成两个时间段制订，先预设的是课前学生的预习性学习任务，后生成的是课中学生的深究性学习任务。

2. 把学生的自学任务转变成学生的互学任务

课堂教学的"难处"就在于班级中有各种各样的学生，教师统一的教学方案无法照顾到不同层次的学生，对此教师普遍采用"保底"的教学策略。但这种"低起点、小步子、多重复"的教学格局，无法燃起中上等学生的学习热情，面对教师面对中下等学生无微不至的讲解，他们只能不厌其烦地坚持听那些自己一看就知、一听就懂的知识和道理，不得已成为教师教学时的"陪伴"，这种教学对这部分学生是浪费的、低效的，也是不公平的。

换一种角度看，课堂教学的"好处"也就在于，班级中存在着有差异的学生，这是教与学之间可流动、可调节的丰富资源，其关键是教师如何调动这些中上等学生的积极性和调用他们的能量，让他们也有"事"做，进而成为教师教学时的"伙伴"。

我们还可以对"品"字继续进行解读：四是"品"字让我们想到领奖台的形象，也就是教学任务的推出应该"有层次"，让各个层次的学生完成力所能及的学习任务，让各个层次的学生都获得身体力行的成功快乐。五是"品"字让我们想到"众口合一"，也就是教学任务的完成应该体现"善合作"，让不同层次的学生达到知识共享、思想共振、能力共进。六是我们把"品"字理解为"口口相传"，也就是教学任务的传达应该体现"能互动"，通过中上等学生对中下等学生的"言传"实现知识的传接。

（1）让教学任务成为学生可接受的学习任务

集体的力量是无穷的。把不同层次的学生进行异质分组，固然可以达到人才资源的丰富性和互补性，但存在的差异也很容易让学习小组成员之间产生分离。例如，中上等学生往往有着自傲心理，而中下等学生往往有着自卑心理，这种"异心"产生的"离心力"，就很难使学习小组团结一致共同完成学习任务。

要较好地促成学习任务的合作化，我们就必须促使学生学习利益的共同化，让学生意识到小组成员的个体表现影响着小组的整体积分，而小组的整体积分又影响着小组成员的个体成绩。这样的关联就把小组成员紧密地"捆绑"在一起，要提高自己的成绩就必须提高小组的积分，要提高小组的积分就必须让每个组员都有良好的表现，于是组内中上等学生就会主动帮助中下等学生，中下等学生就会积极要求上进，因为每个人都代表着集体形象。在这其中，教师应使用过程性评价，促使学生进行实质性的互帮互学。

另外，教师还应该引导学生，在代表小组发言时用"我们小组认为"等表述，来强化学生的集体意识，教师还可以通过让小组成员轮流发言，或者随机指定小组代表发言，来训练不同层次学生都能当好"小组形象代言人"。

（2）让教学任务成为学生可支援的学习任务

在平常的传统课堂中，教学似乎只是教师和中下等学生之间的"事"，而中上等学生往往成为"看客"，只有在公开教学时他们才有展示风采的机会。

那么，教师该怎样让中上等学生为教学推波助澜？在学生完成自学任务时，无疑中上等学生的接收能力更强、接受成果更多，此时教师就应该引导他们把"自学到了什么"说出来，更要把"自己是怎样自学的"和"自学后有什么想法"等说出来，启发和带领中下等学生一起探讨，这才是真正意义上的"同学"。也就是说，在课堂教学中，教师让中上等学生扮演了"小老师"角色，原本由教师来讲现在置换成了由中上等学生来讲，这样就变成了中上等学生与中下等学生都有"事"做，教师少做"事"甚至不做"事"反而很好地体现了教学的主导地位。另外，由学生对学生讲解和交流，他们的心更近、语更通，知识由生生之间传递要比由师生之间传授更亲切、更容易。

因此，教师教学的一个重要任务，就是让学生明白自己的学习任务不仅要"听学"，还要"自学"，更要"互学"。那么，学生的互学怎样体现呢？一是学生自学之后成立学习小组，在组内相互交流中互帮互学；二是在组际交流时，对于学生自学中反馈出来的"短路"或"断路"之处，其他学生可以凭自己对知识的"觉悟"帮助他们。在此过程上，教师只需做好两件"事"：一是发现问题（一般是学生的疑惑问题）和发掘问题（一般是知识的关键问题），为学生提供互学的目标，二是分配问题（引导学生解答问题的顺序）和分析问题（指导学生解答问题的程序），为学生提供互学的路线。

另外，值得指出的是，在学生互学过程中，教师应该帮助学生掌握互学的一些技巧。例如，学生在主持或主讲过程中，应像教师那样注意语言的规范和把握语言的节奏，让同学能"听好"，还应像教师那样能够适时穿插提问、讨论等互动环节，让同学能"好听"，教师在平时教学时应该针对这些情况进行必要的示范与训练。

由此我认为，教学任务更多情况下应该是制订而非制定，因为"制定"的意思是"已经确定的""不改变的"或"规定的"，而"制订"的意思是"经过研究商议而立下""预先约定"和"可以改正"，以学生为本的教学任务必将是生动活泼、机动变化的。

15

在熟悉的地方找『风景』

[可循规，不蹈矩]

平常路 教师常常认定"熟悉的地方大有风景"，熟能生巧，温故知新，于是这就成了在教学中反复讲解、重复练习的理由。

非常道 其实，"熟悉的地方难有风景"，熟能生厌，熟能生笨，温故止新，温故误新，但只要通过教师的艺术化处理，熟悉的地方也有风景。

"谁没见过马?""谁没见过月亮?"这是两样再普通不过的东西，大家都不觉得新奇。"马儿怎样跑?""月儿怎样弯?"这又是两个再平易不过的问题，许多人却不容易答出来。

"圆面积怎么求?"学生能把计算公式背诵如流。"圆面积为什么可以这样求?"许多学生却记忆如烟。他们认为熟记圆面积计算公式就可以解决问题，何须记其原由。

下面我们来看看两份"病历"：

病例呈现：街心花园中圆形花坛的周长是 18.84 米，花坛的面积是多少平方米?

不良反应：学生一般用"$3.14 \times (18.84 \div 3.14 \div 2)^2$"来计算。某次，有一名学生用"$(18.84 \div 2) \times (18.84 \div 3.14 \div 2)$"来计算时，学生面面相觑，不知所以，继而哄笑，以为其错。

症状分析：教学圆面积计算公式时有一个推导过程，学生在过程中悟得结果。然而熟视这个结果后，一旦有人"回溯源头"，却不识其本来面目。

病例呈现：如下图，已知直角三角形面积是 5 平方厘米。求圆的面积。

不良反应：学生认为圆面积无法求出，因为圆的半径无法得出。他们看不出可以这样解答：因为 $r \times r \div 2 = 5$，所以 $r^2 = 5 \times 2 = 10$（平方厘米），由此可求出圆面积为 $\pi r^2 = \pi \times 10 = 31.4$（平方厘米）。

症状分析：学生在大量练习由圆的半径求圆面积的题目后，他们的眼中似乎只盯着圆面积计算公式中的"r"，而无睹"r^2"，自我封闭了通向罗马的其他途径。

学生熟视无睹。为什么会视而不见、听而不闻、食而无味？第一个原因是心不在焉。心理学叫"缺少注意"。观察，包括科学观察，都以注意为前提。

一天，英国大诗人雪莱在街头看见一个盲人乞丐手里举一块牌乞讨，上书"我什么也看不见"，可面前"门庭冷落"。雪莱不忍心，为他改成"春天来了，我却不能见到她"。于是奇迹发生了，施舍者络绎不绝。

上述故事中文字的改变，其实是语言的"陌生化"唤起了行人内心的柔情和恻隐之心。在教育中，我们会发现，学校竖立的标语牌其实并不具有很好的长效，因为学生往往会熟视无睹。所以，要让学生能够"熟视有睹"，我们就应该经常变换内容，让学生感到陌生而注意。

"熟悉的地方没有风景"的另一个原因是，学生在学校期间所获得的知识是脆弱的，很多学生并没有真正理解所学知识，他们只是肤浅地掌握了这些知识。

美国学者大卫·珀金斯曾经针对学生知识掌握不到位的情况提出了一个比喻——"脆弱知识综合征"，他注意到有 3 种值得关注的知识学习结果：一是惰性知识。这种知识存在着，却不起任何作用，除非明确提示，如考试，否则我们不会想到它。二是幼稚知识。学生在学习后，重新回到早期对问题部分或全部错误的直觉理解状态。三是模式化知识。这是一种问题解决的常规知识，学生机械执行处理事物的方式，只学习解决问题的步骤，而不理解使用这种步骤的原因。

上述那些案例中表现出来的学生学习"缺少注意"的原因，可能就是"模式化知识"在作梗，这也正因为学生太熟悉了解题模式，才导致了知识的模式化问题。对此，我们该怎样使"熟悉的地方没有风景"，变成"熟悉的地方也有风景"呢？下面提出两点参考意见。

变"熟难生巧"为"熟能生巧"

900 年前，卖油翁的一句戏言"无他，但手熟尔"，经欧阳修的生花妙笔一渲染，竟被初出茅庐的生手们奉为金科玉律。但"熟"与"巧"真是因果吗？其实不然。"熟"是熟练，是机械式的重复，是没有科技含量的简单劳动，它像一道围墙，遮挡了人们探寻的目光。

驴子在磨道里拉磨，一圈又一圈，既是起点又是终点，它一生都被囚禁在狭小的磨坊里，技艺再精熟，驴子也永远无法变成麒麟；青蛙在一潭井水里蹦来跳去，它看到的始终是熟悉的一方天空；类人猿从生活了几万年的树上爬下来，放弃了最熟悉的生活方式，却渐渐演变成了万物之灵长的人类。

教师对学生说：熟能生巧。于是，题海战术让学生成了"解题机器"。央视《朝闻天下》栏目播放的一个调查报告显示，从 1977 年至 2008 年 32 年间，没有一位"高考状元"成为学术、商业、政治等方面的顶尖人才。"熟"已经够多了，"巧"又在哪里？

事实上熟练产生惰性。科学研究证明，当人们长期重复一些不用动脑就能做得很好的工作时，大脑就会处于一种麻木的状态，这样，因缺乏刺激便难于迸发灵感的火花。而"巧"是聪明，是灵性，是匠心独运，如一根火柴，点燃了创新的希望之光。有一个故事，很能说明问题：

两个泥水匠同样在工地砌墙，一个人每天只是机械式地重复着前一天的工作，另一个却在想，"我是在建筑一座人生的高楼大厦"，于是边干活边钻研设计知识。10 年后，不断重复的那个人仍然是泥水匠，而那个用"巧力"的则成为享誉世界的建筑大师。

人们常说，巧妇难为无米之炊。没有米，厨师做不出饭；但再好的米，如果天天用同样的程序，做同样的饭，也会令人生厌。人满为患的现代社会并不缺少熟练的技术工，却最需要求新求变、独当一面的创新型人才。

我们说，"熟"只是照葫芦画瓢，"巧"却是点石成金，化腐朽为神奇。孰高孰低，不言自明。熟练只能产生匠人，而不能产生大师。"熟"的流水线上只会制造同一模式的产品，而"巧"的天空却能尽情展现绚丽壮美的智慧之虹。

综上所述，原来我们经常熟知的"熟能生巧"未必如此。首先，我们要有这种新的思想认识，从而改变我们一些陈旧的行为。其次，我们还需要思考怎样才能恢复"熟能生巧"。

实际上，"熟难生巧"更多的是由于所示材料对观察者缺乏"刺激"而使观察者无"趣"顾及。当我们明白这一"病理"之后，就有希望把"熟难生巧"重新变成"熟能生巧"的教学风景点。

药引：有人曾对住在森林公园的一对夫妻羡慕不已，因为公园里有清新的空气，有大片的杉树、竹林，有幽静的林间小道，有鸟语花香。然而，当这对夫妻知道有人羡慕他们的住地时，却神情诧异。他们认为这儿没有多少值得观光和留恋的景致，远不如城市丰富有趣。

解析：熟悉的地方没有风景。这对夫妻对这儿太熟悉了，花草树木，清风明月，在他们长久的日子里，已成了不是风景的风景，变得习以为常。

病例：①如果一艘船上装有35只羊和25头牛，那么船长的年龄是多少？②某工厂共有2吨煤，第一周用去它的（条件缺），第二周用去它的（条件缺），还剩它的几分之几？许多学生用"35＋25"计算前例，用"2－－"计算后例。

就因为学生太熟悉了"完美"式的数学问题，条件和问题匹配，不多也不少，所以他们看到教师提供的数学题目，马上就联想到怎样用运算符号进行"组装"，而很少考虑其中的事理和算理是否合理。

后果：大量机械、单调、枯燥的练习虽能令学生达到"熟"的目的，但正是因为"熟悉"，学生可能就"一扫而过""凭着感觉走"，造成失误。"熟悉越多，失误越多"也就不足为奇了。这种情形极容易导致学生"熟能生厌"的"病态"。

药方：一方面，教师要在平时教学中加强对学生"明眼"的训练，提高学生"视力"，让学生能时时处处"明察秋毫"；另一方面，教师要优化材料的组织状态，改"老面孔"为"新面貌"，勾起学生的注意，激起学生的兴趣。我们至少应做到：①改一种"烧法"为多种"烧法"——改变呈现方式。我们不要总以一种方式，如填空题，来呈现某一知识，不妨经常变换成其他呈现方式，如判断题、选择题、图文应用题等。②改一种"作料"为多种"作料"——增加开放题。我们既可以在形式上把原有题目改编成条件开放、问题开放或策略开放等开放题目，还可以在内容上把原有题目改编成生活开放题目等。

总之，教师要努力创设"一枝一叶总关情""虽成曲调犹觉新"的新奇"风景点"，让学生感到每一次练习都有新意，达到"感动过你的知识仍能感动你，吸引过你的知识仍能吸引你"的"风景"效果，从而步入"熟能生趣"的境界。

变"温故误新"为"温故知新"

何谓"故"？一切历史，于学习而言，"故便是学过的知识"，而未知的皆为"新"。反复温习所知，然后便可知未知？对此，我心怀疑虑。

孔子说："温故而知新，可以为师矣！"并没有错，"温故而知新"是"可以为师"的条件。后人却经常省略了后半句，"温故"成了前提，"知新"成了结论，如此断章取义，不错才怪。

"温故"有可能不能"知新"，反而可能会"误新"。守株待兔的农夫堪称"温故"的典范，结果没等到兔子，田地倒荒芜了；纸上谈兵的赵括也是"温故"的楷模，把兵书背得滚瓜烂熟，然后全军覆没；清朝的闭关锁国仍是"温故"的延续，导致中国远远落后于西方……正是这些"温故"者，忽略了渴求新知的细想，延缓了人类开拓的脚步。

纵观人类发展史，任何一次突破都是实践求新的产物。人类认识圆形的地球源于麦哲伦的勇于开拓，倘若他也是"温故"的追随者，怎么能有欲望驾帆远航，开始伟大的环球历程；人类真正征服黑夜源于爱迪生的锲而不舍，如果他也满足于油灯与蜡烛的微弱光亮，就不会有动力来支撑近万次的尝试……

综上所述，原来我们经常温故的"温故知新"未必如此，首先，我们要有这种新的思想认识，从而改变我们一些陈旧行为。其次，我们还需要思考怎样才能恢复"温故知新"。

实际上，"温故误新"更多的是由于所示材料令观察者直奔"目的"而无"暇"旁观。当我们明白这一"病理"之后，就有希望把"温故误新"重新变成"温故知新"的教学风景点。

药引：法国一条通向阿尔卑斯山的小路旁，矗立着一个十分精致醒目的石牌，上面写着"慢慢走，欣赏啊！"据说是一位饱经沧桑的老人提醒行路者：不要只为欣赏山顶风光匆匆向前，却忽略了道路两旁的风景。不妨放缓脚步，细细品味一下此刻属于你的一切。

解析：熟悉的地方没有风景。这样的行路者因为太熟悉上山的路线，而可以一鼓作气地登上目的地——山顶，无需像初次上山者在摸索中前进，因而也就忽略了路上可能变化着的风景，仍以为是"未变"的、"熟悉"的风景。

病例：①如图，张大伯利用一面墙用篱笆围一块长 6cm、宽 4cm 的长方形菜地。求篱笆的长度。②在一张比例尺是 1∶2000 的地图上量得两地之间的距离是 4.8 厘米。如果改画在比例尺是 1∶4000 的地图上，可量得两地之间的距离是多少厘米？

学生基本上用"（6＋4）×2－6"计算前例，而不用"6＋4＋4"这样较之简便的解法；用"4.8÷（1∶2000）×（1∶4000）"计算后例，而不用"4.8÷2"这样较之简便的解法。

就因为学生太熟悉了长方形的周长计算公式，他们看到与长方形周长有关的题目，脑中就会自动跳出公式，直奔主题，于是就产生了这种结果。如果学生能不囿于结论，放慢"脚步"，细细欣赏，完全能够领略到这一番不同的"风景"。

后果：过分强调结论的标准化、最优化，反复操练，只能越来越冲淡学生原有的过程体验，从而缩小学生的思考空间，把目光局限于结论，反而有可能使学生的理解能力和思考能力下降，甚至连一些简单的问题的解决都要"绕弯子"。这种情形极容易导致学生"熟能生笨"的"病态"。

药方：一方面，教师在平时教学中加强对学生"活眼"的训练，扩大学生"视野"，让学生能时时处处"关注全程"；另一方面，教师要优化材料的展开状态，改"重结论"为"重过程"，加强学生的探索，增加学生的体验。我们至少应做到：①对过程，让学生有"成功的路不止一条"的感受。我们在教学过程中要充分放开学生的手脚，让他们生动活泼主动地参与到对目标的"测探"、结论的"创造"中来。在其中，我们不一定什么都要形成固化的结论，而提倡把一种或多种方法溶解在学生刻骨铭心的体验中。②对结论，让学生有"透过开满鲜花的月亮"的想象。我们要鼓励学生能透过结论看到"过去"、能透过结论看到"未来"，也就是"退一步"来思考问题，或许能从其形成的过程中找到捷径，还要"进一步"来思考问题，或许能从其发展趋向中发现创新。

总之，教师要努力创设"山雨欲来风满楼""师者遥指杏花村"的亮丽"风景线"，让学生感到每一次练习都是探索，达到"走过的，再回头慢走，仍能有所感叹；看到的，再放眼远望，仍能有所发现"的"风景"效果，步入"熟能生巧"的境界。

在教学中，只要教师善于在教学材料中"添油加酱"，刷新材料的呈现方式，诱发学生"食欲无限"，并善于指导学生在学习中"细嚼慢咽"，多想想过去，多想想过程，诱发学生"回味无穷"，这样，熟悉的地方也会有风景！

16

教学生成的并非都是教学资源

[抓生成，促学成]

平常路 许多教师常常认为，凡是生成性问题都是教学资源，均视若宝贝加以利用，实在无法利用的也只是轻轻地跳过，不敢轻易说"不"。

非常道 教学中不乏会出现一些意外"事故"，有些恼人的"事故"经过教师的"妙手"和"妙笔"，可以转化为动人的"故事"，然而并非所有的"事故"都能点石成金。

《基础教育课程改革纲要（试行）解读》指出："课堂教学不应当是一个封闭系统，也不应拘泥于预先设定的固定不变的程式。预设的目标在实施过程中需要开放地纳入直接经验、弹性灵活的成分以及始料未及的体验，要鼓励师生互动中的即兴创造，超越目标预定的要求。"布卢姆也说过："没有预料不到的成果，教学也就不成为一种艺术了。"

课堂教学是人的教学，人是活泼的、开放的、差异的，师生的一个闪念、一个举动、一个误会、一个忘形，都可能会增加教学中的非预期因素，这些"即兴创造"的随机事件会不同程度地影响教学进程。如果处理得当，则会弥补或推进教学，"麻烦"不再麻烦，反而成为有价值的教学资源。当然，如果处理不当或者认识不全，那么"麻烦"依然只能是麻烦，或者更为麻烦——制约或伤害学生的学习。还有一种情形是，有些教学生成的性质只能成为阻碍教学的"垃圾"，此时教师需要做的是果断地扔弃。因为，并非所有的教学生成都是教学资源。

教师对教学生成性问题的误解与误用

1. 教师难解学生的"麻烦"

上初中时，老师给我们讲了一个故事：有三只猎狗追一只土拨鼠，土拨鼠钻进了一个树洞。这个树洞只有一个出口，可不一会儿，居然从树洞里钻出一只兔子。兔子飞快地向前跑，并爬上另一棵树。兔子在树上，仓皇中没站稳，掉了下来，砸晕了正仰头看的三只猎狗。最后，兔子终于逃脱了。

故事讲完后，老师问："这个故事有什么问题吗？"我们说："兔子不会爬树。""一只兔子不可能同时砸晕三只猎狗。""还有呢？"老师继续问。直到我们再也找不出问题了，老师才说："可是还有一个问题，你们都没有提到，土拨鼠哪儿去了？"

土拨鼠哪儿去了？老师的一句话，一下子将我们的思路拉到猎狗追寻的目标上——土拨鼠。因为兔子的突然冒出，让我们的思路在不知不觉中打岔，土拨鼠竟在我们头脑中自然消失。

教师在教学过程中，有时也会被"途"中的细枝末节和一些毫无意义的生成性问题分散精力，扰乱视线，以致中途停顿下来，或是走上岔路，而放弃了自己原先追求的目标。例如，在一位教师教学"方程的意义"的课中，学生谈对方程的认识时，出现了以下意外的情况：

生：我觉得方程就像两个双胞胎在一起玩跷跷板一样，两边相等，很平衡。

（一石激起千层浪，学生开始众说纷纭）

生：方程像农民伯伯挑的水桶担。

生：方程像少林寺和尚用双手提水桶练功。

生：鸟类的翅膀就像方程一样用来保持它们飞行时的平衡。

生：对，飞机的两翼也是这个道理。

生：我们人类繁衍生存的男女比例是一半一半的，这也与方程相似吧？

生：科学课上学过植物链、动物链，我觉得，这生态平衡问题就像一个大大的方程。

……

学生的思维是形象的，学生的联想是生动的。学生从数学知识的某一点生发感触，说出一些非数学的认识，也是情理之事。但是，在"合情"的同时，教师应更多地考虑这些说法的是否"合理"——合乎数学知识本身。例如，天平是以平衡为目的，而跷跷板却是以不平衡为目的，学生把方程比喻为玩跷跷板无疑不符合知识道理。对此，教师需要加以明辨。

教师对这种节外生枝后的连锁反应措手不及，或顺其自然，就有可能使教学游离原有知识轨道，使师生的视点"牵扯"于一些非本质的"枝节"，淡忘甚至遗忘原有的教学目标。

在语文教学中同样会出这样的状况，例如，在一位教师教学《乌鸦与狐狸》的课中，学生纷纷对狐狸的作为进行批判时，出现了以下意外的情况：

生：我认为，狐狸是用自己的智慧赢得了一块肉。

（附和声迭起，拉开了对狐狸颂扬的序幕）

生：这只狐狸真聪明。

生：我要像狐狸一样爱动脑筋。

生：狐狸在困难面前不低头，有信心。

生：还有耐心。

生：这只狐狸很可爱。

……

学生的思维是多元的，学生的情感是丰富的。语文允许学生个性化的解读。学生说出了不同的见解，教师应该加以鼓励。但是，教师对学生的这些即兴发挥应筛选过滤，去伪存真，对一些偏离课文主旨的观点应该及时果断地加以引导，使之回归于课文所特定的事实背景，不能与学生一起"纠缠"于似是而非之中。否则，教学就极易脱离甚至背离原有的目标。

教学过程是动态变化的，其随机性造就了许许多多的生成性问题。有些生成性问题对教学有着积极作用——赋予教学意外的"惊喜"，教师应及时开发和利用这些有益的问题，使之能上升为教学的"资源"，使教学更精彩；有些生成性问题对教学有着消极作用——造成教学意外的"事故"，教师应及时抛弃或转化这些无益的问题，使之不演变成教学的"垃圾"，使教学正常化。

然而，教师对这些生成性问题并非都能保持清醒的认识，并能科学合理地处理。教师有时会对这些生成性问题感到"捉摸不定"，处于"进退两难"的尴尬境地：有的反映在对新课程理念的误解，片面认定生成性问题的正面效应；有的反映在审视能力偏低，判断迟钝，教育机智不强，显得无所适从。

对此，首先，教师应辩证地看待教学中的生成性问题，具体问题具体分析。其次，教师应牢固确立目标意识，时时将出现的生成性问题与之比照，是扬之还是抑之？是顺之还是纠之？从而作出明智的选择，在实践中不断提高操作水平。总之，教师要谨防产生被生成性问题"迷了眼""牵着走"的被动局面。

2. 教师自制教学的"麻烦"

上述案例中的非预期问题是随着教学过程的展开自然而然生成的，但有些生成性的"麻烦"却是由教师自己的不当行为造成的。

在一节一年级的数学课上，教师出示一幅美丽的"小兔子采蘑菇"情景图，提问学生："从图中，你们知道了什么？"这下，学生海阔天空：从动物到风景、从多少到大小、从高矮到姿态……教师花了好长时间才使学生的讨论过渡到主题内容。一些离散的生成性"问题"的出现，很大程度上归结于教师提问得不当，淹没了原有目标的突出。

在一节二年级的语文课上，教师要求学生与好朋友一起合作做游戏。这下，学生热闹非凡：叫的叫、喊的喊，拉的拉、推的推，跑的跑、追的追……教师花了好长时间才完成了人员组合。这个恼人的生成性"问题"的发生，很大程度上取决于教师组织的不力，阻碍了原有目标的实现。

教学，需要生成。但教师也不能走入误区，为"生成"而"生成"，不顾实际，不估价值，一味地听之任之，把课堂从原来的生成"禁区"极端地变成现在的生成"特区"，使一些无用的生成性问题成为教学有害的"问题"，成为教学沉重的"包袱"和无形的"伤疤"。

教师啊，在教学中，不要忘记时刻提醒自己："土拨鼠"哪儿去了？心中的目标还在吗？

教师处理教学生成性问题的妙手与妙笔

在课堂教学中，对于一些隐藏着教学价值的生成性问题，教师要有明辨"是非"的洞察能力。于中，捕捉这种"闪烁不定"的教学资源，教师要有"妙手"，能及时抓取，并会"妙笔"，能巧妙美化，使一个不经意的、不如意的随机事件，成为可用的、有用的教学资源，服务于教学。

1. "妙手"——乘机提取，"妙笔"——点石成金

例如，教学"时、分、秒"的课中：

上课铃声响起。突然，一名学生要小便，全班骚动。

"你去吧"，教师说完，有了好主意，"小朋友，请你们看着墙上的钟表算一算，他浪费了我们多少时间？"

该生回来后，学生纷纷汇报他所用的时间，结果不统一。

师："你们是怎样看时间的呢？你们想交流吗？"

教师在学生交流中相机教学新知……

又如，教学"轴对称图形"课中：

知识巩固时，学生兴高采烈地列举着生活中的轴对称图形。

突然，前排一名学生举起双手，伸了个懒腰，打了个哈欠。全堂哄笑。

笑声中，教师灵机一动："你们为什么笑啊？"

生："他打哈欠，违反纪律。"

师："哦。你觉得他打哈欠的姿势美吗？"

生："不美。"

师："你为什么觉得他这个动作不美呢？"

（学生"跟着感觉走"无法言表）

教师对称地高举双手，又平举双手："老师的这些造型美吗？"

学生有所领悟："比他的美多了。因为你的动作是对称的。"

师："你是说，老师的这些姿势，如果拍成照片，就是轴对称图形？"

生："是的。"

师："如果老师为你们拍照，你们会做一个动作，使拍出的照片也是轴对称图形吗？"

……

上述案例中的随机事件，是教学中的"不和谐音"，但教师并没责怪，而是别具匠心地过滤其消极影响，提炼其有用的成分，进行剪切和放大，粘贴到知识场，借题发挥，将其转化为一首美妙的"插曲"。恼人的"事故"变成了动人的"故事"，成就了一笔意外的教学资源。

2. "妙手"——乘机迎取，"妙笔"——顺水推舟

例如，教学"角的认识"的课中：

教师介绍三角板三个角的度数。突然，一名学生质疑："老师，我的三角板比你的小得多，它们三个角的大小怎么会一样大呢？"教师乘"虚"而入，

组织学生讨论这个话题，学生形成了两派意见，展开了辩论。

又如，教学"线段、射线和直线"的课中：

师：手电筒、太阳等射出的光线，我们都可以把它看成是射线。

生1：老师，我认为知识是直线。

（知识是直线？大家疑惑不解）

生1：因为直线是无限长的，而知识也是无止境的。

师：哦，有道理。

生2：不，知识是射线。我们学习知识总有一个起点，从这个起点无限延伸。所以，我认为知识是射线。

生3：我认为知识是线段。一个人的学习，总是有始有终的。因为人的生命是有限的。

生4：对，人的生命是有限的，是线段。如果人的生命是射线，那就好了。

（学生欢笑）

师：或许，对于某一个人而言，知识是有限的，好比是线段。但对于整个人类而言，知识是无限的，永无止境。所以，我们要珍惜每一分钟，在有限的生命里，从无限的知识中汲取更多的营养。

生5：我觉得，知识不是线段，也不是射线和直线，它应该是曲线。因为学习并不总是一帆风顺的，有时会遇到困难，不可能是一条直的线。

上述案例中的随机事件，虽出乎预设思路，但合乎情理，合乎教学流程，教师就趁机顺势而下，用学生所想所做组织下一环节的教学。学生既然自发地吹来了"东风"，教师就应迎"风"而上。"乘风破浪会有时"，此"时"就是学生一些随机事件形成的教学资源。

3."妙手"——乘机转取，"妙笔"——见风转舵

例如，教学"循环小数"的课中：

教师出示例题，让学生计算，然后揭示循环小数的意义。

突然，一名学生质问："老师，我们学循环小数有什么用啊？我觉得，没意思。"

师："小数的这种循环现象，没意思吗？在我们生活中，类似的现象很多呀。"

学生纷纷举例证明：春夏秋冬、日出日落、周一至周日、音乐节奏……

该生又辩诉："但我觉得循环小数太烦。"

师："对啊。正因为它烦，所以我们要学习它的简便写法以及循环节的判断方法等新技巧。你想学吗？"

生："想。"

又如，教学"平行四边形的面积"的课中：

教师一番铺垫后："那你们想知道平行四边形面积计算公式吗？这节课就——"

突然，一名学生站起："我知道，平行四边形的面积＝底×高"。

师："你怎么知道的？"

生："我在书上看到的。"

师："那平行四边形的面积计算公式是怎样推导出来的呢？"

生："我知道，把平行四边形沿着高剪，拼成长方形。"

师："那你知道为什么要沿着高剪，不沿着高剪可以吗？"

（该生摇头）

师："不要紧。下面我们就一起来动手试一试。"（原定让学生探索结论的教学变成了现在让学生验证结论的教学）

……

上述案例中的随机事件，打乱了教师的设想，打乱了教学的程序。教师应不选择回避，而应选择适应，因为"强扭的瓜不甜"。教师可趁机调整转向，重新设计和组织学生进行教学活动。不管是"横生枝节"，还是"倒行逆施"，只要教师审时度势、随机应变，也可成为用好教学"活"资源的良好"转机"。

4．"妙手"——乘机借取，"妙笔"——移花接木

例如，教学"长方形的面积"的课中：

教师讲解习题"一辆洒水车，每分钟行驶50米，洒水的宽度是8米。洒水车行驶3分钟，能给多大的地面洒水？"料不到，不少学生想象不出洒水车留下的"作品"模样。咋办？教师急中生智，把粉笔横放压在黑板上模拟洒水车行驶，"身"后留下了一个长方形的阴影。学生恍然大悟：原来如此。

又如，教学"百分数的应用"的课中：

师：" '他做题的正确率总是100％'。这句话表示什么意思呀？"（教师多

写了"总"字，属笔误）

　　生："他做对的题目是题目总数的 100% 。"

　　生："他全部做对了。"

　　生："他的错误率是 0% 。"

　　生："他一定是好学生。不过，他每次都能做对！神了。"

　　生："他是神算子。"

　　生："他是常胜将军。"

　　生："他算十全十美了吧。"

　　生："他百发百中。"

　　生："他百战百胜。"

　　生："他万无一失。"

　　……

　　上述案例中的随机事件，一是因学生学习受阻，教师急中生智地借用粉笔以开"茅塞"；一是因教师板书笔误，学生情不自禁地借用成语表达自己对数学知识的理解，以及对事实的惊叹与佩服的思想感情。这种"移植"和"嫁接"的教学资源，使教学别有一番风味。

　　教学中，随机事件何其多，相应的教学资源何其多。在奇思妙想，甚至胡思乱想中；在顺水推舟，甚至逆水行舟中；在锦上添花，甚至画蛇添足中……只要蕴涵着闪光点、生长点、转折点、链接点，哪怕微乎其微，教师就可挖掘、开发、引申、利用，见机行事，优化教学。

　　教学是人的教学，教学因生命而精彩。师生的一举一动、一言一语、一颦一笑都可能造成教学的"一波三折"，引出精彩无限，给人意外的惊喜和意外的收获。有时，教师教学过程中的随口一说、随手一写、随身一动，就有可能带来意外的"作品"，被开发成一种生成性教学资源，让教学增色。有时，学生学习过程中的随心所语、随心所为、随心所思、随心所欲，就有可能改变现有的教学"状态"，生成一种新的教学资源，让教学添彩。

　　课堂教学的生成性成就了教学的丰富性、开放性、创造性与鲜活性。教师应该闪现教学灵感，促进教学资源的积极生成，用心捕捉和筛选学习活动中反馈出来的，有利于促进学生进一步学习建构的生动情境和鲜活的课程资源，有效利用好生成性教学资源，实现课堂教学的生命精彩！

17

全课总结，应尊重学生的自然结『果』

[结 成 果，勿 急 成]

平常路　教师都会在教学中设计"全课总结"环节，常常因汇报时间短、板书暗示强而走过场，学生不感兴趣，教师却不敢放弃。

非常道　全课总结并非只能在课中"全课总结"环节进行，也并非只有这一教学环节才能实现总结功能。全课总结的时机与方式应该视学情而定。

在教师的教学设计中，在一节课即将结束时，都设有"全课总结"这一教学环节。这一教学环节的设置，旨在把一节课所教的知识进行整理与复习，沟通知识之间的联系，固化和强化学生对所学知识的整体印象。

然而，"全课总结"的设置常常被"格式化"，具体表现为定时、定语、定式，让学生日益麻木，有时候那种无端插入或无病呻吟的强制性总结更让学生反感。所以，我们应灵活地设置"全课总结"环节，对让教学"无响应"的全课总结应该及时舍弃或加以改造。

启动"全课总结"由何问

在具体操作中，"全课总结"常常在教学的最后一刻，教师应景式地问一声"这节课你学到了什么?"课程改革之后教师改问"这节课你有什么收获?"（这两种问法的区别在于，前者学生侧重谈知识方面的收获，而后者学生还可以谈情感方面的收获），此时不同年级的学生就会有不同的反应：

一种是久经沙场的高年级学生。他们大多会看着板书应付性地读一遍，其他学生早已从板书中知道答案，所以也就心不在焉地陪着教师走完这一教学环节。例如，下面案例中的学生对教师的总结套路可谓心知肚明，于是就出现了教师需要什么就总结什么的教学"怪异状"。

一位教师教学五年级"小数的除法"，在全课总结时，教师问道："同学们，这节课你有什么收获？"尽管教师在这节课也设计了一些游戏活动，但依然无法使本身枯燥的计算教学能够热闹起来，所以学生在总结时只是对照着板书谈了知识上的收获。学生谈完，却发现教师还在用期待的目光看着他们，似乎在盼望着什么，聪明的学生突然反应过来，有学生举手补充总结："这节课我学得很开心！"教师才满意地结束了全课总结。

另一种是刚进学堂的低年级学生。他们并不懂得"这节课你学到了什么？"与"这节课你有什么收获？"这两种问法的区别，所以自然地会出现像下面案例描绘的那样——学生只谈一节课中的"开心事"，而不谈一节课中的"正经事"的收获不"全"，让教师常常失望。

一位教师执教一年级"统计"的内容，当下课铃声响后，游戏式的巩固练习正好完成。应该说，本节课就此止住，完全称得上是一节优质公开课。可教师却赶紧让孩子们安静下来，问道："这节课，你学到了什么？"

生：贴动物。

生：贴水果。

生（高声）：贴大象！

生：学到了本领。

生：学到了许多知识。

……

执教老师继续启发：那么，学到了什么知识呀？

没有学生举手回答，教师不得不指着板书，再次启发：看这里，你学到了什么知识呀？

生：我学会了排一排。

师：还有呢？

生：我学会了分一分。

师：除了排一排、分一分，谁还要说？

生：我学会了数一数。

可能看到学生已经回答不到自己要的答案，教师让学生停下，指着黑板：这些都是统计的知识，我们一起来读一读。

上述案例，教师在本来完美的"蛇身"上又添加了败笔的"一足"——多余的"全课总结"。造成这种"画蛇添足"的现象，完全是教师的教学习惯所为。本来，本节课的课堂总结，当教师问"这节课，你学到了什么？"时，学生说出"贴动物""贴水果""贴大象""学到了本领"等一串答案后，教师可以就此结束本节课教学，无须继续强行"引导"学生回答。试想，学生在学习"统计"的过程中，的确是经历了"贴动物""贴水果""贴大象"等一系列动手动脑的操作。在他们看来，"贴动物"和"贴水果"就是自己本节课体会最深的收获，是自己在本节课中"学到的本领"，难道有什么错吗？

成功的教学除了让学生获得知识与技能外，重要的是让学生学会思考，经历观察、实验、猜想、证明等活动过程，能有条理地、清晰地阐述自己的观点，并能解决问题；更重要的是通过教学活动，让学生能积极参与学习活动，有好奇心与求知欲，在学习活动中获得成功的体验。而本节课教学，已经成功地达到了上述要求，学生们真的很自信——"学到了本领"，这不正是教师们所追求的吗？

因此，对于学生而言，全课总结并非一定要叙述本节课的教学知识点以及表达自己对学习的情感和态度，不同的课型会让学生有不同的学习感受，有的偏向知识体会，有的偏向情感体验，有的兼而有之，于是就会出现学生在总结收获时也产生不同的倚重，这是很正常的，教师应该顺其自然，不必追求面面俱到。

撤掉"全课总结"又何妨

接着，我对"全课总结"这一教学环节的"有"与"无"、"有"与"优"进行了更加深入的思辨。

首先，让我思考的是，"课堂教学是否一定要有'全课总结'这一教学环节？"我认为，对于那种学生全课总结时举手如林、对答如流的喜人景象，如果这种反应的"快速"与答案的"精准"，是缘于照"板"宣读，学生得来全不费工夫，这种全课总结何须学生"总结"。也就是说，与其把这种"全课总结"作为摆设，教师不搞全课总结学生就已修成"正果"的情况下，我们"删除"这一教学环节也无妨。

此中，我们应该考虑学生的年龄特征和当时的教学状况，来决定"全课总结"的取舍，如以下情形就可以跳过"全课总结"这一教学环节：

第一种情形是下课铃声已响，最好取消后续的"全课总结"。学生能够坚持40分钟的学习身心已经比较疲惫，急需要休息与调整，当下课铃声响起时，学生的热情会快速转向课后的娱乐活动。所以只要下课铃声响了，教师即使没有讲完新课，或者还没进行全课总结，也不要继续讲课或者再填补这个"全课总结"的环节。尤其是那种"枯燥乏味"的知识教学，对于已经无心再继续听课的学生来说，立即"下课"就是最好的"全课总结"。

第二种情形是对于低年级小学生，最好取消纯粹知识性的"全课总结"。这一年龄段的学生是以直观形象思维为主，有些知识只需让学生"意会"无须学生"言传"，教师没有必要让小孩子来总结、归纳抽象的知识点。此时最好的全课总结不是看学生是否能说得头头是道，而是看学生心情是否愉悦、问题是否会解决，也就是让学生用实际效果来代替全课总结。这样的全课总结就不再只是让学生"说"出来，而更多的是由教师"看"出来，如此获得的信息会更真实。

第三种情形是那些陈词滥调的"全课总结"最好取消。全国的小学数学课堂的结尾都是"这节课你有什么收获？""这节课你学到了什么知识？"，同一个腔调，同一个套路，让学生缺乏新鲜感。其实一节课的质量，重点不在最后的总结上，不在于学生的"口头收获"上，而在于学生参与教学以及获取知识的过程。也就是学生经历了教学过程就一定会有学习上的收获，所以我们应该注重过程性总结或者注重在过程中总结。

有一次听一年级的"2～5的分与合"，当下课铃声响起时，只听正沉浸在书面练习中的学生"啊"的一声，坐在我旁边的一位学生自言自语地说："怎么这么快就下课了？"

从学生感觉一节课时间真快的心情中，我们不难体会出学生对这节课的投入有多深，也不难想象出教学过程对学生的影响有多深，这样的教学效果何须教师单独设置环节总结出来？！

改造"全课总结"有何难

如果课堂教学一定要"全课总结"的话，关键是要改变传统的"总结"方法，提升全课总结的层次与水平：

第一种改进方法是教师可以创新全课总结时询问的语法，除了围绕本节课的"知识点"进行总结外，还可以让学生围绕"问题点"进行总结，如"你还能提出什么问题?""想一想，我们是如何解决课始提出的问题的?"还可以让学生围绕"情感点"进行总结，如"今天这节课你觉得自己发挥得怎么样?"等。

第二种改进方法是教师可以提高全课总结时"凭据"的难度，让学生真正能够经历寻找知识要点、沟通知识联系和确定汇报顺序、选择汇报方式的整理过程。例如，下面案例中教师板书"无处不写"的做法，就迫使学生的全课总结成为名副其实的总结：

一位教师教学"圆的认识"时，把各个知识点随着教学的进程而故意随意板书。到"全课总结"时，面对乱七八糟的板书，没有学生举手主动请缨，后来教师请起一位学生，她汇报得断断续续、疙疙瘩瘩，费了好长时间好多心思，并在同学的帮助下才说完整、说清楚。

案例中，教师板书无处不写的"乱"，让学生在全课总结时不得不通过回忆教学过程中教师的讲解顺序，然后思考知识点之间的关系，最后把这些知识点按照自己的理解进行串联。这种费时的全课总结颇让学生费心，迫使学生进行了真正意义上的全课总结。表面看，这样的全课总结并不舒畅，让教师感到不舒服，但学生只有在这种"疙瘩"中才能得到学习的最大收获。

可能有教师说，"全课总结"环节在整个教学设计中安排的时间很短，一般只有2～3分钟，哪里允许如此"长长绵绵"和"缠缠绵绵"的总结。其实，教师可以让学生先利用课中2～3分钟尝试进行总结，如果时间来不及，可以让学生在课后开展"帮老师整理或设计板书"的总结活动，然后把作品交给教师批阅或张贴在教室的墙上供同学交流评价。

全课总结的功能，并非只有在课中专门设置"全课总结"教学环节才能实现，高明的教师，会减少这种容易让学生厌倦的"全课总结"环节的使用，而设计一些学生感兴趣的其他学习方式和学习活动来达到同样的目的。例如，教师可以像下面案例中那样，采用布置作业的方式来代替学生对全课的总结：

一位教师教学"圆的认识"后，给学生布置了这样一个学习任务："请你设计一份圆规使用说明书"。学生在完成这一作业时，除了首先会去寻找一些诸如家用电器的说明书以了解写作格式之外，还必须对"圆规的构造""圆规的功能""圆规的用法"等项目进行分析与说明，这就促使学生对课中的教学内容进行复习和整理，也就达到了课中"全课总结"环节所设定的教学目标。

这样的全课总结给了学生足够的时间，可以延续到课外甚至校外，有效地缓解了课堂上短时间内完成总结的紧张与匆忙；这样的全课总结还给了学生充分的自由，让学生可以投身于自己喜欢的活动，然后选择自己喜欢的方式进行总结。

总之，我们应该丰富全课总结的内涵，让全课总结不只是教学中的一个环节，我们也应该扩大全课总结的范围，让全课总结渗透到学生学习的每一个角落，我们还应该增加全课总结的时效，让全课总结成为学生复习知识、反思知识的一种自觉行为。

18

教师谨访无意识诱导学生犯错

[言外意，防歧义]

平常路　教师常常认为自己是真理的化身，是学生行为的楷模，对学生产生的影响都会是正面的、正确的。

非常道　教育信息常常存在着两面性，在发挥积极作用的同时也可能潜伏着消极影响，其导致的学生错误常常让教师莫名其妙。

应该说，教师是学生正确行为的倡导者和学生高尚行为的促进者，教师也是学生不当行为的制止者和学生错误行为的纠正者，这是教师理应履行的"教育"和"师范"天责。

殊不知，有时教师也可能成为学生犯错的诱导者和制造者，这常常让教师感到难以置信和不可思议。例如，教师制定的貌似正常的教育教学规则背后，可能存在着"缺陷"，让学生产生"误解"而犯错。又如，教师使用的貌似正确的教育教学方式背后，可能存在着"黑洞"，对学生产生"误导"而犯错。让人担忧的是，这种"缺陷"与"黑洞"之隐蔽性常常不被教师所觉察，其危害性也常常不被教师所警醒。

警示教育也可能出现"负作用"

亚利桑那石化森林国家公园的游客经常会看到这样的告示："您继承的遗产每天都在减少，每年有14吨硅化木失窃。尽管您一次只捡一小片。"看来经常有游客把公园的硅化木捡回家，严重威胁了公园生态，公园管理方为了制止这种行为才竖起了告示牌。

这些生活中的场景，初衷都是好的。但设计人不明白的是负面案例的弊端，它让人们看到了不当行为的普遍性。因此，人们就不会去改正自己的行为。

上面的事件是由一位大学生转述的，当时他和未婚妻去该公园游玩。他表示未婚妻是个非常老实的人，借个回形针都要还。当她看见公园里要求人们不要偷拿木片的告示后，这位一向循规蹈矩的女孩居然用胳膊肘捣了捣他说："我们也拿一块吧。"

为证实负面案例对说服力的影响，也为了看看能否有更好的说服方法，科学家制作了两种内容的告示：一种是负面性的告示，同时也传达了偷窃行为的普遍性，上面写道："很多游客偷拿了硅化木，破坏了公园内的自然景观。"文字旁还配有几位游客弯腰捡起木片的图片；第二张告示则只是单纯告诉人们偷拿木片是不对的，上面写道："为保护本公园的自然环境，请不要带走园内的硅化木。"文字旁是一位游客捡拾木片的图片，游客手上画了个大大的红色，圆圈外加叉（即表示禁止的图案）。当然，他们未在园内所有景区都贴上这两类告示。实验结果出乎公园管理方的意料：未张贴告示的地方木片失窃率为2.92%；贴有负面告示的地方失窃率高达7.92%，简直是在鼓励偷窃；而张贴第二张告示的地方失窃率仅为1.67%。

实验结果说明，当说服过程影射不当行为的普遍性时，效果可能就适得其反了。因此，在这类情况下，最好避免运用反面案例，应该直截了当地告诉人们该做什么不该做什么。在教育教学中，我们至少可以从中获得以下一些启示：

1. "防止"，有时反而难防

学生并没出现错误行为之前，教师没有必要急于防患于未然。例如，许多学校经常竖立警告牌或使用警告语告诉学生"此地不准怎样"或"此时不能怎样"，原本学生并没有注意到"此地"或"此时"还能"怎样"，这样的警告牌（语）反而无意变成了不良行为的广告牌（语），很容易让学生联想到"此地"或"此时"曾经有人已经"怎样"，此情此景很容易刺激和引导学生冒险一试。

又如，在教学中，教师常常会根据以往教学相同内容或类似内容的经验，认为学生会在这里出错，于是就设计一些有关的判断题或改错题让学生练习，提醒学生之后不要犯这样的知识错误。可有时让教师意想不到的是，这种善意的提醒，却可能给了一些知识不巩固、认识不清晰的学生犯类似学习错误的"提醒"。也就是说，如果教师事先不提供这样的反例，这些学生未必一定会犯这样的错误，而此时教师的"反例"无意成了导致学生犯错的"范例"。其实，教师首先要判断这种知识学生出错的可能性有多大，如果普遍性不大，教师就不必急于打预防针，强行给学生留下错误的印象。一旦有学生犯了这样的错误，教师再进行评点与纠正也为时不晚，并且这样针对性更强、理由更充足，学生也有一种希望教师指点的心理需求。

2. "禁止"，有时反而难禁

学生已经出现错误行为以后，教师应该"好言"相劝。当学生错误行为具有普遍性后，我们可以使用禁止性语言，直接告诉学生必须怎样遵守公共规则。但我们还需要思考的是，除了这种硬邦邦的语言之外，有没有一种可以柔化和暖化学生心理感受的"情话"，可以替代以上容易让学生产生排斥心理的"禁令"，让学生在诗情画意中领略教师的深情厚谊，从而自觉遵守规则。

例如，校园中的宣传牌上写"禁止摘花""摘花可耻""摘了花朵，丢了修养"，与宣传牌上写"你欣赏花的美丽，花欣赏你的高贵""你给花朵一个花期，花朵给你一份赞美""把花朵留在枝头，让美丽留在心间"相比，前一种语言更多地让人感受的是一种行为的丑陋，而后一种语言则更多地让人享受的是一种行为的美好。这种"美话"美化了语言环境，让人更喜欢阅读与接受，能够有效避免学生产生逆反心理，因为前一种禁语，常常会造成学生"不是环境让他们不舒服，而是语言让他们不舒服"的抵触情绪。

由此我们可以想到，在教学中，当学生出现知识错误之后，教师如果用有景致的、有温度的、有情调的幽默语言来提醒学生，比教师简单地告诫学生以后不能再犯相同错误的效果更让学生受用。

在解答"敬老院有15位老爷爷，平均76岁，还有10位老奶奶，平均74岁。求全部老人的平均年龄"时，有学生错误解答为"（76＋74）÷（15＋10）＝6（岁）"，我风趣地说："这是敬老院还是幼儿园啊?!"学生恍然大悟。

列宁说："幽默是一种优美的、健康的品质。"正如药丸外面裹上糖衣而不苦口一样，用幽默包裹那些生硬的，容易让学生产生心理压抑的教育教学规定，可以更容易让学生接受。幽默化的规定可以柔化规则在学生心底留下的刻痕，幽默化的规定还可以强化规则在学生心底留下的印记，幽默化的规定更可以催化规则在学生心底留下的功效。

激励教育也可能出现"副作用"

从教育的性质上看，所有的教育体现的都是一种激励功能，通过制度激励学生行为端正，通过评价激励学生情感丰富，通过材料激励学生思想进步。然而，当制度制定得不严密、评价使用得不严肃、材料选择得不严格，激励教育就可能产生让教师意想不到的副作用，在学生的心灵中投下阴影，甚至产生恶果。

1. 排挤性告密，可能教会学生自私

有一天，一位老师上课期间有事要出去一下，临走前叫小朋友们静静等待。结果老师一走，就有小朋友闹将起来。老师回来后，一位没有参与闹事的女生便把这种情况报告给老师。结果当天下午，老师把她留下来作为惩罚。

人们的第一反应是不解：这算不算赏罚不清？凭什么惩罚一个不闹的好学生，让捣鬼的学生逍遥法外？教师的理由是这位女生出卖了团队。

告密的孩子没糖吃。原来如此！我们想到了一层，没有想到另外一层。教师让同学们不要闹，是她定下的规则，也应由她来执行判断和赏罚。小朋友打小报告，则违反了另外一个游戏规则：小朋友必须团结如一，不互相出卖。

其实我们自己小时候也是，如果哪个同学动不动跟教师打小报告，会被其他同学瞧不起，与之就可能成为敌对关系。只是这种时候，选择权放在教师手里，你是鼓励学生这种告密行为，以扩大自己了解的范围，靠信息不对称来实施自己的"统治"？还是你根本就把小报告踢回去，不让小孩长大成一个个"特务"？

如果将这个教育案例放大，戏剧化，那就是《闻香识女人》这部电影。中学生查理见证了一件恶作剧，学校胁迫他供出朋友，查理不想出卖朋友，却要面临被学校勒退的威胁。然而选择出卖的美国人还是不少的。退休军官

Frank 说得更悲观：你的朋友乔治会说出去的，会像个金丝雀一样卖乖。你也会，查理，一旦你说了，我的孩子，你就加入到美国成人那个漫长的、灰暗的队伍中间。我想 Frank 的担忧和悲观，更是反衬出上述案例中那位小学教师的无私和睿智。

前天，孩子回来讲，班主任老师让同学们在纸上写下不遵守纪律的同学，以及最影响自己学习的同学，然后交上去。孩子空白没写，很多人都空白。然后老师就说，不写的同学就是不负责任。我问他，有没有人写啊，答曰，有的，有的人写了好多，但是不少人都是把平时得罪自己的人写上去，报复别人的。

上述案例中，这种所谓学生相互监督之后的相互检举，在教育中经常被教师采用。我感觉这种让同学相互揭发和告密的做法不足取，不利于孩子塑造好的人格。告密，乃小人之举，何以公开提倡？监督纪律，乃教师的职责，何以赋予学生呢？

孩子很难区分自己的利益与公共利益的区别。因此，这种鼓励孩子告密，揭发别人的措施，很容易使孩子为了私利而去告发。这样的做法，会加剧孩子的自私心理，形成自私的人格。即使个人没有得到什么具体的利益，而只是得到教师的表扬，那也算是一种个人利益的，也算自利的动机。

有人说，民族性格，有一部分是来自学校的熏陶。我们的国民个人修养缺乏，一半原因来自学校教育中规则的缺失。

所以，在学校教育中，教师还是应该谨用让学生相互检举、相互告密等所谓相互监督的做法，而应该积极引导当事学生，敢于自己站出来承认错误和承担责任。此时，教师应该清楚地认识到，一旦这些学生敢于站出来，就说明他们已经认识到自己的错误，教师应该对他们手下留情，不必横加指责和强加说理，而不妨留出时间和自由让学生自我陈述和自我分析。

有人说得好"当你意识到自己错了，你还是对的！"教师应该引导其他学生学习当事学生敢担当的勇气，此时其他学生的心情会不再是压制而是敬佩，当事学生的心情也不再是压抑而是坦荡，这样学生才会在自我评价中逐渐形成自我教育的良好风气。

2. 夭折性承诺，可能教会学生失信

一位老师为了调动借班学生上课积极性，在课前与学生见面时承诺：如果课上积极发言，那么就将一只可爱的布熊送给他们。精彩的课上完了，老师却带着布熊走了。这班孩子也不一般哪，他们告诉自己的老师"上当"的事儿，要求在老师的帮助下得到他们该得的奖品。第二天，该上课教师不得不专程把布熊给送来。

这位教师给孩子上了一堂知识学习课，而学生也给教师上了一堂关于诚信的道德课。陀思妥耶夫斯基说："我要求别人诚实守信，我自己就得诚实守信。"教师为人师表，说话不应该虚情假意、逢场作戏、言行不一，让学生有受骗的感觉。

在教学中，教师的这种虚假承诺何其多。例如，教师在通过"谁获得的红星（红旗）多"来激励学生开展学习竞争活动中，往往会因自己在知识传授中难以顾及评价的及时性、全面性而遗漏许多评价的记录，由此造成评价的失实，也往往因自身难以做到坚持客观的评价标准而感情用事，由此造成评价的失真。于是，到一节课结束时，我们常常难以分辨出谁是真正胜者，最终要么在教师宣布"大家都好"的糊涂中草草了事，要么教师宣布的胜利者存在泡沫难以让学生信服。教师如此把激励活动视作儿戏，不认真对待评价活动的真实性，最终只能导致学生把学习视作儿戏，认为教师组织的评价活动仅仅是一种形式而已。这样的激励活动不仅已经成了中看不中用的装饰品，更严重的是它已经丧失了正面的激励作用，反而可能会带给学生评价时可以随心所欲甚至弄虚作假的不良影响。

又如，在教学中特别是公开课中，我们经常会听到教师承诺学生"这个问题我们课后再一起研究、讨论""下次开以'××'为主题的交流活动，办一个专题展出"……结果之后都是不了了之，让学生失望的同时对教师的人格表示怀疑。

3. 应景性抒情，可能教会学生说谎

一个幼儿园教师，请假一个星期后回到教室，孩子一片欢呼，教师自豪感油然而生："想老师的请举手！"几只小手举了起来。教师兴奋地说："很好，我奖励你们每人一个苹果。"

她继续启发："其他小朋友没有想老师吗？哪怕在吃饭时、午睡时，脑子里出现过老师的也算！"小朋友在苹果的诱惑和老师目光的期待下都举起了小手。

全教室只有小明没有举手。"喂！小明，难道你没有想老师吗？"小明慢慢站起来说："这两天，我外公、外婆回老家了，我光想他们，没有空想老师！"傍晚，小明因为不想老师被在教室后面罚站了很长时间。

陶行知先生说过：千教万教，教人求真；千学万学，学做真人。教师为了自己的感受，或者仅仅考虑大多数学生的想法，而一味地要求所有的学生都应该这样说、这样做，就可能让学生为了迎合教师而不敢说真话。例如，上述案例中的小明不受老师的"启发"，不受"苹果"的诱惑，不说违心话，毅然讲出了真话，却被教师视为"不敬"，受到了教师的惩罚。学生以后怎敢真情流露?!

在课堂教学中，教师不让学生说真话的现象很多。一种是教师在无意中引导学生说谎，就如下面案例中所描述的情景：

二年级课堂上，老师让学生用自己的话表达对妈妈的感激之情。

生：妈妈，你为我的成长付出了很多，我永远爱你！

生：妈妈，你不但关心我的生活，还关心我的学习，谢谢你！

生：老师，我的妈妈不爱我。

师：你怎么这样啊？妈妈生你养你，难道还有错？

生：妈妈是世界上最伟大的人，我们永远爱妈妈！

师：你们看，这位同学说得多好！

生：老师，我的妈妈也不爱我，有时打我，有时骂我……

师：又是一个，太不懂礼貌了！

这本是一个学生坦诚交流内心想法的教学片段，如果教师抓住这个片段适时引导，能使学生受到更为深刻、更为全面的亲情教育。可这位教师却把部分学生的真情流露处理为"错误表现"，加以阻止和批评，这只会让学生不敢说真话。

教师这种追求教育思想性和教学标准化的倾向，造成当今许多学生的学习成为一种应景与标签，我们可以从学生的作文中发现这种"显著"反应。

儿子学习不错，一直是我的骄傲，让我耿耿于怀的是，他写作文总把我写得面目可憎。小学升初中的作文题目是《我的爸爸》，儿子写道："……我的爸爸下岗了，从此他自暴自弃，变成了一个游手好闲的懒汉，我的学费没钱筹，他却每天醉生梦死喝大酒……后来他在我和妈妈的教育帮助下，终于痛改前非，重新做人，不仅找到了工作，还在单位当上了领导。他现在已经是人见人夸的好爸爸了。"

作文写得挺圆满，老师也给了高分，只是我心里却结下了个疙瘩："爸爸什么时候这么不求上进了？"儿子不好意思地说："老爸，您就将就着点儿吧，我不把您往臭里写，哪能得高分呀？这可是我们老师教我们的得分秘诀，她让我们遇到这类作文题目，要先贬后扬，着重写转变，尽量感人至深，最好催人泪下。"

儿子高考的作文，对我描黑就更升级了，不仅断送了我的清白，还断送了我的"老命"。我成了应试教育的牺牲者。

通过上述案例，我们不难明白为什么现在学生的作文经常不真实，胡编滥造或者抄袭，千篇一律，并且反映出来的思想性特别强。这种作文观必然会影响他们的做人观。这样的只求是否"悦目"而不管是否"赏心"的教育笑话，足以让外国人笑话：

波比：爸爸，我要到中国去读书。

爸爸：噢？

波比：到那里求学可以发财呀。

爸爸：啊？

波比：因为我读过许多中国孩子的作文，他们中的多数都捡过钱包呢！

遗憾的是，这种引导学生说谎的教学评价方式，继续在被一些教师所津津乐道，当作一种教学艺术而供奉着。例如，许多教师上《狐狸和乌鸦》时常常会设计这样一种想象练习："如果你就是那只狡猾的狐狸，你还会怎样骗乌鸦呢？"教师不知道这样的教学创新练习，在训练学生良性思维的背后却还在训练着学生的不良思想，可以说，后者对教育造成的损失更大。由此可见，"思想"比"思维"更重要。如此潜伏着的虚假教育的影响将是巨大的，可能会让人痛悔一生，这是教育的悲哀。

姜老师教学《乌鸦和狐狸》时，说："同学们，请你们对受骗的乌鸦说一句话。"学生几乎都对乌鸦说要接受教训。只有一个叫董玉素的女孩说："乌鸦，你别难过了，再吃肉时我分给你一块。"同学哄笑。姜老师说："你这个孩子，是非不分，将来到社会上非吃亏不可。"

接着，姜老师又说："如果乌鸦和狐狸再见面，会发生什么故事呢？"同学们抢着回答：无论狐狸怎么夸奖，乌鸦就是不理它。一个叫吴宝河的小男孩说："狐狸是狡猾的，它不会再重复老一套办法了。"老师问："那你说会怎样?"

于是,男孩绘声绘色地讲道:"狐狸再次见到乌鸦说'老弟,上次我骗了你的肉,我妈妈知道后狠狠地批评了我,要我向你道歉,如果你不肯原谅我,我就站在这里不走了。'乌鸦见它说得很诚恳,就说,'狐狸大哥,我原谅你了。'乌鸦一说话,嘴里的肉又掉了,狐狸赶紧抢过来准备吃,忽听乌鸦大笑'臭狐狸,这回你死定了,我在肉里下了毒!'狐狸一听连忙把肉吐出来,跑向小溪边不停地用水漱口。这时,乌鸦不慌不忙地叼起肉飞走了。"

同学们都情不自禁地鼓起掌来,姜老师也赞许地说:"想象力很丰富,好好努力,日后你一定会成为一个作家的。"

20年过去了,姜老师应邀到监狱帮教演讲。一同受到邀请的还有由下岗职工组成的家政公司的女经理董玉素。演讲结束,代表服刑人员发言的竟是吴宝河。

姜老师突然明白,当年自己犯了一个不可饶恕的错误,一个小女孩,不顾老师提示的所谓正确答案,去安慰寓言中被讽刺、嘲笑的对象——乌鸦,这是多么可贵的童心、爱心!而那个年纪小小、连狐狸都敢骗的孩子,所表现出的那种"智慧"下面,又隐藏着多么可怕的东西啊!

如果教师这种"好心"办坏事的错误还可以原谅的话,那么另一种情况——教师在教学中公然引导学生说谎的错误则不可宽恕。例如,教师为了所谓的教学精彩,事先做一些"铺垫",把该读的文章让学生先读熟,甚至安排好学生发言的内容,让学生按部就班地进行。记得我在小学读书时,有一次有人来听我们语文老师的课,语文老师事先要求我们在上课时都必须举手,会回答的举右手,不会回答的举左手。如今我已经步入中年,学生时代的事情大多已经遗忘,但对这件教师竟然让学生欺骗听课者的事却还记忆犹新。

教师的欺骗还常常写在脸上,例如,平时学生难得看到教师亲切的笑容,稍有不慎就会挨训,可只要有人听课或上级领导来校检查,教师就满面笑容,即便学生犯点错,教师也会放你一马,和颜悦色地谈话交流一番就行。

学生在获取知识和培养能力的同时,他们的思想意识和情感态度却误入歧途。我们只能说,这样的教育所发挥的教育功能是负效应的,我们不妨将其定名为"反教育",这种"反教育"现象甚至还发生在教材中:

韩国现存最早的一则寓言是著名的《龟兔之说》。当年百济进攻新罗,新罗重臣金春秋出使高句丽求援。高句丽王乘机索要新罗领土,金春秋拒绝,于是被扣留，命在旦夕。

金春秋贿赂高句丽王的某宠臣，那宠臣便给他讲了龟兔之说：东海龙女生病需要兔肝。一只大龟上岸，骗兔子说海中有仙岛，它驮着兔子游到深海，才讲出实情。兔子说，我是神兔，没有肝也能活，只是刚才把肝拿出来洗了，还放在岩石上呢，我们回去取吧。一上岸，兔子就跑了。

金春秋听后，就答允了高句丽王的领土要求，等他被送出高句丽国境后，才说我的话不算数，我只是想救活自己而已。后来，金春秋又去大唐求救，在唐朝的帮助下，灭了百济、高句丽，统一了朝鲜，并成为新罗第29代国王。

有些人把这个传说当作"智慧"的典范世代流传，但他们可能没有想到此中隐藏的负面因素。这个传说实际上包含着一个危险的逻辑：为了生存，可以撒谎。龟和兔，高句丽王和金春秋，都是把生存放在信义之上，他们只有智力上的差别，而在道德上是一样的实用机会主义。

这样的教材与教学会导致有些人不守信用，说过的话转眼就不算数。他们有时也会说对不起，说完了依然故我，令你哭笑不得。也许他们这么做并非有什么恶意，但结果却是形成了一种习惯。

由此可见，随着不断经历类似的过程，反复的经验必定会将这种观念逐渐上升为一种价值观甚至人生观。多么可怕！难怪有一位教育人士说：为什么现在假冒伪劣的产品和现象这么多？难道这些假冒伪劣的产品和现象都是天上掉下来的吗？不。它们都是由弄虚作假的人制造出来的。而弄虚作假的人又是从什么地方来的？在一定程度上，不都是我们培养出来的吗？

朱永新曾经说过：教育是一种危险的职业。与医生相比，教师更具有危险性。因为医生的危险可能只是耽误一个人的生命，而教师的危险可能耽误的是一批人的前程。

19

保护好教与学的『生态平衡』

[为和谐，求协调]

平常路　教师常常注重课首教学情境的创设，因为这是教学的环节。而对教学的整体生态环境缺乏琢磨，其实这是教学的大节。

非常道　教学环境也是一种生态环境，起决定因素的是其中的"生"态。要保护好教学的生态平衡，就必须协调好教学的"五行"。

《易经》中的五行观点认为任何事物都是由阴阳五行构成的，万事万物皆具有金木水火土的形式和形态。五行学说最早在道家学说中出现。它强调整体概念，描绘了事物的结构关系和运动形式。如果说阴阳是一种古代的对立统一学说，则五行可以说是一种原始的普通系统论。

在建筑装饰中，原材料就需用到实实在在的"金、木、水、火、土"，而在整个设计的过程中，又要讲求和谐与平衡，这恰与五行的平衡理念相吻合，"金木水火土装饰设计工程有限公司"由此得来。

我们的教学也可以看成是一个复杂的信息系统，同样需要和谐与平衡。那么，我们的教学需要怎样的"金、木、水、火、土"，以及怎样做到相互之间的协调，这是我们需要思考的问题。

"金"——让教学价更高

"金"的意象，不难让我们想到金光闪闪的高贵。这不由让我们联想到教学的价值问题。

1. 教学需要"金果子"

教学需要让学生得到什么？这是每一个教师都在思考的涉及教学价值的问题。教学不仅应该让学生学会知识、学会方法，更应该让学生产生智慧、产生思想。我们的课堂，有时不缺的是"一招一式"，而缺少的是"举一反三"。

对此，我们在教学时不能仅仅满足于"就题论题"，而应尽量"借题发挥"，延长向外拓展知识的触角半径，在接触面积的不断增加中，丰富学生的思想容量并提高学生的思想层次。让学生在课堂中产生自己的思想，这就应该是我们的教学需要让学生摘取的"金果子"。

2. 教学需要"金点子"

学生的智慧、学生的思想，应该表现出学生的独立性和独特性，能看到别人看不透的内容、能想到别人想不到的方法、能说出别人说不出的见解。创新是学生思想进步的一种反映。我们的课堂，有时不缺的是"异口同声"，而缺少的是"异口异声"。

对此，我们在教学时不能总满足于一些封闭性问题，让学生"说一不二"，而应尽量设计一些开放性问题，让学生"说三道四"，敢于说出自己的存疑性意见，敢于说出自己的个性化理解，敢于说出自己的创造性方法。让学生能有所发现、有所发明，这样教学就会时时闪现思想的"金点子"。

"木"——让教学势更强

"木"的意象，不难让我们想到拔地而起的生机。这不由让我们联想到教学的活力问题。

1. 教学需要"叶的衬托"

我们的教学不能只剩下一副知识的骨架，例如，语文只是"语言＋文字"，数学只是"数字＋算式"，这样只会让我们的教学"贫血"。它还应该被赋予生活的气息、时代的烙印，它还应该融入师生的情感、知识的互通，这样的教学才会"枝繁叶茂"，焕发生命的活力。我们的课堂，有时不缺的是"白底黑字"，而缺少的是"五颜六色"。

对此，我们在教学时应该给学生呈现一种"诗情画意"般的无限风光，让学生在平常生活中观看到知识的画面，然后让他们在知识画面中欣赏到知识的风景，最后使他们在知识风景中领略到知识的意蕴。"绿叶对根的情意"在于它能把知识教学衬托得更加有趣味和更加有滋味。

2. 教学需要"根的深入"

我们的教学不能留恋于表面的"欣欣向荣"，而应该始终不忘教学的根本。我们固然要让"山是山，水是水"——教学的"纯净水"状态走向"山不是山，水不是水"——教学的"矿泉水"境界，但最终应该让学生明确"山还是山，水还是水"。例如，语文最终还是语文，数学最终还是数学。我们的课堂，有时不缺的是"繁花似锦"，而缺少的是"叶落归根"。

对此，我们在教学时不能一味地做"加法"——添加辅助学习的材料、添加激发学生兴趣的作料，过度后可能会导致教学的眼花缭乱甚至本末倒置，使教学得不偿失。我们的教学应该自始至终贯彻"形散神聚"或"形似神聚"的治教方针，让"繁花"成为"根深"的养料。

"水"——让教学流更长

"水"的意象，不难让我们想到随遇而安的灵活。这不由让我们联想到教学的生成问题。

1. 教学需要"水的灵动"

我们的教学常说备教材的同时还要备教师、备学生，其中最难备的是备学生。我们的课是给学生"看"的，要让我们的教学灵动起来，就必须在备学生上做到心中有数，让教学真正成为生本教学和生成教学。我们的课堂，有时不缺的是"计划经济"，而缺少的是"市场经济"。

对此，我们应该让教学设计从重"设"转向重"计"，计量学生已经学了什么、已经会了什么，计较学生可能说些什么、可能做些什么，增加教学设计的弹性。其中，先学后教、先聊后教、先问后教、先试后教、先考后教等事先摸底可能是使教学更具有 "人情味" 的一些做法。

2. 教学需要 "水的包容"

教学是一种人与人之间的交流活动，有交流就需要倾听，要倾听就需要等待，要等待就需要教师有耐心，对学生的行动、语言、思维的迟缓或迟钝能有包容心。我们的课堂，有时不缺的是 "一气呵成"，而缺少的是 "延迟等待"。

对此，我们在教学时，不能仅仅为了正确答案或预设答案尚未得出，才不得不等待学生自己说出来，我们还应该在正确答案或预设答案揭示后，也能等上一等，留给学生讨论、评价、消化的时间，不能如获至宝般地迫不及待地匆匆前行。多等一分钟，教师可能少说一句话、少讲一道题，但给学生的收获可能就不止这一分钟。

"火" ——让教学情更烈

"火" 的意象，不难让我们想到热火朝天的温暖。这不由让我们联想到教学的情景问题。

1. 教学需要 "热情"

教学的情景应该像 "冬天里的一把火"，能够点燃学生学习的热情，这样的知识才会有感情，这样的课才会感染人、感动人。学生心动了，就会有积极的行动。我们的课堂，有时不缺的是 "一本正经"，而缺少的是 "热情奔放"。

对此，我们一要追求教学的 "现实主义"，寻找教学的有用之 "材"，让学生实实在在体会到知识的价值和意义，让学生成为有 "识" 之士；二要追求教学的 "浪漫主义"，让课堂成为培养学生情感与价值观的 "情场"，让学生成为有 "情" 之人。这样智商与情商双飞，学生才会成为有用之 "才"。

2. 教学需要 "热心"

教学需要 "一个好汉三个帮"，教学需要 "热心肠"。我们应该给学生提供相互交流、相互讨论、相互合作、相互碰撞的机会，让学生产生思想的 "共鸣" 或思想的 "争鸣"，让学生在竞争中合作，在合作中竞争。我们的课堂，有时不缺的是"彼此合坐"，而缺少的是"彼此合作"。

对此，我们的教学要发扬"集体主义"，充分利用集体的力量帮助学生，充分利用集体的舆论激励学生，充分利用集体的智慧造福学生。让学生在"手拉手，心连心"中你追我赶。这样，学生才会在既是学习的朋友又是学习的对手的双重身份中，成为真正意义上的"同学"。

"土"——让教学质更实

"土"的意象，不难让我们想到脚踏实地的淳朴。这不由让我们联想到教学的本质问题。

1. 教学需要"土的质朴"

我们的教学需要"原生态"，需要一种"自然美"。我们的课堂反对排练、反对包装、反对作秀，别让外在的功利"污染"了我们的教学。我们不必过分在意课的结构、课的时控，而不顾学生的感受。课，不能不像课，但也不要太像课。我们的课堂，有时不缺的是"教师的满意"，而缺少的是"学生的随意"。

对此，我们的教学不能只满意于教师设计的教学内容是否丰富、教学形式是否多样、教学环节是否流畅、教学手段是否先进，而应多问问学生"不需什么""还需什么"或"急需什么"，以此配置或改进教学的"菜单"。或许这样的"菜单"不成体统、不像模样、不够规格，但这种不太像课的课只要是追随了学生的心意，让学生学得满意，这就是最本真、最本色的课，应该是教师最大的满意。

2. 教学需要"土的质地"

泥土，有人说它有点脏，由此追求一尘不染；有人说它有点俗，由此对它不屑一顾。但我们不能忘记，是它造化了世界上这么多生灵。我们的教学也应该成为一种造化人的"土壤"，教学的方式"粗犷"一点吧，让学生在"东西南北"的空间中自由成长，教学的内容"粗糙"一点吧，让学生在"跌打滚爬"的磨炼中自然成熟。我们的课堂，有时不缺的是"教师的遗憾"，而缺少的是"教学的遗憾"。

对此，我们的教学要不怕学生说错话，因为错话可以成为学生讨论的话题，让学生提高认识；我们的教学要不怕学生做错题，因为错题可以成为学生评判的题材，让学生吸取教训。同时，我们的教学可以创造一些教学的"遗憾"。例如，挖一些让学生不喜欢的"疙疙瘩瘩"的泥坑，增加学生犯错的体验，让学生有"吃一堑，长一智"的刻骨铭心。在此意义上，我们的教师不必为自己无法让学生不犯错误而感到遗憾，而应该为能让学生不犯相同的错误而感到欣慰。

中国古人多么伟大啊！五行的金木水火土，构成了人类生存生活的基本自然环境，讲究天人合一！我们的课堂如果也能做到"金木水火土"和谐一体，做到"课人合一"，那么，我们的课堂将成为学生思想生成的"乐园"和"果园"。

第 三 篇

提升教育质量的方法"跳板"

20

开课，需要从「心」开始

[开好头，好上课]

平常路　教师常常认为上课是从正式铃响才开始，对课前预备铃响后的 2 分钟能做些什么，也就不在乎与无所谓。

非常道　课前 2 分钟与课始 2 分钟对学生情绪的稳定、课堂气氛的营造、教学内容的铺垫具有引导作用，教师不能等闲视之、漠然处之。

我们都知道，态度决定一切。在教育教学中，学生的心态也决定着教学效果。每一天，每一个学生的心情都会有所不同，可能快乐、悲伤、气愤、沮丧，教师需要做的是，不管这些学生的心情是快乐的、悲伤的、气愤的还是沮丧的，都应该积极引导他们去想快乐的事情，从而带着好心情开始学习，这样的学习效果才不会糟糕。

在紧张的教学时间中，课前预备铃响后的 2 分钟与课始正式铃响后的 2 分钟，无疑是教师舒张学生情绪和调整学生心态的最佳时间，我们不应该浪费。

课前 2 分钟，成为学生的动感地带

课前 2 分钟，是学生下课与上课之间的过渡时间，也是学生散心与收心之间的缓冲时刻。这时，许多教师常常只是傻傻地看着学生坐在自己的座位上，傻傻地等待上课铃声的响起，白白流失与学生沟通情感、让学生振奋精神的黄金时间。我们还经常看

到，教师在等待过程中常常面无表情，正式铃响后脸上才正式有了"微笑"，让学生显而易"见"教师的"笑"不由衷，这种微笑纯粹是一种职业化表情。也就是说教师并不把课前2分钟当作教学的一部分。

实际上，教学的开始应该从预备铃响开始，学生的心态能否很快从下课调整到上课状态，学生的心思能否很快从休息调整回学习，就看教师能否用好课前2分钟。用交流与活动替代彼此无聊的等待，将可以有效缩短学生学习情感的稳定期与适应期，让学生能够迅速"定下心来"并提前"用起心来"。那么，课前2分钟，教师能够为学生做些什么呢？

1. 聊一聊学生感兴趣的话题

当年，微软中国一个区的总经理要跳槽到别的公司去，唐骏知道这个消息，特地从澳大利亚赶回后，找那位总经理谈话时并没有说一句挽留的话，而是和她闲扯了半小时广州的天气，却让她感动不已。

在人际关系中，人与人之间这种无拘无束的聊天，更容易创造轻松愉快的谈话环境。如果领导与下属之间的谈话也能采用聊天的形式，那么彼此之间会更容易心更近、情更浓、意更切。在教育教学中，教师与学生之间的聊天同样能达到这样的交流效果。所以说，聊天也是一种教育，聊天也是一种教学。

其中，与学生聊天的关键是话题的选择，选对了话题也就等于握住了学生的手、激活了学生的心。下面事例中的那位客人就深谙其道：

威廉·菲尔普8岁时去看望姑妈，并在她家度假。一天晚上，有位客人来访。客人看上去非常喜欢他："告诉我，你最喜欢什么？"

威廉说："我最喜欢船，而且收集了许多船的模型。"于是客人就和他大谈船的知识。客人走了，威廉意犹未尽，兴高采烈地对姑妈说："没想到这位先生和我一样，也喜欢船。"然而姑妈的答话出人意料："他是一名律师，对于船从来不感兴趣。"

"可他说的话全都和船有关啊？"威廉有些糊涂了。姑妈意味深长地说："那是因为他见你对船感兴趣，所以就专门谈能够使你高兴的话题，以便得到你真心的欢迎。"

多少年以后，威廉·菲尔普成为著名学者、耶鲁大学教授。回首往事时他感慨道："从那以后，我牢牢记住了姑妈的话。正因为此，我才能够在人际交往中游刃有余，左右逢源，得到事业上的种种帮助。"

选对话题握对手。对方喜爱养花，不妨和他畅谈姹紫嫣红；他人如酷爱书画，最好与之纵论丹青墨宝；若客人喜好美食，可以共同探讨佳馔珍馐……在教育中，教师在课前2分钟可以选择下面一些话题与学生聊一聊：

（1）随意性话题

课前2分钟，教师可以与学生聊一些迎合学生心意的情感话题。例如，拉拉家常、说说新闻、谈谈体会甚至发发牢骚，只要学生有兴趣谈论、讨论或者评论、辩论，什么样的话题都行。这样的聊天可以让学生在没有心理负担和知识压力的氛围中稳定情绪、集中注意。

（2）孕知性话题

课前2分钟，教师还可以与学生聊一些与课中教学内容挂钩的，铺垫性知识话题，让学生在情深意长的谈话中自然感觉一点知识的影子，和触摸一点知识的样子，为课堂教学做好心理准备的同时做好一点知识准备。

例如，我在教学"用倒过来推想的策略解决实际问题"一课前，用我的名字和年龄做话题，为学生课中理解倒推法之"神"而提前感知倒过来之"形"：

我叫（投影：洪育严）。看了这个名字，你觉得有问题吗？

我的年龄是（投影：83），看了这个年龄，你觉得奇怪吗？

是啊，今天我写的文字和数字需要我们倒过来看才行。下面，我们来做一个倒过来说的游戏，好吗？

（1）文字：①我爱你；②上海自来水来自海上。

（2）数字：①1，2，3，4，5；②□，□，8，11。

上面倒过来看、倒过来说的游戏活动，我们在想的时候，你是怎样想的？

那么，在解决实际问题中，有没有这种需要倒过来想的例子呢？我在中央电视台的《动物世界》节目中看到，老鼠的记忆能力很厉害，它在迷宫中能记住走过的路，这样它要走出迷宫，它会怎么办？（倒过来走）如果不按原路返回，走其他的路，可能会怎样？看来有时倒过来想是解决问题的一种策略。

上课前，我通过自我介绍，倒写名字与年龄，让学生在好奇中发现今天教师书写的奇怪之处——倒过来写。接着，开展倒过来说的游戏，愉悦学生的心情。其中，我在学生倒过来说"上海自来水来自海上"这句话时，故意质问学生"你们有没有倒过来说？"在学生大呼冤枉中追问"用什么办法可以清楚地表示你们确实是倒过来说的？"学生纷纷想出用手势从右往左指画来明示读的顺序，为新课教学中用"箭头"符号表示做好动作与方向上的孕伏。

另外，在倒过来说"□，□，8，11"时，学生由于前面形成的思维定式脱口而出"11，8，方框，方框"，此时我指点江山"你们觉得老师只是让你们读出'方框'吗？"学生恍然大悟，明白此时不仅仅只是排列次序上的倒置，还需要在倒过来的过程中参与运算，为新课教学倒过来推想时涉及更复杂的运算做好心理准备与知识铺垫。

上述课前铺垫相对具有较强的针对性，专课专用，也就是这种课前铺垫更多的是为一节课服务的，属于知识性铺垫，追求教学的短期效果。还有一种铺垫，则注重对学生学习方法（而不只是知识方法）的指导和学习习惯的养成，属于方法性铺垫，追求教学的长期效果。

例如，我在教学"用计算器探索规律"一课前，用了创设从"问号"变成"句号"再变成"问号"的意境，让学生领悟学习是在"发现问题"到"解决问题"再到"发现问题"中得到发展，与接下来的教学内容虽然没有直接联系，但会对学生形成正确的学习观产生积极的影响，触及的是学习的本质：

师：这是一个问号，它在怎样变化？（投影演示）

生：不断缩小。

师：继续这样不断变化，会变成什么呢？

生：句号。

师：问号在怎样的情况下会变成句号呢？

生：当问题解决的时候。

师：好，那在什么情况下，又可以从句号当中看出问号？

生：答案中有错误的时候。

师：哦，能不能从正确答案中看出问号？你们有没有这个本领？

生：从结论中还能看出新的问题。

师：哦，从结论中通过联想看出新的问题，但是这个问题是不是正确还要研讨。今天这节课，我们就要来尝试先从问号变成句号，还要从句号再变成问号，你对这样的学习过程感兴趣吗？

生：感兴趣。

这一课前活动的设计"形""意"相生。随着画面上的"？"由大到小的直观、动态演绎，学生的学习兴"趣"一下子被激活。接着，教学并没有停留于表面的"形趣"和"兴趣"上，而是紧紧抓住这个"形"变深入到"意"义，让学生思考"问号在怎样的情况下会变成句号"，又反问"在什么情况下又可以从句号当中看出问号"，似无意又有意地启示学生：真正的学习过程应该是从"句号"到"问号"，再到新的"句号"和"问号"的无限循环过程，这是一"意"。

学生的学习收获由表及里可以分为知识、方法、思想三个层次。有效的教学不能让课堂只是在浅层次上徘徊，而要让良好的思想与方法成为学生思维的印记。有人说："一个个具体的知识如同一片片树叶，思维方式如同树枝，思想如同树根和主干。我们可能是从树叶开始认识一棵树，但是不能仅仅限于收集树叶，应该通过树根、树枝、树干将一片片树叶连接起来，并且自由地生长。"

上述案例所呈现的教学过程，正是循着"猜想（问号）、验证（句号），再猜想（问号）、再验证（句号）"的定向探索解决问题的研究过程进行的。我抓住课前谈话的"趣机"，从规律教学的"枝叶"深挖到规律教学的"根干"，颇有"心机"地为全课的探究过程孕伏了一脉相承的基调，这可以理解为探索规律的"元规律"，其谓二"意"。

（3）检测性话题

奥苏伯尔说："影响学习的最重要的因素是学生已经知道了什么，我们应当根据学生原有的知识状况去进行教学。"这一论述告诉我们，教学的一个最重要的出发点是学生已经知道了什么，教学的策略在于，如何建立学生原有认知结构中相应知识经验与新知识之间的联系。

学生已经知道的"什么"，我认为大致由两部分组成：一部分是学生在课堂之内通过教学的方式专业化习得的知识经验，具有较多的统一性和相对的外露性；另一部分则是学生在课堂之外通过生活的方式自然化习得的知识经验，具有较大的灵活性和相对的内隐性。对于前者所反映出来的学生内在知识经验的稳定态势，教师基本能做到心中有数，而对于后者所反映出来的学生内在知识经验的活跃成分，教师一般就很难了如指掌。

那么，教师怎样最大限度地清楚学生已经知道了什么？我们可以采用"先聊后教"的战术，利用课前2分钟与学生聊一聊，让学生说一说自己知道些什么、困惑些什么、希望些什么。教师特别要多与一些学习有困难的学生聊一聊，一是可以让这些学生载着教师的关心自信地走进课堂，二是教师可以以这些学生的学习态势为底线来合理设计或调整教学方案。

一位教师在教学"认识钟面"时，利用课前2分钟，询问学生："同学们对钟面熟悉吗?""你能在纸上画出钟面来吗?"在学生的畅谈和尝试中，判断和检测学生对时钟的熟悉程度。等到正式铃响，教师顺势而下，梳理学生的已知，补充学生的未知，解答学生的困惑。

2. 搞一搞学生有兴趣的活动

学生普遍具有好动的心理特征，所以在课前2分钟开展一些趣味性、感知性的活动，能在短时间内使学生的情感升温、认识升级，从而充满快乐地走进正式课堂和充满自信地登上知识殿堂。

（1）游戏性活动

课前活动可以设计一些即时性的游戏活动。例如，让学生进行猜谜互动、节目表演、特长展示、反应比试等即兴娱乐，从而活跃气氛、活络身心，这种小型活动可以随时变换与调整，适用于教师"短线操作"。例如，一位语文教师在课前为学生准备了这样的"开胃小菜"：

①开火车。全班30名同学开火车说词语，每次一个主题。例如，说成语：根据学生的实际情况增加难度，分为动物成语、数字成语、颜色成语、故事成语等；说动词，说叠词，说描写景色的词等；说句子，可以说不同主题的句子，如说外貌句，说动作句，说心理描写句，说开头，说结尾等；说同一主题的句子，如学了"雄伟"一词，就让学生在读书时注意收集带有"雄伟"的句子，再在全班说。

②我说你对。全班30个学生按照座位结成15对，内容有对反义词、对近义词、词语搭配、句式变换等。例如，老师宣布："今天我说你对的主题是'把字句变被字句'。"说的学生起立出题："小猫把老鼠吃了。"对的学生则应声而答："老鼠被小猫吃了。"

③悄悄话。同桌两两结伴后，老师宣布："今天悄悄话的主题是'猴子'"。同桌两人就嘴巴对着耳朵悄悄讲一个"猴子"的故事，讲完后，老师统计，谁讲的故事和大家不一样，就奖励他一棵"小松树"，贴在教室里的评比栏上。

上述活动我一般提前一个星期出示主题，好让学生有充分的时间去读书，去准备这些一碟碟酸辣可口的"开胃小菜"。为了这2分钟，他们在课外更加起劲地读书做笔记，都想在课堂上"一鸣惊人"。

（2）鉴赏性活动

课前活动还可以是一种专题性的鉴赏活动。因为学生需要在经验的不断积累中才能提高鉴赏水平，所以这种活动不妨以专栏形式在一段时间内持续开展，适用于教师"长线投资"。例如，教师可以在课前开展"每日一练"训练、背诵口诀、比赛口算，或者让学生根据前一天学习内容编一道题目考考同学；教师可以在课前举行"每日一品"活动，每天给学生讲一个小故事、读一篇小品文，让学生说说听后感，当然也可以让学生来主持与讲演；教师可以在课前设置"每日一评"栏目，让学生对一些社会现象或校园事件进行评述；教师还可以在课前安排"每日一歌"节目，让学生在听（唱）歌曲、看歌词中获得曲美词更美的享受……例如，一位语文教师在每节课前都先为学生献上一盘精致的"家常菜"：

我以学号为序，每天安排一名学生收看中央电视台的"新闻联播"，在第二天语文课前向全班口述重大新闻，并于课后抄在黑板报上。如果周一讲述，则对周五及双休日的"新闻联播"进行"联播"。

"新闻联播"节目信息量很大，要从中采撷最美的几朵浪花献给全班学生，绝非易事。俗话说，"台上一分钟，台下十年功"。代表全班同学看"新闻联播"的学生，要一边全神贯注地听，一边快速、精练地记，眼睛则要兼顾电视画面和记录本。如此锻炼，可以逐步提高学生多种感官综合运用的能力。"新闻联播"结束后，学生必须凭借对声音和画面的记忆，围绕所记关键词进行扩充，并组织成完整的句子来表述一则新闻的重要内容，在此基础上，组织"2分钟新闻"。另外，还要在朗读上作准备。"小新闻发言人"要模仿播音员和主持人的表现，做到仪表端庄，举止稳重，发音准确，口齿清晰，面带笑容，感情饱满，淋漓尽致地展示口才与胆量。通过声情并茂的朗读，发言人要把全班同学的注意力迅速转移到这上边来，带领同学们在短短几分钟内走天下、看世界、开眼界、长知识，也为教师上课提供可资借鉴的导语和素材。

在这2分钟里，全班同学的注意力必须高度集中，既要仔细聆听新闻内容和发言人的朗读，以备教师点名作简短的评论，又要观察发言人的言谈举止，寻找可借鉴之处，以提高自身的发言水平。

（3）铺垫性活动

在正式上课前，可以利用课前2分钟做一个与新知教学有关的游戏活动，让学生在具体的活动情境中产生疑问，接着教师由这一问题乘机导入课中和引出相关知识的教学。

在教学"圆的认识"一课前，教师让学生站成一排玩套圈游戏，学生很快就发现他们离目标的距离并不相等。由此，教师提出一个问题：怎样才能使每个人离目标的距离相等呢？这就激发了学生好奇、疑问等一系列的心理活动，然后教师引导学生在课中寻找答案。

课始2分钟，成为学生的感动时分

上课正式铃声响后，传统的做法是教师宣布"上课"，学生起立，接着教师问候学生"小朋友好"或"同学们好"，学生齐声回应教师"老师好"，然后开始上课。这期间，师生之间的相互问候真的发自内心吗？我们不难发现，教师说"小朋友好"或"同学们好"的时候心中未必认为是朋友、未必认为同学们好，至少不是对全体学生都满意。这样的问候语已经畸变成了"请同学们注意，现在开始上课了！"的代词，已经淡化甚至丧失了原来应有的真情与真义。

刚踏入学校的学生，第一次听到教师说"小朋友好"或"同学们好"的时候，还真以为教师对自己真好，于是也就情不自禁地回答"老师好"。然而，一段时间后，他们就会发现这种"好"并非真的"好"，它只是组织教学的一种代号。此时，他们说"老师好"的时候也就常常表现出言不由衷。有一位老外在中国发现，中国人说的"外国朋友"并不表示你们是真的朋友关系，中国人把没见过面的人都称为朋友：一本书有"读者朋友"，电台节目会有"听众朋友"，小孩子本身就是"小朋友"。

所以，我认为，与其任由这种没有感情色彩的问候"忽悠"学生的感情，还不如撤掉这一带有情感"泡沫"的组织环节，由课前谈话或课前活动顺流而下，直接转入课堂教学，或许这样更让学生感到"爽快"，也便于教师趁热打"铁"——授新知识。

1. 开场白应富于变化

假如非得保留这种组织教学的开场环节，我认为，教师应该设计一些富于变化的开场白，让学生在感到新鲜中集中注意。

正式铃声响起，一位老师问候学生："同学们，好好上课！"学生愣了一下，反应过来后改口呼应："老师，好好上课！"在师生的相视而笑中，老师顺着说："谢谢同学们，我一定好好上课。"这别具一格的问候，使刚才还拘谨的学生一下子活跃起来。

上述案例这样的上课开场白给了学生耳目一新的感觉。学生的发愣，说明教师开课语言的变化已经引起了他们的有意注意，接着学生在"回过神"的过程中振作了"精神"，此后学生的回答不再是以前的那种条件反射了。

2. 开场白应富有个性

另外，不同性情、不同风格的教师应该使用富有个性的开场白，叫醒学生的耳朵。例如，下面这些国学大师们开课时的开场白就非常绝妙：

清华国学四大导师之一的梁启超，有次开学的第一天，上课的第一句话是："兄弟我是没什么学问的。"然后，稍微顿了顿，等大家的议论声小了点，眼睛往天花板上看着，又慢悠悠地补充一句："兄弟我还是有些学问的。"头一句话谦虚得很，后一句话又极自负，他用的是先抑后扬法。

著名作家、翻译家胡愈之先生，也偶尔到大学客串讲课，开场白就说："我姓胡，虽然写过一些书，但都是胡写；出版过不少书，那是胡出；至于翻译的外国书，更是胡翻。"在看似轻松的玩笑中，介绍了自己的成就和职业，十分巧妙而贴切。

民国奇人辜鸿铭，学贯中西，他在辛亥革命后拒剪辫子，拖着一根焦黄的小辫给学生上课，自然是笑声一片，待大家笑得差不多了，他才慢吞吞地说："我头上的小辫子，只要一剪刀就能解决问题，可要割掉你们心里的小辫子，那就难了。"顿时全场肃然，再听他讲课，如行云流水，似天花乱坠，果然有学问。

不过，我们需要注意的是，因为组织教学环节的时间很短，教师的开场白应该做到简练的同时又不失煽情。例如，窦桂梅老师开课时给学生的"见面礼"就只有三句话：

第一句："我很棒！"（让学生对自己说）第二句："我真的很棒！"（让学

生把手搭在同伴的肩上说）第三句："我们真的很棒！"（让全班一起大声说）课堂热了，学生的自信树立起来了，带着这种感觉师生一同走进课文。

当然，开场白如果能够除了激情之外，还能散发出浓浓的知识味，让学生获得精神与知识上的双重收益，那就会更好。例如，于永正老师在教学《根据歇后语进行扩展想象》的习作课时，其开篇语就别具一格：

今天看到大家感到很亲切，特别是我们这所学校，那真是哑巴开会——没说的；我们六年级一班的同学，一个个就像雨后的春笋——拔尖！为什么我们这所学校这么有名气？因为老师好，校长治校有方。提起我们的校长和老师，真是狗撵鸭子——呱呱叫！铁锤敲锣——响当当！刚才我把你们的老师和校长夸了一通，我夸他们的时候，大量地使用了什么？（学生：歇后语）歇后语是我们祖国语言的精髓，是劳动人民智慧的结晶，它生动、形象，极富表现力。

于老师的开场白因地制宜地运用歇后语夸赞学校、校长、教师和学生，为下面说歇后语和写歇后语做了很好的铺垫。这样的开篇语，既能激起学生的兴趣，又可起到示范的作用，可谓一箭双雕，一举两得。

可以说，教学的开课是一种艺术，需要教师用心设计。我还认为，教学如同"做生意"，需要教师做好符合学生心意、能让学生满意的教学中的各种事情。我们都知道，生意场上讲究开门红，同样，教学场上也应该讲究"开门红"，这就需要教学的开课艺术。

21

为学生寻找合适的『位置』

[在其位，谋其政]

平常路　在教育教学中，教师往往看重的是学生成绩的排位，给学生划分三六九等，然后以此作为评价学生的标准。

非常道　学生成绩的排位应能让学生"能屈能伸"，增加学生学习的"弹跳力"。除此，教师还应重视学生的座位，增加其对学生学习的"支持力"。

学生在学校学习生活中，必定有着属于自己的一个位置，最容易让我们想到的是学生在教室中的座位，这是存在于学习空间的位置。此外还容易让我们想到的是学生在成绩中的排位，这是存在于学生心间的位置。

但不管是物理上的位置还是心理上的位置，都可以时刻牵挂着学生的心情、影响着学生的学习。也就是说，如果教师能够为学生找到一个合适的位置，则可以促进学生的学习，反之则会阻碍学生的学习。

学生的座位，能否坐落学生的心坎

在学校教育中，许多教师一般只以为学生的座位只是学生的坐位，也就只是考虑学生的体貌来安排学生的座位。其实，学生的座位也是教育的学问，其关联着学生的身份与心情，学生的座位不仅代表着学生的坐位，还代表着学生的地位，影响着学生的作为，高明的教师应让学生的座位成为学生进步的坐标。

例如，较为外向、好动的孩子，座位距离教师近一点，使他们在教师的"监视"与帮助下得以提高；反之，胆怯内向的孩子，座位适当距离教师远一点，以免对其造成不必要的心理压迫感，影响听课效率。

1. 座位代表教师的心：透过座位反映教师态度

（1）从学生的座位可以看出教师对学生的重视范围

学生的座位不只是代表着所坐学生的信息，还可以从教师对座位的关注范围，看出一些教师教学方面的信息。例如，在教师的视野中是否存在着盲区？在教师关注的对象中是否存在着偏重……把这些作为教学研究的视点，可以有效地改进教师的教育教学行为。

我有一次随机去听一位老师的随堂课，在预备铃响前进入教室，正好最后一排有一名学生独坐，他旁边空着一个座位，于是我就坐在那里准备听课。正式铃声响起，上课教师进入教室，直截了当地讲起了课。当下课铃声响起的时候，教师喊了一声"下课"，班长条件反射地随之喊了一声"起立"，我也随之起立，此时她才发现我的存在，大惊。课后，我只问了她一个问题"你上课的时候关注的学生的范围到哪里？"……

从中，我们可以发现从学生的座位中，确实能够检测出教师对学生的关注范围。在教学中，许多教师常常是"近视眼"，看到的或重视的往往是前排的学生，点中回答问题的学生更多的是他们，上前面板演题目的学生更多的是他们，获得教师指导的学生更多的也是他们，收到教师奖品的学生更多的还是他们……因为他们离教师距离比较近，教师便于开展教学活动，可以节省你来我往在"路程"上所花的互动时间，而后排的学生常常被教师冷落，成为被教师遗忘的角色和角落，于是就造成了"近水楼台先得月"的失重的教学局面，这是教育的不公平。

另外，教师还应把握好上课时所站的位置。教育心理学家曾做过这样的实验：教室里有四组学生，教师始终站在三、四组之间过道的1/3处上课。实验结果显示：教师身边的三、四组学生的听课状态明显好于一、二组；教师提问的学生几乎都是三、四组的；教师提问时，三、四组的学生回答的积极性和效果，也明显好于一、二组。相比之下，一、二组的学生仿佛成了一节课的观众，置身事外。所以，教师不应该图省事而总是固定站在一个地方，而应该根据具体学情站到需要特别关照的学生座位旁。

（2）从学生的座位可以看出教师对学生的重视程度

其实，学生对座位是很在乎的，但许多教师不在乎学生对座位的在乎，也不知道座位的学习意义在学生的意识中居于首要地位。学生往往把座位与自己的地位、与自己的学习联系在一起。因此，选择座位其实就是选择一种学习环境。

有一位厌学的学生经常逃学，后来发展到经常旷课。他认为自己到学校学习只会给班级拖后腿，自己到不到学校对老师和同学来说都无所谓，班主任上门做思想工作也没有多少作用。

一个月过去了，这次班主任又找到他，没有再讲道理，只是告诉他："你的座位依然留在那里，尽管教室里显得很挤，但同学们都不同意撤掉，说你最终会来的。"第二天，他偷偷地来到教室外面，透过窗户果然看到他的座位依然摆放得那么整齐、收拾得非常干净，他终于知道老师和同学并没有嫌弃他，他感动了，回到了学校，从此再没有缺席。

从案例中我们不难明白，学生的座位还代表着学生的"学位"。所以，我们在研究学生时，不要忘了也可以从研究学生的座位开始，我们在改变学生时，不要忘了也可以从改变学生的座位开始。

首先，座位会影响学生的心理。例如，学生会观察到，坐在前面的同学被提问的机会更多，特别是新教师，当他还不熟悉班级时，就在前面任意指点学生回答问题。他们还发现，教师提问检查一般都是到第五排就打道回府，这样后面的同学逐渐就被冷落。有些学生因此就会有挫折感，所以他们所能做的就是做一些无关紧要的事情来吸引人的注意。

其次，座位还具有身份的意义。学生似乎都接受了这样一个事实：谁的成绩好，坐在"好座位"上似乎是天经地义的事情。因为大家知道"老师除了按照个子、视力排座外，还要考虑成绩。"对于班级那些"异类分子"，教师不是把他们安排在眼皮底下，就是在遥远的"边疆地区"，或者安排一个"隔离地带"，让人一眼就看出他们的"另类"。教师甚至为有些人设置"专座"：在班级前排的两边被称为"两极（南极和北极）"的地方分别设置几个"雅座"，专给那些上课爱说话或做小动作的学生坐。

当然，聪明的教师也会巧妙利用座位因地理位置不同，而产生的以上身份意义的区别，来为一些特殊的学生设置所谓的"好座位"。例如，我曾经让那些缺乏自信的学生坐在中间前面的"好座位"上，这样就可以在教学过程中随时关注他、指导他；我也曾经让那些经常违反纪律或注意力经常不集中的学生坐这样的"好座位"，便于在教学过程中随时提醒他、鼓励他。利用学生心目中形成的"好座位"效应，可以很好地消融甚至消除这些学生的心理隔阂感，让他们拥有被教师重视的快乐，带着"好心情"跟随教师走上学习的正道。

另外，教师对座位安排应持民主的立场。例如，采取随机抽签的方式，学生根据抽到的号的先后顺序自由选择座位，教师再根据特殊情况做一些微调。

北京市某中学的有些班级的座位安排采取一种"递退的方式"，即两周往后退一次，如由第一组的第一排退到第二组的第二排，这样依次往后退。希望通过这样的方式，确保每个学生在三年段的初中或高中，在每个座位上都坐过一次。这样就实现了每个人的机会平等。

在学生的座位不被固定的场合，例如在阶梯教室或报告厅中，此时就会出现两种状态：学生根据先来后到，一是会从后往前坐，因为这样难被教师注意，二是会从外往里坐，因为这样可以方便进出。前者反映出学生的自闭心理，后者反映出学生的自私心理。对学生这样的坐法，教师是任其自然还是加以引导，此时，教师的态度关系到学生的心理健康问题。

大学毕业前听一次报告会，学校邀请了从事学生心理研究工作的卢老师来给大家作报告。离约定时间还有20分钟，年迈的卢老师就赶到了阶梯教室。作报告的时间到了，教室里已座无虚席，一阵热烈的掌声后，卢老师的报告却没有开始。只见他面带微笑地从台上走下来，走到14排中间那个座位处，在一个眼神怯怯的男生面前，深深地鞠了一躬。所有的人都看呆了。

卢老师对满心疑惑的同学们说："我多么敬佩这个可爱的同学，我由衷的敬佩使我不得不向他深鞠一躬。你们入场时，我一直都在认真观察。我发现，许多先到的同学一进来就抢占了靠边的座位。在他们看来，那一定是'黄金座位'——好进好出。只有这位同学进来后舍弃了这14排中还空着的'黄金座位'，坐到了中间这个进出不便的座位上。接下来，14排座位便左右次第开花，我看到了我希望看到的最佳的入场次序……心中有他人，眼里有世界……"

座位的学问"存乎一心"，即教师是从学生的角度考虑还是从自身的角度考虑，是从全体学生的角度考虑，还是从部分学生的角度考虑，是从短期效果考虑，还是从长期影响考虑，这些的确值得教师好好考虑。

2. 座位代表学生的心：根据学生心愿安排座位

（1）给学生一个可以仰望的座位

前前后后的座位在学生的眼中，有时并不仅仅是一个个座位，他们可能想到的是那个位置坐的是自己的好朋友，那个位置坐的是自己学习的榜样，那个位置坐的是自己喜欢的人。此时，学生之间的心理距离，就要远远小于座位之间的物理距离。学生会因个人的喜好与人际的亲密，而希望自己的座位安排在哪里，此时，如果教师能够明白学生的心愿，投起所好，让学生如愿以偿，这就是对学生最大的恩惠和鼓励。

我喜欢上了同班的翁琳。那天上语文课，老师讲到荀子，朝着翁琳座位发呆的我，随意跟了一句"还狗子呢"，同学哄笑起来。我看着那个方向的翁琳，觉得自己好窘好窘。我被班主任带走了，从翁琳的座位经过时，她娟秀的笔迹让我的血顿时凝固，我永远都记得她的笔迹，那么美。

大家都不喜欢我，54 个人中有 36 个人投票选我为班级最差生。我开始刻苦学习，我要用成绩告诉每个人，他们是错误的。我的变化很容易察觉，一个月一次的考试排名，我都是 5 名 5 名地往上升，3 个月后，我的语文成绩稳定在班级第一，班主任说我是个奇迹。

我已不像当初那样靠拉风吸引翁琳的注意了，学期最后一次换座位，老师把我调到了她身边。现在，我在她眼里是语文第一的学生，她会翻看我的辅导书，她开始关注我的生活，会问我有没有时间一起去借书……

有一个人，一直都在我的生命里，被喜欢着。只是我在变化着，起初是排在她的后面想仰望她，后来是排在她的前面了，喜欢被她仰望。

是啊，在青春骚动的学生时代，许多学生的心中常常会把那么一个成绩优秀的异性作为自己爱恋的对象，希望自己的座位能够离他（她）近一些甚至能坐在一起。如果能够这样，高大的榜样力量加上朦胧的"爱情"力量将会使许多学生热血沸腾，在"仰望"中发生奇迹般的改变，让教师感到惊讶。

（2）给学生一组可以合作的座位

为了便于学生在学习过程中随时就近组成小组进行合作与讨论，我们可以在安排学生座位时就有意识地渗透这种理念。例如，常用的、比较简单的合作与讨论一般是前后两排座位的学生组成四人小组，这样只需要前排的学生转身即可。在安排这样的合作小组的学生座位时，为了让互帮互学作用最大化，我们可以把学生根据学力水平的较好、中等、较差，大致按1：2：1的比例组建成四人学习小组，并注意学生性别、性格、兴趣等的差异组合。

研究表明，女性比男性更善于协作，有求同心理，而男性的判断力、竞争力强于女性。男女生组合和不同性格的学生组合，有利于各种思维方式和性格特征实现优势互补。

四人学习小组学生座位安排如左下图所示，这样坐对较差学生或较好学

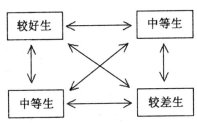

生来说，所近距离交流的均为中等生，对中等生来说所近距离交流的是较好生和较差生，彼此认知模式有一定的差别但差别并不是最大，思考和讨论问题时容易沟通和带动，必要时转换成同桌讨论亦呈现此种状态。因为我们都知道，打乒乓球或下

棋时对手彼此的水平差距不大时，双方会越战越有劲，如果彼此的水平差距较大时，双方会索然无趣。我认为学生讨论时也会如此，所以采用以上座位安排。

另外，在小组合作的安排上，还可采用组长轮流制，同时适当考虑小组成员轮换制，或尊重学生自己的意愿编组，使每个学生的接触面更广。

学生的排位，能否排解学生的烦恼

最近，又得知两起中学生自杀的事件。两位学生都是因为"学习成绩名次下降"而感到"无脸见人"。其中有位学生是因为被从"重点班"淘汰到"普通班"，得从重点班所在的"光辉楼"回到普通班所在的旧楼，于是干脆从楼上跳了下去。

我反对教师只以成绩论"英雄"，不顾学生的感受简单地按成绩给学生排名次，更可怕的是上述把学生的成绩排位与"福利待遇"挂钩的做法，很容易让学生"伤"心。

上世纪80年代，有部以中国女排夺得世界冠军为背景的体育题材影片《沙鸥》，其中有个镜头，女排得了世界亚军，队员沙鸥在回国途中竟把获得

的银牌扔进了大海，她说祖国要的是金牌。当时的那股牛气，的确振奋了全国愤青。后来有国际奥委人士发表意见，对扔银牌的行为不以为然，认为不符合奥运精神。然而那以后每次体育健将凯旋，下飞机时，不知是领导安排，还是有自觉的意识，总是金牌在前，银牌次之，铜牌在后。至于没得到牌子的运动员是怎样下飞机的，无人关注。高官接见，有牌的才能坐他身边，没牌的靠边，或者别想露脸。这种名次文化深入人心，一直灌入孩童稚嫩的心灵。

多年来，有一张照片不时地出现在我脑海中，那是希特勒小学毕业时的照片。小学生希特勒在合影上站在最后排，两臂交叉。照片说明是：根据当时的惯例，拍照的位置按学习成绩安排，成绩好的学生坐在前排教师身边，成绩差的往后排。11岁的希特勒是成绩最差的学生，所以站在最后一排。

这以后，希特勒去林茨的里尔中学读书，他在那里的学习成绩也很差，而且性格孤僻古怪。有意思的是，在他的班上，有一位后来享有盛名的学生，就是维特根斯坦。这两个同学当时都没想到几十年后会发生什么事。出生于富豪家庭的维特根斯坦有教养，深得教师欢心，而"差生"希特勒一定死死地记住了维特根斯坦这个犹太学生的名字。希特勒为什么疯狂地对犹太人实施种族灭绝，这与他幼年、少年时的经历是不是一定有关系，我们可能没有足够证据来说明问题。但是作为教育者，完全有可能读懂一个性格有些偏执的孩子心头的不平。

当然，希特勒少年时代过的究竟是什么样的生活，他在学校究竟还有些什么故事，有着各种各样的说法。但可以肯定的是，在童年和少年时期，这样一个有点特殊的孩子没有得到良好的教育，没有得到教师的关心爱护。谁能说他后来的所作所为与那张照片的座次无关呢？

回到我们现在的学校教育，从孩子读书阶段就按学习成绩排起了名次。排名次也许是民族的文化，讲求名次也未必有什么不好。不过，许多地方的这种排名已经发展到变本加厉的疯狂程度：原本在自己的班级中给学生排名，后来发展到在年级中给学生排名，再后来发展到在全校中给学生排名，排名范围越大，学生的名次落差也就相应拉大，许多学生的失落感也就越大，学生时常的失落就会演变成对学习的恐惧感。

更让人害怕的排位是，学校还把学生的成绩排位与开家长会的座位联系在一起，家长坐的位置就是自己孩子的成绩排名位置。这种把学生成绩排名扩大化的做法，只能越来越增加学生学习的压力，一旦学校与家庭的双重压力超过了学生的心理承受能力，学生就可能自暴自弃，甚至发生本文开头案例中所描绘的跳楼等极端事件。

1. 学习排名，重在学生的自知

为了缓解考试排名给学生带来的心理压力，我们可以尝试以下把排名的亮度降低或把排名的范围缩小等做法，让学生在较为宽松的环境中给自己"悄悄"排名和"好好"排名。

（1）改公开排名为隐蔽排名

以前教师往往把学生的排名张贴在公告栏进行公示，清清楚楚，明明白白，没有一点秘密而言，学生也就失去了隐私权。

我们可以在公告栏只公示随机编排的序号和对应的成绩，隐去学生的姓名，然后用隐秘的方式——单独告知每个学生，或用信封通知每个学生他们这次编排的序号是多少，让他们去寻找自己序号对应的成绩是多少。这样，他们既知道自己的分数，又能看到这次考试的成绩分布状态，知道自己所处的位置，知晓自己尚有的差距，从而明确以后奋斗的目标。同时，自己的成绩只有自己知道，当然从公告中也无法知道其他分数的拥有者。当然，如果学生愿意，可以私下进行交流。

（2）改整体排名为局部排名

以前，每个学科每考一次，教师就严格根据考试成绩，将全体学生从第一名一直排到最后一名。学习成绩较差的学生，每次名次总是排在后面，久而久之便产生"技不如人、低人一等"的想法，对学习失去兴趣和信心。

我们可将这种全部排名改成局部排名。如选班上学习成绩较好的同学，给他们排出第一、第二，这样可以促使尖子学生之间互相竞争。再如对个别学习积极性不高的学生，可从班上找出几个与之基础、成绩相当的学生，要求他们之间开展学习竞赛，以调动这些学生的学习积极性。

我们应该清醒地认识到，以上缓解之计并不表示消除学生的学习竞争，而是在一个能够让学生感到心理安全的氛围中，逐步提高学生的心理承受能力和培养学生的学习竞争能力。也就是说，一个人要想学会游泳，就必须先要克服对水的恐惧；而要想在竞争中立于不败之地，就必须先要身处竞争之中。这就好比有的人在岸上是个游泳的理论家，而到了水中却沉了底，因为眼见竞争并不能代替身处竞争，所以要让学生积极地投入竞争中去，只有这样才能真正锻炼出自己的能力。我们可以通过下面的事例来明白这样的道理：

母亲让我仔细看路两旁的白杨树，我发觉这些白杨树都是中间的高大，排头的矮小。"这些白杨树在栽的时候都几乎一般高。你知道为什么会发生这种现象吗？"母亲问我。

"那原因是什么呢？"我不无疑惑地问母亲。"排头的没有排中的竞争者多，虽然中间的相较外围的生存条件差一些，但是它们能够不断调整自身的生存状态，争肥、争水、争阳光……反而长势好。树如此，人也一样。"我也明白了母亲领我出来看白杨树的目的了。

让学生置身于竞争之中，去锻炼提高自己的能力，对教师而言，是一种高明的教育策略，对学生而言，则是一种积极向上的学习态度。所以，我们对学生的排名也应该讲求策略区别对待，不应该全盘否定，而应该积极盘活。

曾经有"人大将立法'小学生成绩和排名作为隐私不能公开'"的消息传到学校，引起了许多教师和学生的议论。上海杨浦小学为此举行了关于"考试分数排名该不该公开"的学生辩论会，结果多数学生主张"排名公开"：

"现在经受不住挫折，将来怎么经风雨？""不公布分数和排名，怎么知道自己和同学的差距？""现在的排名可以不公开，可中考和高考还是要看分啊！"……面对反方同学的一连串提问，主张成绩作为隐私不该公开的正方同学无奈败下阵来，结果颇出人意料。

组织这场学生辩论的王群老师说，根据自己对班上的小调查，支持公开成绩排名的学生约占2/3，其余1/3支持不公开的学生中以成绩出色的学生居多。为了让大家讨论这个问题，王群组织了这场由学生自由组队的辩论会。

"一个同学如果考试考砸了，成绩排名公开会给他带来多大的压力、造成多大的伤害？"主张不公开成绩的正方在自由辩论中率先发言，可反方马上搬出课本中的课文来反驳："四年级语文有篇课文叫《一定要争气》，介绍我国生物学家童第周当年英语只考0分被同学和老师嘲笑的事情，但他奋发努力终于考到了满分。如果成绩考差了被公开就会有心理问题，那么我们是不是就会少了一位伟大的科学家。"

让人略感意外的是，原本被更多同学支持的正方，始终无法说服主张公开成绩的反方同学，说理和气势上都略逊一筹。

其实，考试成绩及名次是客观存在的，学生也应当知道自己当前在班级或年级里的位置，从而规划下一阶段的学习。每次考试排名总有个先后，对此不闻不问是一种逃避，是对自己的学习不负责任。如果学生同意让家长知道分数，教师则可以告诉家长，如果学生不同意，教师则应当给家长一个对该生的全面评价，让家长了解学生最近的状况。这样，既可以做到尊重学生，又可以使排名成为促进学生进步的激励手段。

比公布考试成绩和名次更重要的是，教师和家长对成绩与排名的态度。成绩不应当成为家长和教师衡量一个学生好坏优劣的唯一标尺，我们应当给学生营造一个比较宽松、和谐的学习环境，这样才能有利于学生的健康成长。但营造这种环境的障碍，不是成绩和名次的公布与否，而是植根于教师和家长头脑中的观念。

分数是重要的，比分数更重要的是学习能力，比学习能力更重要的是做人，因为只有具有强烈竞争意识和较高心理承受力的现代人，才能适应社会发展的需要。

2. 学习排名，重在学生的自知

张小孩好胜心强，每次打架他都要打赢才肯歇手。王小孩总是左躲右闪，最后认输。奇怪的是，张小孩虽然赢，头上撞个包、衣服撕个口子的却是他，王小孩虽然败下阵来，却可以嘲笑对方：哈，衣服弄破回去要挨打……让张小孩很恼火。

张小孩学习优秀，当了班长，王小孩当了个组长。张小孩经常参加比赛，王小孩唯一参加一次比赛，却和张小孩一同得了三等奖，说：哈，我和你一样……让张小孩很恼火。

上中学，两人都暗暗喜欢班上一个好看的女孩。张小孩成绩和女孩不相上下。王小孩成绩忽上忽下，老师把他安排与女孩同桌，让她帮助他……让张小孩很恼火。

后来，老张和老王退休了。下棋老王又输了，可是他笑嘻嘻地说：老张啊，这盘棋你可下得真臭呢，本来你老早就应该将死我了，你走错一着，我多坚持了半个钟头呢！老张很恼火。

长长的一生，老张总是赢家，为什么恼火的总是他？因为总是赢家的心理压力很大，时时担心自己会不会落后而丢面子，时刻为保持自己立于不败之地而努力奋斗着，不敢有丝毫的松懈，这就是赢家一般活得都挺累的原因所在。

　　有一位长跑运动员谈他取胜的经验，是在跑的过程中不跑在第一、只跑在第二。也就是说他一直跟在跑在第一的运动员之后，盯着他。这样做对他既有挑战的前方目标，又可以减轻做第一后时刻担心被人超越的心理压力。等到冲刺的时候，他再一鼓作气地超越前者而成为冠军。

　　固然，不想当将军的士兵不是一个好士兵。然而，我认为关键是在想当将军的奋斗过程中让自己能够相对轻松一点到达目标。所以，高明的夺冠做法就应该像上面事例中的那位运动员一样——在比赛过程中不当第一。

　　学生的学习也充满着竞争。激烈的竞争也常常使学生感到神经紧张，特别是一些好学生为了能够当上第一和保持第一，而经常进行相互"争斗"，往往搞得筋疲力尽。其实，他们当上了第一并不快乐，因为他们会担心自己一旦"跌落"下来会被同学嘲笑、会让教师遗憾、会遭家长责怪，所以他们一直在提心吊胆中拼搏，以至出现有些好学生遭遇失败后轻生的现象，这样的生存环境不利于学生的健康发展。于是，我们也就不难理解上述案例中"为什么支持成绩不公开的学生中，以成绩出色的学生居多"的原因了。

　　一位学生在一次考试后获得了年级第一名的好成绩，她兴奋地向父亲报喜，并表达了下次考试继续当第一的美好愿望。父亲淡淡地一笑，问她，这样的第一名你感觉负担重吗？她说，重啊，因为她得比别人付出更多的心血才可能有这样的结果。父亲告诉她，做第二吧。一是别让自己的学习太痛苦，二是还能为自己的进步留有空间，多好啊！从此，她在不总想当第一的轻松心情中快乐学习着、不断进步着。

　　许多好学生的学习是痛苦的，其痛苦不是学习有多么困难，而是难于一直保持领先的位置。当有一天被后人超越时，就会产生失败的痛苦。如果我们能换一种视角，懂得不当将军也能做一个好士兵，不要为自己是不是第一而感到担忧，只需为自己已经尽心而感到欣慰，或许学生就能放下思想包袱，轻装上阵，不再被那唯一的"第一"折磨得身心疲惫，这样学生才会在你追我赶中真正感受到竞争的活力与快乐。

　　学生在教室中的位置以及在学习中的位置，是学生让教师和同学来认识自己和自己正确认识自己、认识周围环境的一个重要途径。此外，我们应当积极引导学生有正确的自我评价意识和方法，为自己正确地定位，从而切近自己学习的最近发展区和切合自己学习的最佳开发区。

22

以学定教，让课堂『生』意兴隆

[我地盘，我做主]

平常路 如今，很多教师的课堂教学只是改变了一些"零件"，而主体结构仍然比较陈旧，这种与传统教学大同小异的课堂很难让学生有成就。

非常道 要让课堂教学不再"涛声依旧"，我们必须通过"先学后教"的路径来设计课堂教学，如此，课堂教学的结构才可能发生根本性的变化。

格罗培斯是一位建筑设计师，当时正在为迪斯尼乐园中一个路径设计而大伤脑筋。路上，他看到很少有车停下来买路边摆放的葡萄。但在一个无人看管的葡萄园，人们只要在路旁的箱子里投入5法郎就可以摘一篮葡萄。这是一位老太太的葡萄园，她因年迈无力料理而想出了这个办法。起初她还担心这种办法是否能卖出葡萄，谁知在这绵延上百里的葡萄产区，总是她的葡萄最先卖完。

她这种给人自由、任其选择的做法使大师深受启发，他给施工部发了封电报：撒上草种，提前开放。结果，半年里，草地被踩出许多小径，这些人们踩出的路径有宽有窄，优雅自然。第二年，格罗培斯让人按这些踩出的痕迹铺设了人行道。1971年迪斯尼乐园的路径设计被评为世界最佳设计。

格罗培斯的智慧在于，他知道在这纷繁复杂的世界里，有时很难找到合适的路。当你的确不知道怎样走时，顺其自然也许是一个最佳选择。同样，有些问题难以决策时，听一听群众的声音，走一走群众路线不失为一种上策。正如一句话说得好："你若不知道，只管跟随羊群的脚踪去。"

在教育中，许多教师的教育教学方法，常常难以吃准学生的心理需要和踏准学生的学习节奏，因为这些方法的设计师是教师。事实是，学生常常与教师同"课"异梦，因为教师有的与学生有的、教师要的与学生要的很多情况下不尽相同，而这不同又很少为教师所知，由此我们经常会看见"教师讲得头头是道，而学生听得头头是'倒'"的教学"怪异状"。

所以，在教育教学中，教师只凭自己的意想和对学生的估计，往往也很难找到合适的路，让学生心满意足。此时，或许顺学而教是一个最佳选择。因为作为学校教育的主角，学生在表达自己的需求时是最有发言权的。教师应该为学生提供充分表露自己思想情感的"场地"，让学生在叩问自己的需要和喜好、借助自己的理解和能力中预先自行开展学习活动，然后教师根据学生在预习之路上留下的"印迹"来设计教学的路径，或许这才是符合学生心意的最佳教学设计。

搭好教学的 "生意" 场

前不久在电视上看到一则新闻，说的是台湾某学校在校园里张贴了一张学校平面图。节目播放时，平面图上的某些位置已经贴了一些小红点。听记者采访，才知道这些小红点是学生贴上去的。一位学生介绍说："学校让我们在自己容易受伤的地方贴上小红点，红点越多的地方是我们越容易受伤的地点。"再到学校走一走，那些平面图上红点多的有安全隐患的墙角、瓷砖转角接缝处、楼梯下坡处等都已被校方添加了安全防护，有的包上了布头，有的安上了护栏。

学生能够发现教师发现不了地方，只因为教师总是站在成人的角度，而这些地方可能是成人看不到的地方，也可能是成人到不了的地方，于是教师对造成学生伤害的安全隐患也就难以发现，及时杜绝。所以，换个角度，调动儿童本身的因素去解决问题，也许就是更好的方案。

在教学中，长期以来，我们的课堂一般采用"组织教学、检查复习、讲授新课、巩固练习、布置作业"五段式线路。从教师的角度看，这似乎是一条教学的高速路，而在学生看来这未必就是一条最佳学习通道：思维被束缚，有劲使不出；跳不出"认知"的怪圈；缺失针对性、实效性。

现在许多教师已经明白，原有的专门为教师的教而设计的，特别是那些压制学生主体地位的课堂教学结构，已经难以让学生来主动"买账"，我们应该为学生提供一个可以自主采摘知识的"果园"，培养学生的自学能力。

不可否认，高明的教师都在努力开拓着一条"以学定教"的教学之路，但这一条路到底该怎么造、该怎样走，具体样式教师常常心中没底，只是走一步算一步。否则，我们的课堂为什么总是摆脱不了那"授予"式的基本套路，为什么总是超越不了"牵着学生走"的基本态势，为什么总是突破不了教师淋漓尽致地展示才情，而只是让学生在一旁"配合"的基本格局。

所以，我们还需要好好研究"为了学生的学，教师应当怎样教？"这个划时代的难题，好好思考如何"化教为学、因学设教、顺学而导、还学于生、以学评教"等解决问题的方法。例如，一位教师上习题课时采用了"让学生上台来讲习题"，这就是此种教学的一条"生"路。

上习题课前，发动学生搜集各式各样自认为好的题目，待自己琢磨透了之后，再拿到台上来讲。具体办法是，每人限供一题（简答、辨析、论述题均可），提前报我审定，确定几位同学主讲（每节课安排4位同学上台），课前10分钟这些同学把题目抄在黑板上，供大家共同思考。上课时，由供题人负责对题目进行分析、讲解、点评。

第一节课我从7位同学提供的题目中遴选出了4道题。那节课的气氛十分热烈，几位"小老师"站在讲台上，有板有眼，讲得头头是道，分析及点评也像模像样，主动举手回答问题的学生明显增加，课堂上不时发出一阵阵笑声。此时，我并非袖手旁观，而是适时地就每一位同学的表现进行点评，并对题目作总结评价。第二节课报名主讲的同学逐渐多了起来，达21人。有的同学报名前已在台下先试讲了一遍。

从上述案例可以看出，学生学习的场所并不是仅限于课堂，课外更是学生准备学习、尝试学习的学堂，而学生在这里也拥有更多的学习自主权和发挥更大的学习能动性。在此过程中，教师要充分相信学生的能力，也要相信学生的超前学习对课堂教学的促进作用。例如，对于争议很多的课前预习，教师应该打破传统观念和消除思想顾虑。如今已是信息化社会，知识日新月异、层出不穷，如果都由教师教给学生或者都由学生探究得到，这不现实，也没必要。终身教育更需要一个人具备良好的自学能力。

调查表明：一个新知识点，如果全部放给高年级学生自学，学生大约可以掌握其中的 70%。预习后，对简单的问题，学生能从容而顺利解决，增加了表现的机会；对复杂的问题，学生有前面节省下来的充裕时间来重点攻关，增加了成功的机会。至此，预习就不再成为学生的负担，转而成为学生的"致富"门路和"追求"对象。

1. 预习会影响课堂正常教学秩序吗

如果只有一些学生有预习行为，那么他们的超前回答有时的确会"搞砸"课堂。其"糟糕"的原因在于其他学生没有预习教材，学生的学习起点和学习状态不同。教师难以兼顾和调控学生这种"有所知"与"未所知"并存的局面，可能导致预设的教学方案减效甚至失效。解决的方法有两种：一种是禁止全体学生预习，教材就是"教材"；另一种是倡导全体学生预习，教材变成"学材"。这里，我倾向后者，谱写好预习后的课堂教学篇章。这样，师生"步调一致"，教学秩序还会乱吗?!

2. 预习会影响学生的探究和创新吗

限于小学生的认知水平，他们预习后未必就已经清清楚楚、明明白白。预习过程或许是"囫囵吞枣"的不细致，或许是"蜻蜓点水"的不深入，所以他们更想在课堂中"反刍"，在教师和同学的帮助下"细嚼"和"消化"那些预习时"吃不了兜着走"的知识。

此时，学生的探究和创新将更具深层性，他们不再"徘徊"于知识的直白处和局限于教材的袒露处，而会"缠绵"于知识的曲折处和创造于教材的潜隐处。例如，在学生预习后教学"平行四边形的面积"时，学生的探究点可在"为什么要沿着高剪"，创新点可在"还有其他剪拼方法吗"。

3. 预习会影响学困生的学习进程吗

学困生对预习的教学方式会感到困难。对此，我们把传统的"补在课后"改为"补在课前"，帮助学困生复习旧知并预习新知，缩短他们与其他学生之间的差距，便于他们适应预习后的课堂教学。

所以，要实现以生为本的课堂，就必须把教师的"教堂"变成学生的"学堂"，让学生能够"我的地盘我做主"，教师就必须把预习的权利交给学生，让学生在预习中体现学习的主人地位。

同时，预习也是实现"知情学习"的一种做法。

所谓"知情学习"，就是让学生对未来一个阶段的学习目标、内容、要求、可能遭遇的困难，以及遇到困难时如何寻求帮助等有一个全景式的预知，使学生在一个阶段的学习开始之前，就对未来学习的情景有充分的心理准备。因此，可以说，"知情学习"是学生主动学习的重要基础。那么，在具体的实践中，"知情学习"又是怎样达成的呢？我们不妨来看看美国的经验。

在美国的许多学校里，教学大纲都有两种版本：一种是教师版，是为教师准备的；另一种是学生版，是专门为学生的"知情学习"而设计的。这种学生版教学大纲一般是在假期结束前或在假期中就发到学生手里，也即"知情"发生在新学期来到之前。这样，学生的主动学习就可以在时间上前移，甚至使主动学习始于开学的第一天也成为可能。

美国人对"知情学习"的认识并不深奥，但他们所理解的"知情学习"与主动学习的关系，以及通过学生版教学大纲实现"知情学习"的方法，却是富有启发意义的。它告诉我们：主动学习是有效学习的前提，"知情学习"则是主动学习的基础。

念好教学的"生意"经

有学生课前活动（预习、复习）后的课堂（新授课、复习课）的教学过程，将更呈非线性、不定性、"随意"性和开放性。教学设计只能粗线条，不再是"精雕细刻""一帆风顺"，详细方案将更多地遵循学生的意愿、意想、意会、意志而在教学过程中动态生成。

教师的组织将更具挑战性，必须炼就更强的"理"（梳理学生的已知）、"抓"（抓取学生的未知）、"挖"（挖掘学生的潜能）、"扩"（扩充学生的储备）等本领，来调控整个课堂教学，积极引导学生在"随心"中学会诉说、倾听、质疑、辩论、钻研、抒情，使课堂教学不因学生的"所欲"而混乱和失重。

1. 新授课：让学生课前预习新知，课中展露自己的知足

学生课前预习后的新授课课堂将与传统课堂有着很大的区别，教师不能再故弄玄虚地导入知识，而应该在打探底细中完善知识。那么，学生课前预习后的新授课课堂如何演绎，我们可以参考以下几种做法：

（1）"三习"式课堂教学结构

这种课堂教学新结构由课前探习、课中研习、课后实习三个教学板块组成：

板块一：课前探习——复预结合，夯实旧知，探究新知。

学生的课前探习习惯与能力，教师应正视并加以引导，课前可设计一些探习题引导学生复习旧知、自学新知、体悟生活。教师可通过组织学生课前学习小组交流互助等形式，了解学生的探习情况并适时对学困生加强个别辅导，帮助他们夯实旧知、了解新知，缩小与其他学生之间的差距而进入课中学习。

板块二：课中研习——研学多练，主动参与，增智培能。

因增加了课前的探习活动，所以课中的教学环节相应设置如下：

环节1：找准起点，导入新知。学生探习后课堂教学从哪里（何时、何处）导入知识？教师应视学生的探习情况而定，也就是教学起点的决定权在学生。这就需要教师在了解学生的基础上充分发挥教学机智，抓住机会顺势导入知识。教师可以在学生汇报中了解学生复习旧知、自学新知和体悟生活的程度，然后抓住学生的疑问点（例如，重、难点知识或知识的"为什么"等）、兴趣点（例，情境演示、动手操作等）或表现点（例如，对一些较简单知识学生上台当"小老师"进行"兵教兵"、对一些易混淆知识学生进行辩论等）导入知识。教学就成了为学生"需要"而教学。

环节2：展开活动，研创新知。一些学生没有能力自学理解的新知，对学生而言尚属近乎"未知"状态，此时教师应设置一个个循序渐进的"台阶"，通过直观演示、实验操作、猜测想象、讨论交流、质疑问难、精讲释疑等途径，组织学生进行探索性研学活动；一些学生完全有能力或基本有能力自学理解的新知，对学生而言已属初步"感知"状态，此时教师不应仅仅着眼于新知的"是什么"，而应放眼于让学生真正理解新知的"为什么"，深入研究其蕴涵着的实质性内容，通过学生提问汇报（概括知识式提出问题——"了解了什么"、质疑问难式提出问题——"不解在哪儿"等）、教师增材检测（增加质同形异的迁移材料或形似质异的辨析材料，检测学生对知识的理解程度，对学生已理解的知识进行"巩固练习"，对学生不理解的知识则"对症下药"，重点组织攻关研学，这相当于局部"新授"）、师生换位互助（对学生较易自学理解的知识让学生上台当"小老师"讲解、操练、研究、总结，教师仅当"顾问"）等途径组织学生进行深究性研学活动。基于更高层次，教师还应挖掘教材的空白处或抓住知识的发展点，让学生思考有无其他发现、有无其他方法或有无更好方法等组织学生进行创造性研学活动。

环节3：设计算子，运用知识。信息加工论认为，问题解决过程就是通过一系列的操作，设法从问题的初始状态达到目标状态。从一种问题状态转变成另一种问题状态的操作被称作"算子"。设计有层次的练习（算子活动）是巩固和运用知识的必要途径。练习可分为以下几个层次：一是巩固性练习（如教材例题后的做一做等。如果学生自学时已试做的，则为校正性练习），二是深化性练习（知识的纵向扩展），三是综合性练习（知识的横向扩展）等。其中注意开放练习题的设计，其教学的时机、形式是多样的，而非单纯、机械地为了提高而在课尾机械地出示一个思考题等。

环节4：理清脉络，整理知识。回顾梳理所学知识，学生还可提出问题（疑难性问题、延伸性问题等），师生相互评价学习情况并作反思，教师适当提示知识的拓展与延伸，让学生明白知识的"来龙"与"去脉"等。

板块三：课后实习——实践延伸，兴趣活动，开阔视野。

利用课后（校内课外活动或校外社会活动、家庭生活等）对所学知识进行延伸性的实习活动，例如，开展问题解决、调查整理、游戏比赛、实验操作、阅读集讯、记录日记、互助互学等学生感兴趣的活动，增智培能，开阔视野。进而再涉及学生体悟生活、复习旧知、自学新知等下一节新课前的活动，开始新一轮递进式的循环过程。

例如，学生预习"圆的认识"后的连接点可在于"用哪条'红线'串联知识可以让学生看得见、摸得着而畅所欲言"。

课堂教学时，教师用学生熟悉的生活实例，让学生用预习到的数学知识解释生活现象，检查学生的预习情况，查漏补缺，疏通整理。

多媒体播放"圆形车轮滚动"和"非圆形车轮滚动"的对比情景。学生有感而发，说出他们的见解，教师适时引导学生将其转换成数学语言，并在适当位置板书。一节课结束，教师根据学生的回答勾连出了完整的板书，一目了然。学生既把预习的知识"格式化"，又把学习的知识"生活化"，学得有理、有据、有序、有趣。

从以上教学片段可见，教师可提供一个比较好的素材或情景，让学生尽情"挥洒"自己预习时的所见所闻所思，于中教师相机"点焊"学生参差不齐（先后顺序杂乱、深度广度不同、正解误解并存）的汇报，整理成"章"，沟通成"网",从而把学生预习时比较零散和孤立的、按水平方式排列的知识点"焊接"成颇具条理和逻辑的、按层次有序排列的知识链。

又如,一位教师教学《金华的双龙洞》一课,课前设计了这样一道预习题"请认真自学课文,画一张双龙洞的简笔游览示意图"。批阅学生的预习作业时,教师发现全班超过70%的同学都能比较正确地画出外洞、孔隙、内洞的结构和特点的示意图。只有小部分学生只关注了游览过程中路上的景色,还有一个学生将"孔隙"部分画得几乎与外洞一样高大。根据这些预习情况,这位教师对原有的教学设计作了如下调整:

将原先预设的第一板块"初读课文,梳理游览路线"改成"点评预习作业",欣赏学生的优秀游览示意图。将学生的作品投影展示进行分析,教师用即时简笔画将游览示意图呈现,从而达成"梳理内容"的目标。

将原先预设的第二板块"读悟课文,体会各部分特点"的环节,改成让学生交流说说"为什么这么画",找出文中相关句子,并概括出外洞高大、孔隙窄小、内洞奇特宽广的特点。同时,利用一名学生的错误资源——即将孔隙画得特别高大的示意图,引导学生重点阅读理解描写孔隙的段落,体会其"窄小"特点并找到原因,让学生当场修改完善自己的示意图。

第三板块"感悟孔隙特点,品味语言",则按照原来的设计,引导学生进行课堂练笔——通过写感受来写出特点。

教学预案的简单调整,带来了学生课堂学习状态脱胎换骨式的改变,学生对课堂学习活动的关注程度和言语表达质量都有了明显的提高,这就是课堂预习带来的发展效应。

(2)"两段"式课堂教学结构

"三习"式课堂教学结构其实是把学生的预习(探习)全部放在课前,课堂作为学生预习情况反馈的集中地,巩固学生的正确认识,纠正学生的错误认识,清晰学生的模糊认识。而"两段式"课堂教学结构则是把学习预习的布置与指导放在课尾,并延伸到课后,然后下一节课的课头与课中作为学生预习情况的交流时间。

"两段式"课堂教学结构范式即"探究学习——预习引领"。把课堂教学分为两个时间段,不同时间内完成不同的内容。将课内与课外相关联,把学习的空间向外围进行辐射,变以往的当堂课教学为课外的学习引领。课堂第一段时间是教师引领学生探究学习阶段(大约32分钟),第二段时间较短,8

分钟左右，这段教学变为对学生课后自主学习的引领，教师带领学生规划下一节课将要学习的内容，并且指导学生开展课外自主预习。"两段式"课堂教学结构具有以下一些特点：

特点一："两段式"的"新"。

"两段式"课堂教学形式，改变传统的课堂教学方式，课堂前一段时间32分钟的教学，教师不是站在讲台上忙着讲题或布置学习任务，而是组织学生进行学习成果展示，展示的内容是前一节课的最后8分钟布置的学习任务，或者说上节课8分钟加课后预习的成果。

每节课的教学在第一个时间段内完成。剩下的8分钟，则是学习的关键点，只有在这有限的时间内，教师才站到讲台上，给学生提出"预习目标"，指导学生使用"引学案"。学生在教师的引领之下，围绕"引学案"做下节课的"预习"，将预习目标具体化，预习的内容也就是下节课将要展示的内容。

特点二："两段式"的"活"。

展示交流是对学生预习的延伸与检测，目的是通过全员合作学习，提升学习质量，并使学生体验到成功的快乐。本环节以个人或小组为单位回顾预习情况，进行组内、全班交流和展示。

在展示过程中，学生提出问题并讨论。教师充分参与到学生的活动中，在学生对知识理解不到位的地方及时给予点拨、启发。通过多种多样的师生互动、生生互动，不断推进学习进程，达成新的学习目标。

特点三："两段式"的"变"。

"两段式"课堂与传统课堂相比较，师生角色发生了转变。教师不再是课堂的"主宰"，以学情来确定每节课的教学内容。课堂上，学生是主体，是主讲。所有的教学内容在"引学案"中分层引领，方便学生在课堂上进行展示，实际上是对学习内容的一个准确把握。学生的学习目的和学习手段被前置，课堂只是为学生提供一个展示的平台。

"两段式"课堂讲求的是自主、合作、探究，展示、纠错、点拨、拓展是教师对学生学习状况的及时把握与调整，改变了传统意义上的时间结构、空间分布、课堂角色、教学资源、评价方式。例如，下面是《沈阳晚报》2009年6月11日对大东区辽沈一校的报道中的一段内容：

学校刚进行教学改革时，曾担心过于活跃的课堂气氛可能让学生分心，影响成绩，但事实证明担心是多余的。教改除了提高成绩，还大大改善了学生的语言表达能力。

"每堂课都有机会上前展示，自己有当教师的感觉，课前的预习也更有动力。"袁红同学说。前来听课的袁红父亲也看到了女儿的进步："原来不爱学习，现在到家就在小黑板上给我和她妈讲，还让我们打分。孩子原来语文、数学总是 80 多分，现在都过 90 分了。"

正如罗杰斯所说，"自由度愈高的学习，身心投入的程度愈高"。预习后的课堂，将会在学生"情投意合"中变得更加热情洋溢、丰富多彩，呈现出一番"映日荷花别样红"的喜人景象。

2. 复习课：让学生课前复习旧知，课中暴露自己的不足

复习就是再现学习过程，将已学知识加以梳理，纳入整体系统之中。然而，复习课在教学中并不讨人喜欢，具体表现在：一是复习的内容如同把已学的知识进行"回炉"，学生缺少了首次学习知识的新鲜感；二是复习的时间因面面俱到的"流水线"操作而紧张，学生真正需要复习的薄弱内容，教师难以预计也难以充分展开；三是复习的方式僵化、呆板，一般都是"整理＋练习"的板块结构，教师组织复习时，大多是一相情愿地机械地对所学知识进行简单的重复、堆积、罗列，学生缺乏主动性。因此，与新授课相比，师生都不钟情复习课，教师讲得累，学生听得累。

复习课要让学生自主，首先要给学生足够的复习时间，我把复习的大量准备时间放在了课前。其次要从学生的实际情况出发，与学生的切身利益挂钩，我指导学生着重复习自己在学习中的所得、所失和所思、所惑。这样，课堂成了学生课前复习情况汇报和交流的场所。这种新型的复习课，主要包括以下三大板块：

板块一：课前联络，课中赏析。

复习课的主要任务是整理知识，而这一分析、归纳、概括的整理过程，如果用课中十几分钟的时间来展开，就可能会因内容多、关系杂而导致过多地由教师包办代替。

所以，我把这一整理过程提至课前，让学生根据自己的理解、自己的喜好来复习和整理已学知识。学生可以边学新知边整理，也可以学完新知再整理。这样，学生有了足够的时间来构思和串联知识网络。由于是个人"杰作"，就可能因人而异，呈现出丰富多彩的面貌：文字式、表格式、框架式、

图画式……课中，教师可组织学生把"作品"进行展示、交流、欣赏、评析。一次比较，就是一次复习，不同的比较，就有不同的感受。其中，教师只需对一些知识重点或难点进行点拨、疏通或重组，帮助学生更好地整理和复习知识。

板块二：课前选错，课中露丑。

复习课要让学生回顾旧知、理清关系，用整体的系统的眼光来重审知识间的联系。另外，我认为，复习课还应该让学生复习平时在学习中犯过的"错误"。其中，有"账"可查的更多的是练习中的错误，这是学生当时学习的"病历"。有些错误属认知方面的，有些错误则是非认知方面的；有些错误具有典型性，有些错误虽然不是共性问题，但或许对其个人是体会深刻的。所以，我让学生在课前收集自己学习中的错误，然后筛选自感值得一提的"病情"，在课中自我剖析，说"病源"，说"病理"，说"药方"……

课中，学生的"露丑"活动，对于自身又是一次反思和巩固的过程，对于别人则又是一次提醒和复习的过程。学生的"露丑"活动，学生用自己的嘴讲出自己学习中曾经的疑惑和困难，属个体性的问题；容易引起其他学生的好奇的，属普遍性的问题，易引起其他学生的共鸣。这来自学生真实的声音，学生爱讲，学生爱听，远比由教师一味地苦讲的效果要好得多，学生的"错误"也成了很好的复习教学资源。其中，教师只需把学生未涉及的一些知识重点、难点或注意点进行精讲即可。

板块三：课前编题，课中点将。

复习课中的练习，既是让学生进一步巩固知识的过程，又是智力技能形成和发展的过程。一些基础知识的基本练习题，如果完全由教师供给，学生又可能产生"炒冷饭"的厌倦感。

所以，我让学生在课前根据复习内容自编习题或试题，课中可以选择"得意之作"当众点将，让其他学生来解答，然后由这位学生评改；也可以与其他学生相互交换自编题，相互"考试"，相互批改，相互评析；教师也可以从中择优加工汇编成单元测试卷组织测试。这种"礼尚往来"的练习形式深受学生欢迎，时间可以延伸至课后。其中，教师只需把学生遗漏的一些知识编成习题进行补充练习，并且根据知识的生长点，编写一些发展性习题或综合性习题进行提高练习。

实践表明：学生自主的复习课，给了学生自主的时空，给了学生自主的权利。只有让复习课 "长" 出人情味，才能使复习课更迷人！

　　教学如同 "做生意"，教师需要千方百计地把教学内容 "推销" 给学生，如果是强行摊派，学生肯定不乐意接受。唯有迎合 "生" 意的生意，学生才会满意地接受。而要达到这种教学效果，唯有让学生事先在品尝知识中品味知识、在挑选知识中挑战知识，之后的课堂就成了学生交流知识经的 "生意场"。

23

[从问答，到问"提"]

教师应让教学有「问题」

平常路 教师常常认为一节课如果把学生教得没有问题了，这样的教学就是成功的，这节课就是一节好课。

非常道 一节课的学习，如果学生觉得不成问题，也没有什么问题可以提出，课后也没有新的问题产生，那么这样的课是低效的甚至是失败的。

一位国外的教育专家到上海某学校听课，学校请了一位非常优秀的教师讲课。教师的讲授生动，分析精彩，学生对答如流，课堂气氛特别活跃。听课的中国教师与专家都认为这堂课是十分成功的课。可是这位外国专家一脸茫然地说："这堂课学生都懂了，那么上课还有什么必要呢？"

是啊，曾经有人说，没有问题是教学的最大问题。这句话我们可以理解为：一是教学需要用问题来贯穿教学过程，用问题来驱动学生的兴趣，用问题来促进学生的行动，用问题来提升学生的思维。此时，教学就是一个从"已有问题"发展到"没有问题"的明朗过程。二是教学需要用问题来延续教学进度，用新的再生性问题来引发学生对下一次学习的期盼与预习。此时，教学还是一个从"没有问题"发展到"又有问题"的开创过程。

由此可见，问题是发动教学和发展教学的"油料"，真正的教学应该是问题教学，都会经历一个不断制造问题、解决问题、发展问题的循环递进过程。

教学是制造问题的"发动机"

　　学生学习的情感线和智慧线是从认识问题和提出问题开始的。于是，课堂教学的知识线一般从教师设计问题开始。教师大多会创设一个包含有知识问题的教学情境，来达到激情和引知的双重功能，而课堂教学的生命线往往从学生提出问题开始。教师应该为学生敢于提出问题，提供安全的学习环境和丰富的学习素材。

　　1. 让学生学习有问题

　　教学情境的创设不能仅仅满足于"景"，场景的美感或动感只是它的外表，我们应将它的含义最终指向"境"，借景生情，缘情化境，让学生拥有一个愉悦的、积极的、稳定的心境，这样的教学情境才是高明的、深刻的。也就是说，教学情境外在的景象只能一时吸引学生的眼球，激起学生好奇的学习兴趣，而其内在的问题才能长久牵引学生的心思，激起学生好胜的学习动机。

　　（1）教学情境的创设应能"直"达问题的入口

　　为了能最大限度地发挥教学情境的问题功能，教师设计教学情境时应注意情节叙述的长度要"短"、切入问题的时间要"快"。也就是让教学情境先凭借其"外貌"给学生树立良好的第一印象，然后让学生在乐意"交往"中进一步感受到问题的引力和知识的魅力，最终转化为深层次的学习动机。

　　例如，一位教师执教的"找规律"的课首，是这样简洁明快地通过情境导入来让学生感知规律的：

　　师：课前有几位同学悄悄问老师的手机号码。现在就告诉你们，老师有两个手机号码，你们记住任意一个就行了。下面我们来个记号码比赛，看谁能在规定时间内记住手机号码？（出示号码：13817922354，13801380138）

　　师：谁记住第1个号码？（只有1人记住）第2个号码，谁记住了？（很多人举手）怎么这么多人记住了第2个号码呢？

　　生：因为第2个号码有规律。

　　师：有什么规律？

　　生：1380 1380 138 这样重复出现的。

师：你们找到了规律，难怪记得那么快。（板书：规律）

上述案例中，教师通过设置"记忆老师手机号码"的比赛情境，使学生带着比赛的兴奋和由比赛结果产生的疑问，把有意注意在较短的时间内转移，并聚焦到了数学问题"第2个号码怎么这么多人很快记住了呢？"的探索之中。

（2）教学情境的使用应能"直"通问题的深处

问题是指已知与未知之间有障碍需要克服的一种情境。也就是说，问号并不一定就是问题。如果"问题"学生轻易就能解决，那么这种"问题"已经不再是问题。只有具有挑战性的问题，学生需要经过一番"磨难"才能解决，这种具备考验思考力度和检测思维深度之能量的问题才是真正的问题。

我们还可以这样认为，如果一个问题的内容，已经达到足以激发学生的挑战欲和提高学生的战斗力的品质，尽管这一问题的呈现并没有采用图画、故事、活动等形式进行"包装"，但它本身就是一种问题情境了，因为其自然焕发的神秘性就可刺激学生的神经和振奋学生的斗志。

例如，一位教师执教的"解决问题的策略（假设）"的课首，是这样通过情境导入来让"问题"成为问题的：

师：同学们相约到公园划船。每船乘5人，一共租了10只船。由此可以想到什么？

生：$5 \times 10 = 50$（人），这个班一共有50人。

师：现在把"每船乘5人"改成"大船乘5人，小船乘3人"，这时还是50人吗？

生：不能确定。因为这10只船中有大船也有小船，我们不知道有几只大船几只小船。

师：那可能是多少人呢？

生：如果都乘小船就是30人；如果9只小船1只大船，就是32人……

师：奇怪，刚才说可能乘30人，现在怎么又是32人了？

生：因为一只大船比一只小船可以多乘2人，刚才10只小船乘30人，现在把1只小船换成大船，就可以多乘2人，所以是32人。

师：照这样想下去，再用1只小船换成1只大船，人数会怎样？

生：人数又多2人。

师：你想到了什么？

生：也就是说，随着大船的增加，小船的减少，乘坐的人数也会越来越多。

师：反过来呢？

生：随着大船的减少，小船的增加，乘坐的人数会越来越少。

师：乘坐的人数会一直多下去或少下去吗？

生：不可能。因为一共只有10只船，如果都乘大船，最多乘坐50人；如果都乘小船，最少乘坐30人。

师：一开始的人数是确定的，而现在人数不确定，根本原因是什么？

生：只有一种船的时候人数是确定的，现在有两种船，一种坐5人，一种坐3人，这里只告诉我们乘10只船，并没有说是大船还是小船。

师：是啊，乘坐的人数与大船、小船的只数有关系。到底他们租用的大船、小船各有几只呢？（出示：他们一共有42人，租用的大船和小船各有多少只）这时候，大船、小船的只数能够确定吗？为什么？

生：大船、小船的只数可以确定。因为我们已经知道了具体乘坐的人数。

上述案例中，教师把"每船乘5人"改成"大船乘5人，小船乘3人"，问题由简单变得不简单，答案由确定变得不确定，学生由此产生一系列的连锁问题"为什么人数不确定""10只船可能乘坐多少人""人数会一直多下去或一直少下去吗"。在问题的追查与深究中，学生深刻感受了人数的增减与大船、小船只数变化之间的关系，并且深刻领会了假设与调整策略的重要价值。

2. 让学生学习有问"提"

杨福家教授曾说："什么叫学问，就是怎么学习问问题，而不是学习答问题。如果一个学生能够懂得怎样去问问题，怎样去掌握知识，就等于给了他一把钥匙，就能去打开各式各样的大门。"教育真正的目的就是让人不断提出问题、思考问题、解决问题，而后又产生新的疑问，在解决新的问题过程中得到新的思考。

然而，教师常常在一节课结束时问学生"同学们还有问题吗？"当听到学生异口同声地说"没有"时就十分高兴，认为自己的教学很成功。其实，学生"没问题"往往只是一种假象，我们可以从学生课后的作业中发现学生还是"有问题"的。另外，如果学生真的"没问题"，就暴露你的教学缺乏激励学生可持续发展的问题，这样的教学是"有问题"的。

一位国外的教师到中国的学校里访问。在听了几堂课后，这位教师提出了三个"为什么"：为什么课堂上只有老师问学生，没有学生问老师？为什么不同班级提出的问题都一样？为什么学生回答不上老师的提问，老师就责备学生？

不愿提问，不善于提问，这几乎成了我国学生的共同特征。第一种情况是学生发现不了问题，对此教师要培养学生的问题意识；第二种情况是学生的问题没有创意，对此教师要培养学生的审视能力；第三种情况是学生不敢问问题，对此教师要鼓励学生提问的勇气。

教学是解决问题的"助推器"

我们的教学给学生的学习制造出问题之后，教师就要引导学生把发现的问题当成研究的课题，在探究学习中解决问题。其中，教师的教学应该具有一定的策略，帮助学生找到解决问题的方法。

1. 教学的"还原"法

为了帮助学生找到知识问题的出处和理解知识问题的含义，教师可以把问题还原到与之相关或相近的生活情境之中，让学生在熟悉的生活情境中接触知识问题的"原生态"，由此抽取出来的问题就具有一定的现实意义，之后的教学就成了解决实际问题的活动。

例如，一位教师教学"找规律"时，列举了许多生活情境以丰富学生对周期现象的感知：

师：其实呀，在生活中，也经常能看到这样的规律，想欣赏吗？

（课件出示，配音介绍）家具上交错而富有规律的图案，给我们美的享受；厨房黑白相间的地砖构成了规律的美；路边的广告牌、装饰彩灯也是有规律的；街头的红绿灯每天也是有规律的交替变换；七彩的霓虹灯更是有规律的依次闪动；一年四季的春、夏、秋、冬有规律的年年进行季节变换……

师：生活中像这样的规律比比皆是！你们能用数学的眼光来研究吗？我们就一起走进这个世界来找规律。（板书完整课题：找规律）

上述案例中，教师让学生欣赏了许多生活中的周期现象，强化了学生对这种排列规律特征的认识与印象，可以为之后识别数学中的类似规律形成正迁移。另外，学生从中还能获得规律美的享受。

又如，一位教师执教的"乘加（减）混合运算"课中，采用了学生当时高度关注的奥运会开幕式上各国代表队的进场顺序，来帮助学生理解数学中的运算顺序。之后，学生根据情境图列出两种综合算式"5×3＋20"和"20＋5×3"，教师仍然引导学生把抽象的数学算式，还原到具体的情境图中的实际问题来确定和解释它们的运算顺序，也就是教师借助情境图中的"事理"，来帮助学生理解数学式中的"算理"，最终确立脱离情境后，基于普遍意义上的数学运算应该遵循的顺序规则。

另外，为了唤起学生对问题解决需要的基础性知识的回忆，教师可以把问题还原到该问题的初始状态或前期状态，让学生在看清知识的演变脉络中理清问题的解决思路。

例如，一位教师教学"用假设的策略解决问题"时，就采用了"旧知引入，激活经验"的教学策略：

（出示准备题）小亮把630毫升果汁倒入7个同样容量的杯子里，正好都倒满。每个杯子的容量是多少毫升？

生：因为杯子同样大小，求每个杯子的容量，只要把630毫升果汁平均分成7份就可以了。

（出示例题）小明把720毫升果汁倒入6个小杯和1个大杯，正好都倒满。小杯的容量是大杯的1/3。小杯和大杯的容量各是多少毫升？

师：这道题与准备题相比，复杂在哪里？

生：这题有两种容量杯子，而准备题中只有一种杯子。

师：是啊，6个是小杯，1个是大杯，7个杯子的容量不一样，这720毫升果汁该怎么分呢？自己先试一试，再把你的想法和同学交流。

上述案例中，学生在相对比较简单的问题与比较复杂的问题的比较中，除了能够自觉感受到数量关系的"进步"之外，还可以从问题所呈现的对象中，发现它们的区别在"一种杯子"与"两种杯子"，从而为"两种杯子"换成"一种杯子"的解题思路形成一种联想与假设。

2. 教学的"假设"法

学生解决问题的渠道与方法可能不尽相同，教师在教学时应该事先预设几种备用方案，找到这些方案的沟通点或中心点，提升学生对问题解决多种方法"要害"的本质认识。也就是说，这些问题的解决方法都是行之有效的，体现着不同学生的思维特点与思维习惯，在这里辨别方法的优劣不是教学的主要任务，但我们必须帮助学生概括出隐藏在方法深处的思想方法。

例如，一位教师教学六年级"用假设的策略解决问题"的课中，学生在解决例题提出的问题时出现了几种不同的方法：①画实物图帮助解答；②画线段图帮助解答；③用方程解答。

教师展示学生的解法，让学生交流思路，然后分析解法，引导学生体会策略：刚才同学们交流了自己的想法，不管用什么方法思考，解题时都有一个共同点，你发现了吗？

生：都是把1个大杯换成了3个小杯。

师：为什么要把1个大杯换成3个小杯呢？

生：把大杯换成小杯后，每杯果汁的容量相等，问题就好解决了。

师：我们把1个大杯换成3个小杯，也就是假设这些杯子都是小杯。（板书：假设）

上述案例中，教师首先让学生交流相同的问题不同的解决方法，丰富学生的思想认识，然后又让学生挖掘不同的方法相同的精神，提升学生的思想认识，促使学生在聚其"精"、会其"神"中实现由"学会"向"会学"的转变。

3. 教学的"替换"法

对于学生在解决问题中出现的一些个性化的多样化方法，教师要积极鼓励，更要帮助学生在各自方法的比较中，逐步深化自己对问题的理解和优化自己对问题的解法，用后来的高见不断"替换"前期的浅见，用别人的长处不断"替换"自己的短处。

例如，一位教师执教"找规律"的例题教学，采用了使条件越来越苛刻的教学策略，从较小数据和特殊数据时可以采用的画图法、奇偶法、计算法等多种方法，逐步过渡到较大数据时采用画图法很麻烦，和一般数据时采用奇偶法行不通，从而突出计算法这种普适性方法的主体地位。这种步步紧逼的教学策略促使学生自觉放弃自己原先的低级方法，而心甘情愿地接收并接受高一层次的方法。

又如，一位教师在教学"一一列举的策略"时，在学生个人"作品"的比较中逐步引导学生对有序思想的感悟、建构和内化。

（出示）王大叔选购山羊、绵羊、湖羊等三种小羊，最少选购 1 种，最多选购 3 种。

师：一共有多少种不同的选法？你能应用今天学到的策略整理出来吗？

生：如果选一种，可以选山羊、绵羊或者湖羊；如果选两种，可以选山羊和绵羊、山羊和湖羊、绵羊和湖羊；还有就是三种一起选。这样一共有 7 种不同的选法。

生：我先把三种羊用 3 个字母来表示，山羊是 A，绵羊是 B，湖羊是 C。选一种可以是 A 或者 B 或者 C；选两种可以是 AB、BC 或者 AC；选三种是 ABC。一共有 7 种不同的选法。

师：对于这位同学的想法，你有什么建议？

生：选两种的时候，先想 AB，再想 AC，把 A 全部找完了，再想 B，这样就不容易遗漏了。

上述案例中，教师让学生在欣赏同伴成果的过程中，及时反思"怎样做到不重复不遗漏"，并通过放大学生回答中的细节，指导学生主动反思"怎样做到完全有序"。随着教学过程的推进，学生的原有认识也在不断地被更全面更高级的思想所"替换"，从而取得学习的更大进步。

教学是发展问题的"加油站"

当学生完成解决问题的学习任务之后，我们还需要创造新的后续问题让学生进一步去深思熟虑。例如，引导学生思考"这一问题还有没有其他表现形式""这一问题反过来想会怎样""这一问题会怎样发展"等，此时教师可以对原有问题采用补充、转换、提升等教学策略，使学生的思维更加饱满、灵活与深沉。

1. 教学的补充策略

学生在解决问题时往往只会局限于问题的一个方面或一种形式，此时教师就应该引导学生关注到问题的另一个方面或另一种形式，让学生产生新的问题继续进行补充研究，从而弥补学生对问题认识的不足。

例如，一位教师教学五年级"找规律"时，在学生学会用除法计算后判断余数的方法来解决周期问题：

师：前面我们都是根据余数判断的，而这道没有余数的除法算式我们应该怎样判断呢？

生：18盏彩灯，每3盏为一组，可分为6组，正好分完，说明第18盏是第6组的最后一盏，而每组的最后1盏都是绿色的，所以第18盏应该是绿色的。

上述案例中，用除法计算解决周期现象中的排列问题会有两种情形，一种有余数，一种没有余数。当学生掌握了前面的解决问题的方法后，教师及时提供素材，提醒学生还需注意后面一种情形下解决问题的方法，畅通学生的思维。

另外，教师还应该像下面案例所描绘的那样，把同一问题在不同场合的多种用途罗列出来，说明它们之间的联系，贯通学生的思维。

例如，一位教师教学五年级"一一列举的策略"时，在完成例题后马上通过回顾，梳理以前无形中使用这一策略的知识，来健全学生对策略的认识：

师：同学们，其实在以前的学习中，我们已经接触过一一列举的策略。回顾一下，我们曾经运用列举的策略解决过哪些问题？

生：我们在学找规律的时候，3个人拍照，一共有多少种不同的站法，就是用一一列举的策略解决的。

生：学习9的分与合也用了一一列举的策略。

……

上述案例中，教师通过寻找以前学过的知识中使用一一列举策略的实例的教学策略，既可以让学生深切感受到策略应用的广泛性，又可以促使不同的知识点，由策略的相同而结合成一个有意义的知识块，有利于学生对相关知识的整体理解与全面掌握。

2. 教学的转换策略

学生在解决问题时，往往存在着只会凭着一种图式或顺着一条线路进行探索的思维定式。此时，一种解决策略是教师可以换一种素材，来丰富学生对问题的认识，另一种解决策略是教师可以启发学生，换一个角度思考问题会有怎样的解决方法，从而开阔学生思考问题的视野，培养学生灵活的思维品质。

例如，一位教师教学"找规律"的练习题的编排上时，首先从"图形中的排列规律"开始，然后转换到"数字中的排列规律"，最后转换到"事物中的排列规律"，让学生接触多种多样的问题形式。

又如，一位教师教学"用假设的策略解决问题"时，在学生想到"把大杯换成小杯"这一解决问题的思路后：

师：这道题还可以怎样假设？

生：还可以假设都是大杯，把 6 个小杯换成 2 个大杯，720 除以 3 就是大杯的容量，再除以 3 求出小杯的容量。

师：刚才讨论的两种思路都运用了什么策略？

生：假设。

师：对！像这样通过假设把一种事物替换成另一种事物后，使问题得到简化的策略，就是我们今天要学习的解决问题的策略——假设。（揭示课题）

上述案例中，教师通过提示促使学生思维转换，这种方法上的互通可以训练学生思维的变通，可以使学生逐渐养成"假如这样，又会怎样"的良好思考方式与思考习惯。

3. 教学的提升策略

学生的学习是有差异的，学生的学习也是有潜力的，所以问题情境的设计应该从单一走向丰富、从平面走向立体，使问题在广度和深度上具有提升的空间和机会，进一步提高学生解决问题的能力。

例如，一位教师教学"一一列举的策略"时，在教材练习题"飞镖游戏中的问题"的基础上进行了拓展训练：

（出示教材练习题）一张靶纸共三圈，投中内圈得 10 环，投中中圈得 8 环，投中外圈得 6 环。

师：如果给你两次机会，并且两次都投中，请你预测一下，你最多能得到多少环？最少呢？

生：最多是 20 环，最少是 12 环。

师：课前，老师也投了两次，共有多少种不同的环数？

生：还是 5 种。

生：我不同意，可能老师一次也没有投中。

生：也有可能一次中一次没中。

师：现在你知道一共有多少种不同的环数吗？先分类，再一一列举，课后自己试一试。

上述案例中，教师在教材基本练习的基础上多此一问"老师也投了两次，共有多少种不同的环数？"从原来习题的"投中两次"改成了"投了两次"，一字之差，很容易引起学生的注意和激起学生的思考，让学生在更复杂的问题情境中锤炼了思维的深刻性。

教学的开始，教师常常不能把知识的实质直截了当地告诉学生，只能转弯抹角地让学生在直观中慢慢感受与体悟其中的奥妙。但是，随着教学的深入，一旦时机成熟，教师应该及时把知识的根本道理告诉学生，让学生学得明白。

例如，一位教师在执教的"乘加（减）混合运算"中，在乘加和乘减等各种类型的运算"混合"后，学生已经能够不混淆和运算比较熟练后，教师才告诉学生，"乘法属于高级运算，加减法属于低级运算"的规定运算顺序的数学依据，学生此时因为有了丰富的实践经验也就很容易接纳这一抽象意义，这样学生的学习也就能够理更"直"气更"壮"。

问题是叩开学生思维之门的钥匙，是学生学习的动力、起点和贯穿学习过程的主线，所以问题就成了成功教学的法宝。教师抓住了好的问题，也就抓住了学生的心。如果我们的课堂永远有"问题"，那么这样的教学就永远不会有"问题"。以上几位教师执教的几节课都充满着强烈的问题气息，也让我们看到了由问题而产生的教学生机。

还有一点想法是，学生在解决问题时教师应该教给学生解决问题的策略，这体现着教师的教学目的。其中教师在解决"怎样教给学生解决问题的策略"这一问题时，需要一定的教学策略来帮助实现，这体现着教师的教学艺术。

24

[真问题，练真功]

『问』到深处意更浓

平常路 教师常常认为有 "?" 的句子就代表是问题，于是，一些让学生不假思考的 "假问题" 频频充斥课堂，这是导致 "满堂问" 的一个重要原因。

非常道 "?" 倒过来看像一个钩子，它形象地告诉我们，能勾起学生的想思（思考的深情）与思想（思考的厚意）的问题才是 "真问题"。

课堂教学是师生在 "问" 与 "答" 的多边活动中整合前行的，有效教学很重要的一点，就是要围绕课堂教学目标构建有效的系统的 "问题场"。其中，"问题域" 的取值影响着问题质量。如果问题过大，学生会无奈；如果问题过小，学生会无趣。另外，问题的多少、曲直和取舍也会影响教学效果。

一位教育家曾言：中小学教师若不深谙发问，他的教学是不易成功的。美国的一些教育学家也认为 "提问得好即教得好"。所以，教师要注意自己的提问内容和提问方式，首先讲究 "精当"，问到点子上，使问题具有针对性，让学生能够听得懂。其次讲究 "精深"，问到底子里，使问题具有挑战性，让学生能够想得深。

问到点子上

在教学中，许多教师提问的随意性很强，具体表现为两种情形：一种情形是教师提问只随自己的意而不随学生的意，想当然地认为学生需要被提问和能够回答，造成有时问得让学生感到突然而不知所措；另一种情形是教师提问很随便，爱咋提就咋提，想问啥就问啥，问前不调研，问中不调整，造成有时问得让学生感到茫然而莫名其妙。

要使问题问到点子上，让学生听得明白、答得从容，教师的提问首先要点中学生的要求，做到因"才"施问——对什么样的人提什么样的问题，其次要点中知识的要害，做到因"材"施问——什么样的课提什么样的问题。

1. 教师问得要明白

在教学中，经常会出现学生答非所问的现象，其原因有时是教师设计的问题太宽泛或者太模糊，让学生不明所问而"吃不准"；有时是教师设计的问题与学生的认识水平和接收能力相距太远，让学生不知所问而"吃不了"。

所以，教师的提问应该首先让学生听清楚、听明白，正确领会问题的实质，这是让学生能够"对答"进而"答对"的前提。

听一位教师上一年级"2～5的分与合"的课，到练习阶段，有一道习题是让学生在"火车"的"车厢"上填数。一位学生根据"火车头"上的数是4，就在第一节"车厢"上填写了3和1，然后教师问他："你是怎么想的？"谁知学生回答："我是随便想的。"教师只好让其他学生回答出了"我是这样想的：4可以分成3和1。"继续练习，一位学生在第二节"车厢"上填写了2和2，然后教师又问她："你是怎么想的？"谁知学生又回答："我是心里想的。"教师啼笑皆非，只能再次另请高明。

对于低年级学生，很多学生还不太懂教师问"你是怎么想的"的真正含义，于是闹出了上述案例中的笑话。这也告诉我们，教师应该根据不同年级、不同层次的学生而使用不同的问话，"让学生能够听懂教师的问题"应该成为教师提问的一条底线。

很多情况下，教师事先难以预料自己的常用问语，在这个班级或这节课中会有学生听不懂，这并不奇怪。只是教师应该随机应变，发现问题后及时改变问题，使问题能够更清晰地反映教师的意图，从而使问题更有针对性。例如，上述案例中，当教师发现学生听不懂教师的问题"你是怎么想的"之后，教师就应该及时改问："你是根据什么想的？"或"你是怎么分的？"等更为明确的问题，让学生很清楚地明白教师的意思。

2. 教师问得要明智

问题的设计水平代表着教师的业务水平，明智的教师往往能够设计出一些具有挑战性的问题，起到开发学生的智力、发展学生的能力和增强学生的功力的作用。

在学生初步掌握能被 5 整除的数的特征后，一位教师设计了这样的问题，让学生在□中填数字，思考"3□能被 5 整除吗？为什么？"另一位教师则设计了这样的问题，让学生在□中填数字，思考"□3 能被 5 整除吗？为什么？"

两位教师设计的两个问题虽然只是顺序换了一下，但达到的知识容量与思维含量却迥然不同。第一位教师的问题显而易见，学生轻而易举地就可以解决，所以缺乏了问题的深度；第二位教师的问题就很有思考价值，学生可能会采用一一列举法来解决问题，也可能有学生会敏锐地分析出"□3"其实就是"几十加 3"，无论□中填什么，除以 5 结果都一定余 3，这样学生对能被 5 整除的数的特征就有了更为深刻的理解，所以就有了问题的弹性。

明智的教师善于见机行"问"，不仅做到根据不同的教学内容会设计不同的问题，而且做到根据相似的教学内容也会设计不同的问题，不总是沿袭同一种问法甚至抄袭同一个问题来敷衍了"问"。

一位教师教学"倒数的认识"时，问学生："倒数的意义'乘积是 1 的两个数互为倒数'这句话中关键词是什么？"谁知，概念表述中的每个词语都被学生"相中"。细看，果然字字珠玑。既然每一个词语都"身居要职"，都很关键，那么也就无所谓哪个是关键词了。

上述案例中，我们可以发现教师的提问，是在沿用传统概念教学惯用的"咬文嚼字"的套话，谁知道这种套路在这节课中竟然行不通，学生"不吃这套"的原因在于，这节概念教学内容已经有别于教师固有的"概念"，所以教师就不能凭借原有"概念"来提问了。

教师的提问必须注意灵活性，不能"生搬"或"硬套"，而应该根据实际情况变换问问题的方式。例如，上述案例中教师不妨改问"倒数意义中哪些词语值得你注意"或"倒数意义中哪些词语你认为需要提醒同学注意"，或许更富于个性，也更富有人性。

问到底子里

在教学中，存在着"满堂问"的现象，造成这种问题的原因大致有两种：一是教师常常"百问"，只追求提问数量，不管教学的"大事"还是"小事"，都喜欢问上一"问"，让无聊问题泛滥；二是教师常常"白问"，不追求提问质量，无论教学的"大用"还是"小用"，都喜欢问上一"问"，让劣质问题泛滥。

难怪一些外国教师到中国听我们的教师上课，看到我们的每一个学生回答教师提出的问题时都能十分正确，他们感到奇怪：既然学生都那么懂了，也没有什么问题，教师为什么要上这样的课呢？

教师要让问题有品位、有品质，就必须问到底子里，既能够开动学生的思考、开拓学生的思路，还能够开发学生的思想，让学生不仅看到知识的"叶茂"，更能挖到知识的"根深"。由此，问得深，也就能问得精，问得精，也就能问得少。

1. 教师问得能启思

课堂教学中，在学生回答问题或解答问题后，教师常常会问"对不对""是不是"等来判断其他学生是否认同。让学生思考"对不对""是不是"，容易使学生产生走入非此即彼的思维，学生只需在"对"与"不对"、"是"与"不是"中选择回答，并且还很容易从其他学生的话音中和从教师的态度中，作出这种简单的二元选择。也就是在不追问理由的情况下，学生不经过认真思考或深入思考，也能蒙混过关。另外，教学中有许多事情并不能简单用"对"与"不对"、"是"与"不是"来做判断。例如，有的学生的回答或解答只是不全面、不清晰、不简洁或不先进，此时就不能用"对"与"不对"、"是"与"不是"作出简单定论。

教师的问话应该少用判断性语言而多用论断性语言，让学生必须经过思考后才能作出回答。例如，教师可以用问学生"有没有道理"来代替问学生"对不对"。面对这样的问语，学生既可以从知识的合理性来思考"有没有道理"，还可以从生活的合情性来思考"有没有道理"，而"对不对"一般只局限于前者。另外，"对不对"一般引导学生对问题作整体判断，而"有没有道理"则允许学生对问题作片段分析,并且这种问话无形中要求学生必须思考自己认为"有道理"的来由或理由。所以,相对而言,问学生"有没有道理"比问学生"对不对"显得情更深意更长。也就是说,前者是一种长矩问题,后者只是一种短矩问题。下面的案例中,教师就使用了"有没有道理"的问话,很好地促使学生进行了主动思考。

昨天的作业中有一道题:"一种圆柱形的输水管道,内直径为 10 厘米,长 2 米。如果水从一端流到另一端需要 1 秒钟,请问每分钟流过的水体积是多少?"学生做题的错误率很高。于是,我在今天的课上特地进行讲解:学生需要理解水流过的是一个圆柱体,假设一秒钟是一个单位,那么一分钟就有 60 个单位。

有一个学生反驳:"老师,我认为应该乘 59。第一秒钟是从输水管的一端流向一端,所以流过的只有后面 59 秒的水。"我乘机问其他学生:"他说得有没有道理?"

学生意见无法统一,于是我在黑板上画了示意图(如下图),让学生思考"有没有道理。"由于有了图的直观作用,很多学生都理解了他的想法。但孩子们在讨论中也得出了"这是特殊情况,如果题目没有特别交代,我们就按一般情况解决问题"的结论。

后 59 秒流过的水→

"有没有道理"或者"你认为如何"等问法与"对不对""是不是"相比,前者的语气更容易引导学生自觉走向问题的深处、想到知识的根本,从而促使学生从单一的评价向互动的评论转变,从评价对方回答的是非向评论自己理解的长短转变。也就是学生听到的不再只是回答问题的"那一个人"的意见,而可能会是由此延续出的倾听回答的"咱一群人"的"议见"。

2. 教师问得能深思

我们都明白教师的提问要问得有深度,如果教师刚一发问,学生立即举手如林,则说明你的问题可能太浅显。我们所希望的场面是,学生需要花费一定的工夫对问题进行思考与探究,然后才陆陆续续地举手、断断续续地回答。那种一问就答、一答就对的提问未必是有效教学。

然而,教师在教学中常常感到棘手的是,难以确定首要问题该问在哪一层次上,也就是提出何等水平的问题比较切合学生的最近认知发展区,既不让学生感到太容易又不让学生感到太困难，能够跳一跳摘到果子。

在平常教学中，我们虽然在课前预设时就定下问题的基调，但这属于一相情愿，还需要在课中根据学生的学习现实进行调整。课中，教师提问时，我们一般可以采用从难到易的程序来发问试探学生，如果学生都哑口无言，就说明问题太难，需要降级提问；如果已经能够使一部分学生有话可说，就说明问题的难度大体处于一个比较合适的水平，此时教师就可以以此作为首要问题来让学生思考与讨论。

所以，教师的提问很难做到一锤定音——直接或恰好问到学生的思维深处和知识的思想深处，往往需要根据学生的"接收频率"作出同步变化，从而确定第一个问题，然后再通过教师的不断追问引导学生不断钻研，最终追查到知识的根本问题。此外，我们不妨借鉴丰田企业的一种著名的工作方式：凡事问5个"为什么"。例如，为什么美国的生产率是日本的8倍？答：因为日本的浪费是美国的8倍；为什么日本的浪费是美国的8倍？这样一直追问下来，最后的回答，就一定是"文化层面"的，也就是最大的浪费是人的浪费、智力的浪费。因为回答一个个问题，第一个"为什么"往往大多是表象，而追问得越深，就越接触到问题的真相，这些真相大多与文化有关，而不是简单的知识。

由此，在"试问"和"调问"的过程中，教师大可不必因为担心被人指责不符合新课程理念而不敢多问几问，只要我们问得"理直"就可以"气壮"。例如，一位教师在带领学生认识圆时，提出了一系列问题，环环相扣、步步逼近：

（1）你能从一大堆图形中摸出圆形吗？学生高兴地做着这个活动的同时，（教师紧接着提出第二个问题）。

（2）你们这么快摸出圆形的窍门是什么？（引导学生在活动后思考：圆不同于其他平面图形的外部特征）（圆和其他平面图形相比，它是曲线图形；和其他曲线图形相比，它匀称而光滑）

（3）什么内在的原因使得圆这样匀称、光滑而丰满呢？（激起学生探究圆本质特征的愿望，促使生活经验上升为数学经验，为学生的理性学习埋下伏笔）

（4）用圆规在白纸上随意画一个圆，怎样？（歪歪扭扭）哪儿出问题了？（引导学生在数学活动过程中进行反思，让活动成为外化的思维，让思维成为内在的活动）

（5）圆里为什么有无数条半径？有位同学在圆上画了400多条半径就画满了，你们怎么解释呢？（恰当的数学问题就是最有效的数学情境，数学本身就可以激发学生的兴趣）

（6）"圆，一中同长也。"你不量怎么知道直径都是相等的？

（7）数学学习贵在联想，难道其他图形没有一中同长的吗？（演示正三角形、正方形、正六边形、正十二边形、正二十四边形、正五十边形……）

追问，就是教师在学生回答教师首发问题后，对正确的回答进行追因，对错误的回答进行追究，对肤浅的回答进行追根。教师应善于对问题进行"深度开发"，让学生的认识能够不断"芝麻开花节节高"。实际上，苏格拉底的"产婆术"也就是通过无止境的追问，让学生从自以为知到知道自己无知，因此而激发学生对探索求知的责任感。

上述案例中，教师正是通过对问题的不断追问，引导学生的思维由表及里、由浅入深、由此及彼地不断推进，"去皮见肉，去肉见骨，去骨见髓"，最终落于文化层面——"圆，一中同长也"，让学生挖到了知识的内容精要和知识的文化精神，这样的教学才会意味深长。

追问，是教师对学生答问结果表现出来的问题的一种有效处理方式，是对学生回答的进一步提问。追问形式是多样的，有因果追问、逆向追问、跟踪追问、发散追问等。但很多教师在任何需要或不需要追问的地方，都不假思索地用上"还有吗？"之类的追问，却不考虑问题的质量如何。这些缺乏指向性的追问是苍白无力的、低效的，甚至会弄巧成拙。

一节"人体骨骼"的课上，在引导学生探究人体各部分的骨头数时，教师问："根据课堂上的条件，我们可以用什么方法来证实人体各部位的骨头数呢？"学生答："我们可以问医生。"教师点头说："非常好的办法，还有吗？"接下来的三个学生相继说了他们认为可行的方法：问家长、到医院照X光、查阅有关资料，就是没有人说到利用教师带来的骨架模型来探究人体各部位的骨头数。教师在连续问了几个"还有吗"之后急了，表情僵硬，头冒冷汗。学生被逼着思考，与其说思考，还不如说学生在揣摩："老师，到底还有什么？我们怎么说，你才满意？"

还有吗？还有吗？课堂上充满的"还有吗"让人情不自禁地想问：除了"还有吗，还有吗？"在我们的课堂上，还有很多"再想想，还知道什么？""就这一种吗？""不止这些吧？"等类似的追问。追问运用得当，能提高学生思维活动的完整性、准确度，引导学生深入进行探究。因此，追问要追得有力、问得有理：一是在粗浅处追问，起到深化知识的作用；二是在错误处追问，起到点化知识的作用；三是在矛盾处追问，起到催化知识的作用；四是在意外处追问，起到激化知识的作用。

在我们的教学中，往往不缺少"好问"的教师，但缺少"问好"的教师。如果教师的提问缺乏思考价值，就等同于浪费学生的感情和浪费教学的时间，最终失去的将会是问题应有的启思、理思、深思等教学功能。

25

让教学的隐情不再『默默无闻』

[会其神，显其形]

平常路　教师常常以为自己看到的就是看到的、听到的就是听到的，殊不知有时学生做的、说的并非是学生想的，他们这样做、这样说或许另有隐情。

非常道　要让学生懂得做人、懂得知识，首先教师得懂得学生：懂得学生的神态，懂得学生的姿态，懂得学生的语态，懂得学生的动态。

在生活中，人际关系的好坏，取决于你能否打听出对方的真实想法。如果能摸清对方的真实意图，就能在心理上处于优势地位，从而在交往中占据主动。

在教育教学中，如果教师能摸清学生学习中的真实想法，也就能够在生本教学中掌握知情权和占据主动权。然而，现实情况恰恰相反，教育教学中，常常存在着许多让教师捉摸不定或捉摸不透的学生学习"隐情"，教师也时常为看不到、看不懂学生的心思而苦恼着。

美国惊险小说大师斯坦感叹中国的孩子太含蓄：我跟孩子们讲故事，会问怪兽是怎样叫的。可是，很奇怪，中国的孩子都太害羞，都不叫。如果是在美国，孩子会拼命叫，停都停不了。

孩子的默默无闻也就难以反映他们的内心情感与内在思想，让我们无法看清楚。在教学中，这种"隐情"，有时决定着教学的起点，无视教学"隐情"的教学只会是教师"一相情愿"的教学，很可能成为自主教学、和谐教学的"隐痛"。说得更透彻一点，如果一个教师无法了解自己的学生，那么要想理解学生也就无从谈起。

教师要了解学生的内心世界，常见的做法是与学生谈心交流，但有时很难听到学生的真心话，特别是在学生感觉教师在教育他时，就会自然而然地产生一种防备心理，就可能会遮掩自己的真实想法。曾经有人说"当学生感觉教师在教育他时，教师的教育其实已经失败了"，此言很有道理。

有人说，你想知道一个人的内心缺少什么，不看别的，就看他炫耀什么；想知道一个人自卑什么，不看别的，就看他掩饰什么。透过这句话，我们还可以得到这样的启示：人的心思会通过他的神情、言谈与举止表现出来，只不过有时候显露出来的是"反其道而行之"的遮掩，如上面那句话所描绘的情形。教师的确需要掌握一些察言观色的心理学技巧，能够在观察中揣摩学生心思，并且能够在引导中暴露学生心思。

察言观色，揣摩学生的隐情

美国著名心理学家艾伯特·赫拉别恩曾提出过一个公式：信息交流的效果＝7％的语言＋38％的语调语速＋55％的表情和动作。所以说，最不会说谎的应该是身体。这对少于世故的学生而言尤其如此，他们的真情实感会通过他们的言行举止自然流露出来，只要教师细心观察与揣摩，就能明白几分。

1. 以眼色取人

以貌取人，不智。观其眼神以观其人，却往往异常准确。眼睛是灵魂之窗，它是窥探人内心的秘道，面试时要相人，一"目"了然。若非一流演员，眼神很难装出来。与人攀谈时，他们是否有信心、是否机灵、是否真心，基本上一眼看出。例如，政客挂着笑脸和颜悦色，眼神往往愤懑不平；领导的台词关怀体贴，面对弱势长者，却眼神游移无心接触。相由心生，眼神最易出卖你。

（1）观察学生的眼神

曾经有一位教师一直困惑：明明自己已经对学生微笑并一直保持着微笑，为什么学生却依然感觉不到自己的微笑呢？有一个心理学家建议这位教师用东西把自己脸的下半部分遮住，只露出眼睛，然后再照镜子。结果这位教师才发现，尽管自己的嘴角是微笑的，但眼睛没有微笑，透露出来的依然是一种冷漠。由此这位教师领悟到，微笑必须发自内心，那种"皮笑肉不笑"的微笑只能一时迷惑学生，因为眼神最终会出卖自己，这就是为什么学生能看破自己假笑的原因。

现在，教师的这种"假笑"反而会让学生增加莫须有的心理负担，因为原来学生很容易从教师的笑与不笑上判断出教师的真实态度，而如今学生首先得暗自琢磨教师的"隐情"，教师的笑是真笑还是假笑，这岂不是让学生更感到"心烦"?! 并且当学生琢磨出教师的虚情假意之后，在要不要怀疑教师的态度是否属于一种欺骗而进行思想斗争时，这岂不是让学生更感到"意乱"?!

是啊，教师在揣摩学生的同时，学生也无时不在揣摩着教师。所以，我想说，教师的为人师表让学生看出的但愿只有真情而没有隐情，这样学生才会信任你、信服你。

我曾经以小学教师的眼光看过一节重点高中的数学课，感觉不太舒服。原因在于教师每次提问后举手者竟寥寥无几，与平常看惯了小学课堂中学生举手如云的现象迥然不同，让我切身感受到了"年级越高学生举手越少"此言不虚。

课后，我纳闷地问执教教师一个问题：学生不举手，那你是怎样知道学生的思维状态和把握学生的思维进度呢？教师回答了很多，我帮他归纳一下就是"察言观色"：看学生的眼色行事。

有时，课堂中的确存在着教师看不清楚学生心思，和弄不明白学生动向的"盲区"，也就是说学生的学情并不总是"显山露水"的，更多情况下是"默默无闻"的，并且学生年龄越大、年级越高，学习的"隐情"越多。此时，教师就需要通过"察言观色"来揣摩学生的内心世界。

首先，教师很多情况下也就是从学生"心灵的窗户"——眼睛中洞察学生的心思。如果一个学生的眼神不随自己的思考而转动，这说明这个学生可能在发呆；如果一个学生的眼神不随教师的教学而转移，这说明这个学生可能在跑神。

有一次，我听一节小学一年级的数学课，教学内容是"1，2，3，4，5的认识"，教师在黑板上示范数的写法时，许多学生的眼睛并没有盯着看教师是怎样写的，而是各自看自己想看的东西。

其中，学生的分神可能有两个原因：一是小学生持续注意力差，二是这些数字学生早已经在幼儿园学过，缺乏再次学习的兴趣。我在评课时，建议教师在写数时不妨让学生举起手来跟着你的书写一起书空，这样就迫使学生必须有意注意你书写的进程，随着你的动作而动眼和动手。

（2）观察学生的眼珠

在看眼色行事中，我们还可以从学生说话时眼珠转动的习惯方向，来判断学生的性格特征。斯坦福大学的专家经过长期研究发现，回答问题时眼珠朝右转动的人，性格更急躁，攻击性更强；而回答问题时眼珠朝左转动的人正相反，他们一般会把不快封闭在心中，不会表现出攻击性。

于是，在教育教学中，如果你发现学生的眼珠总是朝右转动，就可以推测他性格比较外向，而且具有很强的攻击性和叛逆性。相反，如果你提问时，学生的眼珠总朝左转动，就可以推测他性格比较内向，尽管他不愿意回答，也不会表现出来。此时，你就可以根据学生不同的"脾气"，而采取不同的教育或教学方式。

2. 以行色取人

有人说，敲门若敲瓜，声响能测出看不见的内里。敲门也是一门心理学。"人动作的轻重缓急与内心力量的强弱和控制是息息相关的，敲门的强度、节奏、时间等，能从侧面反映一个人的性格、此时的情绪和期望等。"首都师范大学教科院心理系博士严霄霏说。

从强度上来说，敲门声响亮，这种人一般比较自信，而敲门声细若游丝，相对比较消极、被动；从敲门时间的长度来说，屋主不应答时坚持敲很久，这种人一般意志力强，停一阵敲一阵，这种人一般心思缜密；从节奏上说，均匀地敲两三声，这人一般有良好的修养，能敲出音调欢快的"鼓点"，这种人基本属于乐天派。

从敲门声中能听出一个人的性格特征，从一个人的吃中同样能看出他的生活背景。以前土匪绑架了人，就让肉票吃鱼，观察这人是从鱼头开始吃，还是从鱼身肉多的地方下箸。如果是前者，就多要赎金，因为从吃鱼的动作中可以看出这个人的家境。

从人的小动作里，不仅能看出人情，竟然还能看出国情。一位美国教授从大陆留学生关水龙头的使劲儿中看出"大陆的民生工业恐怕不怎么好"，因为这一习惯动作足以透露出"我国水龙头一定容易漏水"这一质量问题。

（1）观察学生的姿势

在教育中，我们从学生的动作中也可以看出学生的心态。例如，教师邀请学生回答问题，如果学生站起迅速，眼正视教师，声音洪亮，说明这种学生非常自信，对答案的正确性有很大的把握；如果学生站起缓慢，眼偏向旁边，声音低沉，说明这种学生缺乏自信，或者对答案的正确性没有把握；如果学生站起后手撑着课桌，眼看着屋顶，闭口不言，说明这种学生极不愿意回答问题，此时教师如果"硬碰硬"，逼着学生回答，就容易侵害学生；如果学生不肯站起或者勉强站起，眼看着课桌，哑口无言，说明这种学生没有能力回答问题，此时教师如果"硬吃软"，逼着学生回答，也容易伤害学生。

课中，学生练习环节，教师在下面巡视过程中，发现一位学生的作业出现的错误比较典型，就准备拿她的作业本作为样本上台用实物投影展示，让其他同学能引以为戒。然而，在教师向她索要作业本的时候，她却说自己还没有做完，教师只能亲自下台索取，展示中大家看到的是她作业已经完成，她在说谎。

上述案例中，如果教师能够从这位学生发出的"我还没有做完"的回答，与自己在巡视中看到的"她已经做完"的不一致中多加思考的话，就不难觉悟到，这位学生真实的想法是不愿意把自己的"丑陋"曝光出来。此时教师的索取与展示无疑形成了对这位学生的一种强迫与伤害。

这种学生的"异动"在教学中经常能看到：假如你在巡视中，发现学生在你看他时用手臂压在本子（试卷）上，这种动作说明他现在不想让你看他的作业（试卷）；假如你在寻找学生回答问题，看到他时，他的眼神突然由看着你而移开，这种动作就说明他现在还不想或者还不能回答你的问题；假如你在批改作业时，发现学生从第几遍抄写开始突然字迹潦草，或从第几道题目开始突然经常出错，这种现象就说明他对太多的或枯燥的学习任务，已经开始产生反感或者疲倦。

在观察过程中还应该注意，如果你想看清对方的本质，一定要注意反复出现的信号。对谈话感到无聊的人，肯定不会只表示出一次无聊的信号，这个信号会反复出现。例如，不停地盯着门口看。在教学中，当下课铃声响后，如果发现你的学生在时不时地看教室门口或者朗读开始变得走调，那么请你立马停止拖堂，及时下课，因为此时学生的动作或音调已经宣布：你的加班加点已经属于无聊和无效。

"这节课就上到这里了，但是（教师加重语气），下课之前，请同学们再把这首诗齐读一遍。"语文老师紧紧抓住最后的两分钟。

由于就要打下课铃了，同学们激动地大声读完诗。正准备下课时，语文老师却说："诗，有优美的韵律。读诗，要有感情、有节奏。这是一首充满柔情的诗歌，你们却读得慷慨激昂。"说完，他示范朗读了一句，"……要这样读！大家再来一遍！"唉！同学们只好乖乖地又读一遍，这次大家再也没有那么慷慨激昂了，因为都不想"再来一遍"！

（2）观察学生的手势

师生之间的交谈，是教育中师生之间沟通情感与交流思想的一门日常功课，其中，学生的心态很大程度上关联着谈话效果，我们可以从观察学生的手势中大致判断出学生对你的信任程度：

一般来说，如果学生把手藏在桌子下面，说明他处于戒备状态，对你不太信任；如果学生没有让你看到手，说明他心存戒备或感到紧张；有些学生尽管面带微笑，也向你提供了一些看似重要的信息，却把手藏在桌子下面，这就说明他没有真的敞开心扉；此外，有些学生会把手放在自己的膝盖上，一副彬彬有礼的姿态，但彬彬有礼就意味着他和你存在心理上的隔阂。

完全向你敞开心扉的学生，会把手放到桌子上，并把手心摊开。比较坦诚的学生，会把手放到桌子上。如果他总是攥紧拳头，或紧紧握着笔，则说明他还在犹豫是否要完全敞开心扉。

顺便想说的是，与学生交谈时，教师不妨与学生平排坐在一起，这要比面对面坐着谈话更容易让学生感到平等。特别是谈一些不愉快的话题时，学生可以不让自己的难堪或难过让教师尽收眼底，从而保护学生那一颗容易受伤的心。

有句歌词唱道"女孩的心思你莫猜"，或许是因为女孩的心思并不容易被人猜透。在教育教学中，尽管孩子的心思难以被教师看懂，但我们仍然要根据儿童的心理特点和自己的教育经验，通过察言观色尽力猜测学生的心思，从而使我们的教育教学更具有针对性。

显山露水，查明教学的隐情

教师除了借助心理学通过对学生的察言观色，来揣摩学生心思之外，在课堂中，还可以采用一些教学手段与教学技巧，来促使学生自己把自己的心思表露出来，同时也可以了解学生是否"隐形"于知识之中滥竽充数。

一方面，教师应该不断提高自身对学生学习"信号"的接收能力，另一方面，教师可以通过改变教学手段或改进教学设计来增强教学功能，以此探明学生的"底细"，点明知识的"底蕴"，使"沉默"的学生不再"沉默"，使"沉没"的知识不再"沉没"，从而为教师的教学决策提供依据和参考。下面举例说明几种做法：

1. "举手"，显露学生的全部信息

一位教师教学"数字与信息"时，先挑了几位无锡本地学生汇报各自家庭成员的出生日期和身份证号码，教师抓住这几个身份证号码让学生比较分析，发现身份证中能反映出一个人的出生日期和性别，还发现不同的身份证号码中前几位有着相同的数字"3202"，经过教师的指点，学生明白了这部分数字表示"江苏省无锡市"等信息。然后，教师又挑了一个外地学生（如今在无锡就读的外来学生已占有相当大的比例）汇报她的家庭成员的身份证号码，让学生研究外地与本地居民身份证号码的不同之处。

上述教学案例中，学生的作用在教师一一"点将"中被"暗锁"了，难以体现本地学生与外来学生这一地区差异资源对本课教学贡献的最大化。如何解开这一教学"暗结"，其实只需要学生的"举手之劳"。教师可以在一部分本地学生汇报身份证号码的基础上，让与身份证前几位数字"3202"相同的学生举手，以此让学生在身临其境中自己发现其中的问题：还有一些同学为什么不举手？通过观察，他们可能会发现这些同学都不是本地人，进而又产生好奇：他们的身份证号码又是怎样的？进而在自发交流中发现其中的奥秘。

这样，学生的举手，不仅反映出了全体学生的概况，而且暴露出了所要研究的问题，吸引学生去主动探究、获取信息，起到了"一举两得"的教学效果。

2. "闭目"，显露学生的理解程度

一位教师在教学"两位数加整十数、一位数"，当学生通过摆小棒和拨算珠得出"45+30"的算法（先算40+30=70，再算70+5=75）时，教师随即板书，并让其他学生用开火车形式说一说"45+30"的计算方法，学生在接连不断的异口同声中复制着黑板上已有的"清算公告"。

上述教学案例中，学生通过操作活动得到的劳动成果，虽然已经被教师公示在黑板上，但学生印象并不深刻。教师也意识到这一点，于是通过开火车的形式反复强化来加深学生印象。其实，这种做法很大程度上会流于形式，属于教学无用功，学生"众口一词""又对又快"的表象难掩思维含量的贫乏，根本原因在于学生只需照"板"宣读那早已"大白天下"的计算方法。

为了避免众目睽睽下的板书可能产生使学生"读"算法的惰性，教师不妨让学生在开火车的时候闭上眼睛"想"算法后"说"算法，其他学生同样闭上眼睛依靠听力来评判回答的学生想的是否准确，以此最大限度地促使学生在心想"式"成中能够"以身试法"。

板书"明白"的背后可能给了学生可以照搬的"暗示"，无形中降低了学生思考的热情与思维的力度。要让学生"颇费心思"并能"言为心声"，而不是"滥竽充数"——挪用黑板上已经呈现的成果，让学生闭目不失是一种较好的预防方法。

3. "寻思"，显露学生的思考状况

一位教师教学"认识路线图"时，出示教材公园平面图，指定一条游览路线让学生用"小明从什么景点向什么方向走到什么景点，再向什么方向走到什么景点……"这样的句式来描述这一行走过程。然后让学生自己设计一条游览路线后说一说行进的方向，学生汇报时，都能连贯而快速地使用上面的语言模式来描述自己的作品。

上述教学案例中，学生在汇报自己设计的游览路线时的"一气呵成"，虽然把结局一览无遗地呈现在了大家面前，但这样的"一鼓作气"存在着知识的"暗洞"，那就是很容易造成旁听者只关注结果"到了哪些景点"，而对作者对走向的描述"掉以轻心"。因为作者的快言快语中"方向"紧接着"景点"，使学生跳过对方向的判断而只需寻找景点这一最终目标，就可以清楚作者游览的"来龙去脉"，而不必在意其所说的方位。

而用方位词认识路线图是本课教学的重点，淡化或失去这一教学重点，数学课将不再是数学课。怎样让这一教学重点知识不再"暗淡"，教师可以让作者在表述时先说走向，让学生寻思按这样的方向会走到哪一景点，之后才由作者说出行走目标，这样整个汇报游览路线的过程，就按如此"说方向寻目标"的反馈方式实现学生之间的互动。其中，教师让作者语言"停顿"，可以迫使旁听者思维不再"停顿"，只能"顺藤摸瓜"，而无法"直奔主题"，从而提升了教学的思维价值。

　　为了让教学的"隐情"不再"默默无闻"，教师和全体学生就必须要能获得教学的"知情权"，对此教师至少需要做到以下两点：一是能了解学生心理，使学生的"隐情"得以说明；二是能放开教学过程，把知识的"隐情"加以做亮。

26

让学生在举手发言中『亮』出自己

[多发言，促发展]

平常路　教师常常认为学生举手只是一种教学的反馈手段。如果没有学生举手，则可以通过教师指名发言来解决、通过教师察言观色来了解。

非常道　从学生的举手中，教师不仅可以看出学生学习的程度，还可以看出学生学习的态度。学生的举手不仅是一种教学气氛，也是一种教学效果。

在教学中，许多教师为"学生年级越高，举手越少"现象感到困惑，我们常常认为这是学生年龄越大越害羞的原因所致。其实，这中间除了上述人之常情之外，更多的是教师不注意教育教学方式而导致学生越来越不敢、越来越不愿举手发言，很少是学生没有能力举手发言。

在教学完"圆的周长"时，课已接近尾声。上课教师给学生讲起了有关圆周率的小知识："圆周率是1500年前我国数学家祖冲之计算出来的……"话音未落，坐在我身旁的学生便和同桌小声嘀咕起来："老师说错了！是1500年前，我国数学家祖冲之把圆周率计算到第7位小数，我是从《中华上下五千年》上看到的。"闻听此言，我随即轻声地鼓励他站起来纠正教师的"口误"。可令人费解的是，这位学生满脸羞红，不知所措，一直到下课铃声响起，他都低着头默不作声……

经常有这样的情景：在教学中，教师因准备不足或者由于紧张临场发挥不好，讲错或写错，但没有人敢怀疑。当然也包括这样的学生：明明知道错了，也不敢指出。每每观摩这样的教学，总觉得学生是"跪"在课堂上的。

所以，教师应该鼓励学生勇敢地把手"举起来"，并能够"站起来"。众所周知，教师与学生之间的信息交流与反馈，通常是通过学生的举手发言来反映的。举手是学生想表达自己或对别人看法的示意方式，学生只有把手举起来，教师的教学才能更具有针对性。尽管教师可以通过对学生的察言观色来判断学生的内心活动，但始终没有学生举手发言来得直接明了。

另外，一旦课堂教学中无人举手发言，这样的教学气氛就会因缺乏师生之间的互动而变得沉寂与压抑，教师也会因此而失去督促学生积极思维和检查学生思维结果的有力"武器"。所以，有活力的课堂和有效果的教学仍然离不开学生的积极举手和热烈发言。那么，如何让学生始终保持旺盛的举手热情和保证较好的发言质量，是值得教师思考的问题。

让学生在"第一次"中品尝发言的成功

每一次发言都会有第一位发言的学生，只是这第一位发言的学生的重要性以及对教学的影响力常常不被教师所重视，因为教师常常认为还有后来者的表现可以弥补和完善。实际上，造成学生不敢发言和不愿发言的起因，就可能从教师不能正确对待第一位发言的学生开始。

1. 提高第一位学生发言的胆量

第一位举手发言的学生，因为第一个发言而常常会回答得不完整或不完美，甚至不正确，这是很正常的现象，但教师常常会为了追求标准答案和节省教学时间，而迫不及待地请其他学生发言。于是，后面发言学生的回答因为有第一个学生的发言为基础和参考，其回答的完整性与正确性一般会高于第一位发言的学生。发言的学生越多与越靠后，其发言赢得教师好评与同学喝彩的可能性就越大，于是第一位学生渐渐成了"被爱情遗忘的角落"。

日久天长，由此造成的后果是，学生不敢第一个举手发言，担心自己说不对、说不好而遭到教师和同学的冷落，除非对自己的回答有百分之百的把握，他才肯举手发言。于是，学生举手越来越少也就在情理之中了。

对此解决的办法是，教师应该善待第一位发言的学生，哪怕他回答得不

突破平庸

太理想，但教师仍然应该特别鼓励，赞扬学生敢于第一个举手发言的勇气，并感谢他为后来发言的学生提供了诸多启发和帮助。这样他就会体验到第一个发言的开创性价值和引导性作用，为自己有幸成为第一个发言者而感到光荣，从而带动其他学生踊跃举手和积极发言。由此可见，教师对第一个举手发言的学生的处理态度决定着学生发言的升降态势。

2. 提高第一位学生发言的质量

对待学生的发言教师还有一个习惯性做法，那就是常常把第一位学生的发言作为回答的起点。如果这位学生的回答在教师的即时提醒或提示下，完全能够说得更好，教师却不马上完善它，而是热衷于让其他学生在后来的回答中不断补充、不断深化或不断修改。这样虽然能够让更多的学生参与回答，扩大了发言面，但造成的负面影响是：一方面前面学生的发言似乎就成了后面发言学生的"靶子"，有着强烈的露丑感，或许学生从此就有了以后不愿意再第一个发言的想法。我们在平时教学中就经常看到有些学生在举手前总是东张西望，等别的同学举手后才举手，这之中可能就是不想做第一的思想在作怪。另一方面后面学生的发言自然会受到前面发言的学生的语言与观点的影响。例如，前面发言的学生回答使用的语言不完整或不规范，但教师却没有及时指出，可能会让后面发言的学生因模仿而犯同样的毛病。也就是说，教师想让后面发言的学生来自觉改正前面同学的错误并不是一件容易的事，或者到最后才由教师指出就可能为时已晚。

所以，教师应该重视第一位发言的学生的回答，在第一时间内就指导学生应该使用怎样的语句和语气：一是可以给后面学生的发言一个正确的示范和一个良好的起点；二是需要倡导的说法或方法，可以在后面越来越多的学生的发言中得到正面强化，使学生的答案向更好的方向和更好的方面发展。

让学生在"许多次"中练就发言的能力

有了第一次发言，才会有许多次发言。在教学中，教师在选择发言对象时应该思考"第一次发言给哪一位学生""给哪些学生更多次的发言"，在判断发言性质时还得思考"学生的插嘴是不是发言"，在收拾发言结局时也要思考"没有轮到发言的学生该怎么办"等问题。

俗话说，"万事开头难"。教学中教师在对待学生围绕同一问题或同一主题的发言时，开始学生的"第一次"发言难，但结束学生的"许多次"发言也难。当教师做好学生的"第一次"发言之后，还需要正确处理好学生发言的"一人一次"与"一人多次"，以及"一次一人"与"一次多人"之间的延续与拓展关系。为了提高发言的质量，教师既需要增加发言学生的次数或人数，但又要控制发言学生的数量。唯一的办法是，要提高学生发言的效益，必须创造更多的机会培养学生发言的能力。

1. 学生"不想说"，就逼出来大胆地说

对于一些因为性格内向或思维迟钝而真正害怕发言的学生，教师应为他们设置循序渐进的发言台阶，从说一句话到说一段话再到说一通话，从说相同的话到说相似的话再到说不同的话，从指定说到轮流说再到争取说，让这些学生勇敢地跨出第一次，并在之后许多次的发言锻炼中，增强发言意识和提高说话能力。

李开复的女儿曾经很害羞，在学校不敢举手发言。李开复就用自己在比尔·盖茨面前发言的例子鼓励她勇于发言。李开复的女儿虽然同意试一试，但还是认为只有在适当的时候、有最好的意见时，才愿意发言。李开复让女儿摒弃了"有最好的意见"这样一个主观评价标准，和她一起制订了一个实际的目标：每天举一次手，如果坚持一个月就有奖励，然后再慢慢增加举手的次数。

一年后，教师注意到，李开复的女儿已经在不知不觉中成了一个善于表达的孩子。不仅如此，为了能举手发言，李开复的女儿上课更加集中注意力听讲，课后更认真地把功课复习好、预习好。

"每天举一次手"的硬性要求，让李开复的女儿全面优化了自己的学习习惯，提升了学习效果。研究表明，一个人只要坚持4周左右的时间就能养成或改变一个习惯。而一个习惯的养成或改变，则会带来一系列的连锁反应。

由此想到我自己，我也是属于性格内向的人，在发言的场合总是躲着发言，不得不发言时心情也特别紧张。后来，为了克服自己这种一发言就脸红的窘态，就逼着自己在发言场合中总是第一个抢着发言，在小组讨论后我经常主动要求代表小组进行汇报。许多次的发言，既练了我的胆量也练了我的口才，如今发言时基本上能够做到镇定自若和出口成章。

当然，课堂教学时间有限是一个客观的事实，许多学生的许多发言愿望常常得不到满足，这也常常成为教师和学生的遗憾。那么，有没有一种办法，能够最大限度地安慰，这些没有发言的学生的那一颗"孤独的心"呢？这需要教师的教育智慧和教学策略。例如，下面案例中的教师在执教的"分数的认识"的课尾设计了一个"一题多问""一问多答"的环节，让课中没有发言的学生得到了一次"表现"。

（课临近结束）

师：这节课哪些同学发言了？请站起来。发言的同学占全班同学的几分之几？这个问题，我请还没发言的同学来回答。

师：刚才发言的这位同学占了全班同学的几分之几？我们全校有1576名学生，他占了全校人数的几分之几？我们全市有83万人口，他又占了几分之几？全国有13亿人口，全世界有50亿人，他又各占多少？（分别指名没发言的学生回答）

师：为什么同样是这位同学，你们说的分数却一直在变？

师：现在发言的同学占全班同学的几分之几？没发言的又占多少？

……

这一环节的设计，教师真是用心良苦，既给没发言的学生一次表现自己的机会，又能借此了解学生的新知掌握情况。这比教师自己总结教学内容不知强多少倍！

由此我还想到了造成学生举手越来越少的另一种情形，就是学生不愿意举手发言。其原因在于：低年级学生自制能力差但好胜心强，教师提问后，大部分学生都会举手，争先恐后地抢答，但教师一次只能叫一个学生答题，其他学生就会表现出失望。如果一个问题只一两个学生回答后就草草了事，整堂课中回答问题的学生就只能是少部分。久而久之，未被提问的学生就会产生事不关己、高高挂起的心理。特别是那些本身就很内向的学生，就更会把自己看作学习的局外人、旁观者，这对低年级学生的发展来说无疑是致命的，到高年级后这种无人举手的局面就会不可收拾、难以改变。但如果能像上述案例中的教师那样，用同一个问题让很多学生回答，鼓励他们用不同的方法解决问题，一堂课下来，回答问题的面也就扩大了许多。这样不仅巩固了知识点，也增强了学生的自信心，一举两得，何乐而不为呢？

另外，问题的设计要针对不同层面的学生，这样才能调动全体学生的学习积极性，更有效地扩大答问面。所以，课堂提问要注意辐射面，既要让成绩好的学生发言，又要让成绩一般、比较差的学生发言，以点带面，充分调动各类学生思考的积极性。

2. 学生"太想说"，就请出来大声地说

在开放的教学环境下，课堂上学生插嘴的现象常常出现。教师是板脸训斥或置之不理，还是……其实，不能将学生的插嘴简单地理解为"不守纪律的表现"，有时学生的插嘴是一种"情不自禁"，是学生自己轮不上发言而太想发言的一种情感压制后的喷发，这种急于想表达的发言内容大多具有一定的思想价值，甚至是直觉、顿悟和灵感的闪现。教师应审时度势、随机应变，将其转化为鲜活的教学资源，成为学生发现问题、探究知识的新起点。例如，一位教师教学"5 以内数的大小比较"时：

师：（出示数字卡片 1 和 2）1 和 2 比大小，中间用什么符号连接呢？

生：2＞1。

师：你是怎么想的？

生：两个苹果比一个苹果多。

生：2 里面有两个 1，1 比 2 小。

生：1 加 1 等于 2，1 比 2 小。

生：2 可以分成两个 1，所以 2 比 1 大。

师：小朋友们都说得很好，2 比 1 大。

正在这时，底下冒出"不和谐"的嘟囔声："有时 2 比 1 小。"教师微笑着请这位学生站起来发言。

生：哥哥是老一，弟弟是老二，哥哥比弟弟大，那不是 1 比 2 大吗？

师：这位同学说得有道理吗？（其他学生点点头）你想得真周到。1 和 2 不仅可以表示 1 个或 2 个物体，还可以表示第一、第二。当它表示数量时，2 比 1 大；当排序时，第 1 比第 2 大。不过一般情况下，比较数的大小就是比较数量的多少，所以 2 大于 1 是对的。（这位学生发出"哦"的声音）

这看似不经意的插嘴却丰富了课堂教学内容，它使学生认识到"一个数有基数和序数两种意义"。试想，如果教师对学生的"插嘴"不予理睬或简单地否定，我们会听到这精彩的发言吗？此时，我们不妨请他把自己的想法大声地说出来。当然，教师还可以告诉学生，如果想发表自己的意见，提倡采用举手的方式，这样可以让老师和同学及时、清楚地知道你的意图。

3. 学生"还想说"，就写下来大量地说

因为教学时间的限制，许多还想发言的学生未必能够尽兴，或许他们的发言内容只是一些观点的重复，但也有可能存在着一些新的思想，有时教师就可能会遗漏这些学生的精彩或独特，这将又是教学的遗憾。

那么，怎样可以很好地解决教学时间紧与学生发言多的矛盾？其实教师可以采用一些间接的做法，以让学生通过书面语言写下自己的发言内容与教师交流的方式来缓解这种矛盾。

一位教师经常让学生自制书签，可以做成各种形状，然后在书签的一面画上图画，写上祝福的话语、自己的心愿或者喜欢的句子，另一面则用来写下在课堂上没有机会发言的内容，或者在发言环节过后又想到的见解、建议或困惑，课后送给老师阅读。学生很喜欢这种书签式的发言工具。

上述案例中的做法，教师就可以从学生送的书签上知道学生还想说些什么，从中吸取一些有用的信息，或作为调整下一节课教学方案的依据，或在以后适当的时间内与学生私下交流，或贡献出来让其他同学共享。当然，教师也可以把自己想对学生说的话写在他的书签上回送给他。这样，书签不仅成了师生之间沟通思想的载体，还成了师生之间传递情感的媒介。

另外，教师也可以为每位学生准备一本"语录本"，代替上述诸如书签的"发言卡"，这样比较方便也便于保存。教师还可以利用黑板报为学生开辟一块"自由谈"的空地，让学生在课后把课中无法说的话在那里"留言"，也鼓励其他学生进行"跟帖"，教师适时进行评说。

总之，学生的举手不仅与学生的知识水平和学习能力有关，更与学生的长久性情与当时心情有关。所以，教师应该把学生的举手作为调动学生学习热情、检测学生学习进度以及判断学生学习效果的一种举措。

27

放大知识价值，让教学行情看涨

[造声势，涨身价]

平常路　教师常常只会"教教材"，照本宣科，照章办事，把教材知识分解成一个个知识"点"落实给学生。

非常道　教师应该"用教材教"，通过回溯知识的"过去"、挖掘知识的"现在"、展望知识的"未来"，放大教材知识的"面积"。

生活中，在电脑上发送或下载图片时，因为图片所占内存空间太大，尤其是在图片传递过程中，极其不方便，我们就经常把图片制成压缩文件，这就相当于把大容量的知识压缩成教材上呈现的知识内容。

图片接收者在浏览这些图片前，就必须先对这些压缩文件予以解压，然后才能够打开并欣赏这些美丽的图片。在课堂教学中，教师的责任就是要把压缩后的学科知识进行解压，通过对知识的还原、造势、深化与嫁接等手法，放大知识纵向的发展过程以及横向的拓展过程，放大知识在日常生活和学习生活中的价值，从而让学生能对知识更在意和更在行。

把知识"焖"一下

在饮食中，常常需要把食物焖一下，让火候烧得更透，让味道渗得更进。在等待的那段时间中，食客的食欲在不断地激发，对即将"揭晓"的食物的形、色、味充满着想象与期待。所以我认为，美食之美不仅在于食物的美好滋味，更在于能够让食客带着一种美好的心情去品味。

教育教学同样如此，我们也应该把知识在正式揭示之前"焖"一下，让学生虽然还没有"尝其汁"，但已经能够"嗅其香"。等到知识闪亮登场时，学生已经有丰富的情感酝酿或者有充分的活动体验迎接知识的到来。

1. 神秘化引出知识

沈阳一家北京烤鸭店开业时发现一贯的广告很难开门红。眼看情人节将至，烤鸭店准备了贺卡、玫瑰花和红酒，与邮局签订保密协议：邮局送给指定人员时不得透露委托人姓名。收礼者疑惑，好事者议论，"炒"得沸沸扬扬。其落款写的是：欲知我是谁，请看2月16日报纸。该日，报纸一抢而空。打开报纸，映入眼帘的是：2月18日，辽宁"北京烤鸭店"隆重开业！这个在当地鲜为人知的烤鸭店在一夜之间就"飞"起来了。

神秘的事情的确能够引发人们的好奇，期盼能够有朝一日一探究竟，得知谜底。在教育中，知识之谜也一直吸引着学生的好奇心和探究心。所以，教师一方面要充分利用知识本身存在的，对学生而言未知的神秘来激发学生的学习欲望，另一方面教师也可以在引出知识前，像上述生活案例中所采用的广告策略那样进行神秘化"炒作"，让学生在"欲知详情，请听下回分解"的牵挂下产生和保持学习的强动力。

在教学中，教师在教学新知前，常常会采用设置一个问题情境"难为"学生，在学生"为难"之际，在迫切需要解决问题的钥匙时，教师及时揭开知识的面纱，接下来的为学生解开问题情境留下的思想"疙瘩"，而进行的新知识教学就成了学生的迫切需要。例如，有一位教师在教学"用字母表示数"时就巧妙地采用了这种"变化'默'测"的艺术手法：

师：老师这儿有一个"神奇的魔盒"，输进去的数出来后会发生变化，你们想不想试一试？（生输入"3"，"魔盒"输出"13"；生输入"5"，"魔盒"输出"15"；生输入"1"，"魔盒"输出"11"）

师：比较进去和出来的数，你有什么发现？

生：出来的数比进去的数多10。

师：你能用一个算式表示它们的关系吗？

生：$a+10$。

师："$a+10$"中，什么变了？什么不变？

生：a 变了，所以 $a+10$ 的结果就发生变化，但它们的关系不变。

教学导入的神秘化策略也不在于课堂教学的开始一时，如果能让学生在一段时间中一直酝酿着这种"神"情，就可能有助于培养学生对相关知识的一番"深"情。等正式教学时，学生足够的"恋爱"体验就能为知识的得出推波助澜。另一种情形是，之前长时间的探迷过程，或许就已经促使学生慢慢自己琢磨出知识的奥秘和奥妙。

我在教学"角的度量"的一个月前就让学生购买了量角器，但我没有说明它有什么用、在何处用、应怎样用，只是让学生在疑惑中自行把玩。有的学生在不断尝试中略知一二，有的学生对照量角器找到了教材内容进行了自学，他们相互交流使用心得。当量角器不再让学生感到神秘时，我就及时把"角的度量"教材调前进行教学，在"趁热"中"打铁"，取得了很好的教学效果。

可以说，教学之"神"就在于知识之"秘"。教师就是其中教学时为知识"秘密"增加"精神"的艺术大师，通过知识的神秘抖擞学生的探究精神。换一句话说就是，学生的学习其实是一个去神秘化的过程，学生在知识逐渐明朗的过程中寻找到自己的精神所托，并寻觅到知识的精神所藏，这是学生在情感和知识上的双重收获。

2. 生活化引导知识

一个小食品公司想给辣酱做广告，但承担不起城市热闹街头的广告牌费，后来选中一个偏僻的十字路口，价格只需几万元。然而，广告牌上根本没有辣酱广告，上面赫然写着："好位置，当然只等贵客，此广告招租 88 万/年。"这价格是这座城市最贵的，每个过路人都不自觉地停步看上一眼，很多人都知道了这个十字路口上有个贵得离谱的广告位虚席以待。一个月后，"爽口"牌辣酱的广告登了上去，辣酱的市场迅速打开，因为那 88 万/年的广告价格早已家喻户晓。

是啊，价值只有在流通中才能得以体现，但价值的标尺却永远在别人手中。别人永远不会赋予你理想的价值，你必须自己主动去做一块招牌，适当地放大自己的价值。

在教育中，客观存在的知识价值要让学生认识，就必须通过教学过程来实现。也就是说，知识的教学价值只有在教与学的流通中才能得以体现。于是评判知识的学习价值的标尺就掌握在学生手中，如果学生认为这一知识值得一学，知识才能焕发它的教学魅力，或者这么说，尽管知识本身价值很高，然而学生学习兴趣不高，那么知识的教学价值就低于知识的本身价值。所以，教师就必须要为知识做一块"招牌"，做好知识教学前的"广告"，放大知识在学生心目中的价值，吸引学生主动学习，让学生感受知识在学习中的价值以及接受知识在学习后的价值。

其中，教师常用的做法是把知识放置于生活的背景中，让学生感受知识在生活中的用途，从而唤起学生学习这些知识的切身需要。

在教学百分数的实际应用时，教师就不妨让学生到银行实践一下——怎样把自己在春节中收到的压岁钱和平时积攒下的零用钱定期储蓄，面对储蓄单时学生一定会发现不同期限的利率不同，更会想知道到期后能拿到多少利息。于是，什么叫利率以及利息怎样计算、不同的存法收益会有怎样的不同等问题就自然而然成了学生想探究和学习的对象。

在学生这样的心情下，教师趁热打铁，接下来教学"百分数的实际应用"就成了学生的需要。因为此时这一知识在学生心目中的实用价值已经很高。当然，为了让学生能有深切的体验，教师可以把知识课前的"广告"时间拉长，让学生有足够的时间慢慢感受知识的魅力和慢慢琢磨知识的秘密，然后在合适的时机在课堂上让学生把看到的、听到的、想到的以及已会的、不会的进行交流，那么知识教学就会很容易水到渠成，这样也就能够实现教师少讲、学生多讲的"不教"。

"认识时分"的教学，教师在学生第一次踏进教室起，就可以在墙上挂上钟表，每天有意识地问问学生"现在进行时"。这种日常教学加上家庭教育的潜移默化，学生对时分的认识会慢慢习以为常，等到正式教学"认识时分"时，学生完全能够自己学会这一知识的"完成时"，教师只需进行画龙点睛的梳理和锦上添花的练习。

然而，我们现在的教学存在的问题是，教师常常很少有这样"预热"知识的意识，而只会做好知识教学的"现在进行时态"，习惯于今天的事情今天做。这节课教什么就在课的开头创设一个用文字或用图片呈现的，所谓联系生活的情景，这样的生活情景常常存在着，学生还没回过神来就已经受制于课堂教学时间而匆匆而过的弊端。

所以，如果要让学生对与生活实际联系紧密的教学内容，能够"有情"并且"多情"，教师就必须给予学生足够的时间，在接触生活中接触知识，不仅仅只是上课开始的几分钟，而可能是几天、几周甚至几月前就让学生在生活的知识海洋中"游泳"，最终实现在游泳中学会游泳。也就是说，教师要善于做好知识教学的"过去完成时态"，让学生不仅有一种知识在以前的生活中已经见过的"原来如此"的新鲜感，还有一种知识究竟是什么和为什么的"原来如此"的新奇感，前者只需要在正式知识教学时让学生进行交流和教师进行梳理，而后者则需要在正式知识教学时让学生进行挖掘和教师进行补充，此时，这些成了课堂教学的重点。

要放大知识教学的价值，就必须给学生足够的时间和空间去渐渐"领教"，发挥在社会生活、家庭生活和学校生活中"生活教育"的作用。等到知识隆重登场时，学生不再感到突然，已经有充分的思想准备和丰富的生活经验迎接着它的到来，因为这一切都在知识发展的情理之中和学生体验的掌握之中，这样的学习学生会感到很轻松。

把知识"抬"一下

我们都知道，没有思维含量的课只能肤浅，说严重一点，可以说是浪费学生的生命。学生的学习需要不断地进行挑战，挑战知识、挑战同学、挑战教师乃至挑战自己，这样学生才能在挑战中不断进步。所以，教师应该时刻思考一个问题，那就是"教学，该怎样走向深刻？"抬高知识的平台，抬高教学的舞台，给学生创造思维跳跃的天地和思想飞跃的天空，最终抬高学生的水平。

我曾经连续听了12节相同执教内容的课堂教学，课题是四年级的"解决问题的策略"。听后，总觉得缺少了些什么，那就是这些课难以给人一种动人心弦甚至刻骨铭心的冲击。下面我就以本课为例探讨"教学，该怎样走向深刻"的一些做法：

1. 深刻：从退隐走向支持

现场扫描：教材例题是典型的相遇问题——

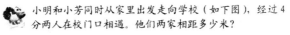

小明和小芳同时从家里出发走向学校（如下图），经过4分两人在校门口相遇。他们两家相距多少米？

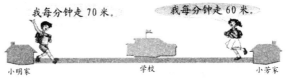

我每分钟走70米。　　　我每分钟走60米。

小明家　　　　　学校　　　　　小芳家

教材启发学生通过画图或列表来整理题目的条件和问题——

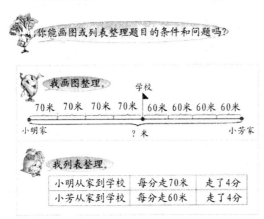

你能画图或列表整理题目的条件和问题吗？

我画图整理。　　　　学校

70米 70米 70米 70米　60米 60米 60米 60米

小明家　　　　　？米　　　　　小芳家

我列表整理。

| 小明从家到学校 | 每分走70米 | 走了4分 |
| 小芳从家到学校 | 每分走60米 | 走了4分 |

因列表整理信息的方法在四年级上册的"解决问题的策略"一课中已经专门学过，所以，教师开始有意引导学生具体研究怎样画线段图来整理信息。于是，这一环节的教学便有了一种图表"分家"的感觉——画线段图成了"新娘"、列表只为"伴娘"，因为教师的后继教学中几乎不再谈及列表，在此状态下，列表法淡出师生视野也就不足为怪了。

深度观察：画线段图与列表都是解决问题的策略，学生由具体问题自然会联想到刚学过的列表整理法，他们的潜意识中一直认为这种策略也会适用于相遇问题。然而，在教师对画线段图的隆重介绍中，学生最终也没明白教师大力"推销"的理由，他们只是"想"着教师所想、"爱"着教师所爱。

对此，我认为，教师应注重让学生在比较中感受到：画线段图更适合于解决行程问题。例如，在分析算式算理时，一位教师根据学生的表现问："你们在说算理时，为什么都喜欢指着线段图来说（而不喜欢指着列表说）？"从而突显线段图比较直观形象的特点。

另外，教师还可以在解决巩固练习中的"环形问题"（如图，下页）中，让学生进一步体会列表的局限性：难以让学生一目了然地"看"出其中的奥妙，而画线段图则可以较好地克服这种"弱视"，明亮眼睛，通畅思维。

小张和小李在环形跑道上跑步，两人从同一地点出发，反向而行。小张每秒跑4米，小李每秒跑6米，经过40秒两人相遇。跑道长多少米？

因此，教学内容在教学过程中虽有主次之分，但不能把所谓的"次要"内容轻描淡写甚至驱逐出境，而应充分发挥它的参照功能与服务功能，来映衬与突出"主要"内容的优越性。

2. 深刻：从详尽走向简练

现场扫描：在教学画线段图时，教师紧紧地扣住"画的线段图要能全面反映题目的全部信息"来指导学生画线段图，例如，标明出发点和相遇点、平均分段表明速度和时间等。于是，学生根据教师的示范，开始端正又细致地打磨线段图，以求能得到一个"标准""齐全""美观"的作品。这一精耕细作花了学生许多时间。

深度观察：解决问题的策略是为了学生能更好、更快地解决问题。"好"体现在这种策略能帮助学生发现数量关系、理清解题思路、出台算式算法；"快"则表现在学生不需要花费太多的工序、太多的材料、太多的时间去运用这种策略。

所以，在画线段图这种策略的"运作"中，教师应让学生经历两次提升阶段：首先是由"杂"到"简"的提升，即由例题文字叙述的繁杂发展到线段图示意的简明。事始，教师为了能让学生领略线段图的意图，可以把线段图做全、做细，这一过程教师课中一般都能操作到位。在此基础上，我认为，教师还应该进行由"实"到"虚"的提升，即由线段图具实反映信息的齐全发展到线段图大体反映信息的简练。例如，可以省略后续均分点位、省略出发和相遇地名、省略行走方向等，这样，可以进一步提高线段图的实用性和抽象性。

3. 深刻：从独立走向整合

现场扫描：教学中，教师按照教材编排设计的教学内容一般是"相遇问题"（例题）→"相背问题"（试一试）→"环形问题"（练习题），然后拓展到"工程问题"（练习题）。此中，教师对上述各种问题进行了比较，但仅限于情节的区别与解法的沟通。

深度观察：对题目之间情节、结构与解法的比较，是十分必要的，但这样比较还没有触及问题的本质。我认为，教师在上述比较的基础上，还应该引导学生重点比较线段图，其中"环形问题"可以化曲为直：如果从出发点"剪开拉直"，就可看成相遇问题；如果从相遇点"剪开拉直"，就可看成相背问题。接着，让学生观察各个具体问题经"提纯"后的线段图，让学生发现它们的图像具有共同特征，都反映着"两部分量之和等于总量"这一基本数量关系，由此把行程问题中的不同情形纳入相同的数学模型。同理，也能把工程问题纳入相同的数学模型，从而实现融会贯通、举一反三的板块式整体教学。同时，通过线段图的"串通一气"，可让学生的目光始终围绕在本课"解决问题的策略"的主题词"策略"——画线段图上。

最后总结时，留在学生记忆中的，本课解决的可能不再只是一个相遇问题"点"的学问，而是一组相关问题"面"的扩展，串联它们的"红线"是相同的解决问题的策略。

4. 深刻：从定式走向灵活

现场扫描：教学中，从例题到习题，教师呈现给学生的一般都是结构类似、单一、完全的题组。于是，学生顺流而下、顺势而为，最终虽然强化了学生的认识，但也可能会导致一种"后遗症"，那就是思维因过分模式化而僵化，学生不假思索地"依葫芦画瓢"，使练习的作用贬值。

深度观察：当学生完成了数学模型的建构以后，教师应重新打破学生的认知平衡，可以增加开放题。例如，把习题中方向明确的工程问题改编成设计问题"两个工程队准备合修一条路，甲队每天修12米，乙队每天修15米，计划8天修完。请你设计一个修路方案，然后提出问题解答。"对此，学生可以设计成"从两头向中间修"和"从中间向两头修"等方案，自觉迁移前面学过的行程问题中的"相对而行"与"相背而行"这两种动态效果。此外，还可以增加反面题。例如，补充"在一条东西走向的路上，小红与小明同时从同一地点出发，小红每分走60米，小明每分走70米，10分钟后，两人相距多少米？"在可能产生的"相背问题"与"追及问题"的碰撞中，提醒学生注意有些问题"形似神合（线段图相同）"，而有些问题"形似神离（线段图不同）"，促使学生脚踏实地地注重分析过程。

我在对"解决问题的策略"一课的评说中，意欲表达这样一种观点：我们在植根教材的基础上，应尽可能在知识的联结点上比一比、在知识的锻造点上炼一炼、在知识的生成点上放一放、在知识的拓展点上延一延，从而使教学更加意味深长，不断地走向深刻。

把知识"接"一下

　　著名作家张贤亮堪称中国文人"下海"经商的成功典范。他看到所有的商店摊子上都摆满了红红的"中国结"，但卖不出价钱。于是，他别出心裁地推出了一款新型"中国结"，把装有黄河水的小瓶子挂到"中国结"上，既起到了装饰作用，又寓于了"买中国结，带回母亲河的祝福"之深意，价格比单纯的"中国结"翻了10来倍，产品推向市场就卖疯了。

　　一只装了黄河水的小瓶子，如果扔在地上，肯定不会有人捡。但装有黄河水的小瓶子一挂到"中国结"上，就注入了"爱国文化"的内涵。"中国结"加上"母亲乳汁"，那是怎样一种情境啊？面对母亲的祝福，谁不动容，谁不虔诚之意顿生，谁还会在乎价格昂贵而拒绝呢？

　　真正的商品不是纯粹的产品，是有生命、有主题的。其实，在教育中，真正的知识我们也不能单纯地看做是纯粹的产品，没有感情地把它"推销"给学生。要让学生感觉到，学习的知识是前人传留下来和教师传授过来的"礼物"，触摸到知识的风景和风情，我们就必须让知识具有温度和情趣，赋予它"生命"和"主题"。

　　1. 让知识接上文化

　　其中，知识教学的"主题"常常会嫁接在与之相关的知识文化上，通过学科综合、历史回溯等途径让知识包裹上文化的气息，既能激发学生学习知识的兴趣，又能让学生拓展视野，从而使知识本身更有"生命"，体现出知识更大的文化价值，这样的知识教学也就会焕发生命的活力。

　　在"圆的认识"一课中，教师介绍了墨子的"圆，一中同长也；圆，无直"的阐述，还介绍了《周髀算经》中"圆出于方，方出于矩"的诠释，使学生在进一步加深对圆的特征认识的基础上，深刻地体验到古代文明的博大和魅力。不仅如此，教者还通过配合了背景音乐的中国古代太极八卦图、中国传统剪纸、景德镇陶艺、西方建筑、世界奥运会会标等富有美感的图片欣赏，将圆所具有的文化内涵贯彻于教学始终。

有人说，圆是最美的图形。在教学时，教师如果仅仅把眼光放在"图形"上，那这样的教学仅仅只是传授知识，让学生理解的是知识的特征。如果教师把眼光还放在"最美"上，那这样的教学就会充满一种美学的文化特质，让学生感受知识的文化力量。或许，以后首先能唤起学生回忆的恰恰就是圆的美学欣赏，尔后才牵起学生对圆的数学印象。

知识的经典文化可以促使知识成为学生注意的典型对象，突出知识在学生心目中的地位和加重知识在学生学习中的分量。除此，知识的流行文化同样能够让知识流动起来，帮助学生在流行的、熟悉的情景中理解陌生的或者深奥的知识。

四年级语文课有学写书信的这一内容。在进行写作指导课前，一位教师夹着课本唱着李春波的《一封家书》来到教室，学生既感到有趣，又觉得十分好奇。"老师你能把这首歌教给我们吗？"于是教师把歌词一行行写在黑板上。这样书信的格式就出来了，学生通过唱就学会了写信。

上述案例中，知识不是教会的，而是通过一首流行歌曲唱会的，歌词的链接，接出了学生对写书信方法的自我感悟。数一数二的知识要点不再是被教师条条"话"开，而是被学生喜闻乐见的一首歌曲轻轻"化"开，这种文化的力量要远胜于教师的教化，更能融化成学生对知识的理解。

由此可见，把教材上简约化知识的"终身"，托付于其所有的历史背景或其所在的时代背景，这样的"出嫁"，知识才会异彩缤纷，更有利于学生认识知识的纵横联系，这样的知识才会成为"文化知识"。

2. 让知识接上人气

人都有一个"人来疯"的共性，那就是喜欢凑热闹，喜欢去人越多的地方，喜欢被越多的人了解。学生也是一样，能引起教师越多的关注和被越多的同学关注，他们的学习就越是显得来劲。所以，如果我们把学生作品由原来一个人的"孤芳自赏"，变成现在一群人的"雅俗共赏"，那么既可以达到学生之间互通信息，又可以达到学生之间互通情感的目的，更可以使作品的"主人公"感到无比荣耀。

例如，作文批改的任务让语文教师常常感到繁重，好不容易才把作文本发到学生手中，学生却常常只是关心自己的等级，很少细细地去思考教师的批改和自己的作文。另外，学生从完成习作到讲评有一段比较长的时间间隔，当教师批改完毕再集中讲评时，学生对作文的内容大多已经淡忘，他们的兴奋点已经消失或转移。

我偶发奇想，何不把作文本当成"论坛"呢？我这样构思：一是同学"点击"。每一位学生的作文必须有不少于 3 个同学进行赏读，赏读的同学要善于发现文中诸如字词、句段等闪光点，以"跟帖"的形式，用简短的语言阐述自己的见解或意见。作文被同学"点击"1 次可多得 1 分，最后评选"最佳作文""最佳评论员"。二是家长"点击"。家长阅读孩子的作文和同学对自己孩子的作文的评价，发表意见。三是自我"点击"。思考同学、家长的"帖子"，加以回复，修改作文。四是教师"点击"。教师阅读习作、"帖子"，写出具有激励和指导作用的话，并评出等级，为作文讲评课做好准备。实施下来，学生被这种"别样"的修改法深深地吸引了。

放大知识的价值，其实也就是放大知识在学生心目中的作用，让学生不仅看到知识生成的"来"路，又能看到知识深处的"道"路，还能看到知识拓展的"公"路，促使学生能够达到"期待知识"情感上的最大化和"理解知识"认识上的最大化。

28

掌握好教与学的『手』艺

[巧用手，当助手]

平常路 手是人体的一个器官，这人人都知道，但手也是教师教与学生学的一种器具，这师生未必能清楚。

非常道 手，人人都有，时时都用。教师要成为教的高手，学生要成为学的能手，就必须让自己的手成为有用之手。

手，可以透露信息。例如，要辨识对面的人是否在撒谎，最简单的办法是观察他的手。说谎者在需要做出动作时，通常会用夸张的手势来掩盖事实。比如，伸长胳膊或使用节奏性的手势来强调某一点。

手，可以获取信息。我们从小就懂得，人有两个宝，双手与大脑。通过动手可以获取物质财富，也可以获得知识财富。

教师的大手与学生的小手可以共同举起教育教学的希望，以及对知识学习的渴望。教师与学生"手拉手"，用手托起学生，可以拉近学生与教师之间的交往距离，让学生更容易掌握自己的命运；学生与知识"手拉手"，用手帮助学习，可以拉近学生与知识之间的交接距离，让学生更容易掌握所学的知识。

给学生更多的"指"望

在学生的眼里，教师手的象征意义远远大于生理功能。教师不同的手形——用指、用掌、用拳，都可能带给学生不同的心理感受，教师不同的手势——方位、方向、方式，都可能传给学生不同的信息理解。

教师应该为学生伸出一双温暖之手，与学生心手相牵、心手相印，成为提高学生自信指数的"高手"。

1. 轻轻"捧"起学生的地位

父亲是建筑公司最受欢迎的设计师，可得到的奖状却少得可怜。我对此大惑不解，父亲笑着说："我受欢迎并不是我比别人有才华。你注意看一下其他设计师办公桌上的草图就会明白。"原来父亲桌上的草图都是朝外的，而其他设计师的草图都是朝向他们自己。我恍然大悟——父亲能够倒着画图！这样一来，顾客们看到的就是正对着他们的图样了。

父亲成功在"反转180度"，能够从对方的角度看问题。在教育中，你也能从学生的角度看问题吗？例如，在分发试卷时，你是随意地发给学生？还是用心把每一张试卷摆正在学生的面前？又如，在个别辅导时，你是把学生的本子放在自己眼前而让学生侧身过来听讲？还是把学生的本子放在学生眼前而让自己侧身过去讲解？再如，在手举卡片让学生朗读或口算时，你是固定不动或朝向回答的学生？还是尽量退后拉开卡片与前排学生的距离，并把卡片左右来回地缓缓地小幅转动以让全体学生都能看清楚？还如，在板书示范写法时，你是站直了写？还是蹲着身伸长手抬高字而写，以不让自己的身体挡住学生的视线？……无疑，后一种"手法"更能让学生感到有地位，从而更能有作为。

一个特级教师应邀上公开课，讲桌上散落着乱七八糟的粉笔，桌面上铺了一层白乎乎的粉笔灰。特级教师迅速地收拾好桌上散乱的粉笔，然后走下讲台，转过身去，面对黑板，轻轻地吹去了桌上的粉笔灰。片刻的沉寂后，教室里响起了一片掌声，所有的教师和学生都用掌声给她的开场白打了最高分。

教师对学生"动手"的时机和场面更多的是在课堂教学中。让学生回答问题时，教师是用手指"点中"学生？还是用手掌"请起"学生？此时的形变代表着质变，后一种"手势"更能给学生尊重。

老师提了一个简单问题，用教鞭指着敏，敏站起后，傻愣愣地望着老师，没能回答出来。只听"啪"的一声，教鞭重重落在课桌上，老师不耐烦地说：

"这么简单的问题都回答不出来?!"我的心也为之一颤,敏一直是个活泼的孩子呀,怎么就像变了一个人似的?

课间,我问敏,她告诉我,当时很紧张,只注意了教鞭,没听清楚老师的问题。敏十分委屈。我建议数学老师手中不要再握教鞭。

接下来的数学课,每当他喊学生回答,手中没了教鞭,却习惯用食指朝着孩子一指。有一次,他指着身旁的一个孩子回答问题,这个孩子望着老师的手指,本能地往后一闪。课后,我再次建议他,伸开手掌,掌心朝上,语调和蔼地说:"请某某同学来回答。"他欣然接受。刚开始,孩子们还有些别扭,渐渐地,开始喜欢上数学课了,他也觉得孩子们的学习有了很大的进步。

很多教师都用过上述叫起学生的方式——"指点",许多教师都意识不到这是对学生的一种不尊重。这种行为暴露了教师心中还没有真正把学生当作平等的人。"指",传达了上对下的命令;"请",则更多地体现了教师对学生人性化的关怀与尊重。

切换到另一个教育场景,教师在与学生个别谈话时,常常是学生面对着教师而站,说的过程中,教师还会经常下意识地用手指指点着学生的脑袋或心口。记得我读初一时,最怕的就是班主任用手指指着我的鼻子。所以,教师在与学生谈话时,最好的方式是让学生与你平排坐在一起,然后拉过他的手放在你的手中,放你的真心在他的手心,这样的交谈才会更容易让学生感觉到你的情真意切。

刚读初中的儿子因为是先看电视,还是先做作业,与他妈妈发生了争执。他发怒了,又哭又闹,妻子愤怒、伤心、无奈。我把儿子拉到他的房间。我坐下,示意儿子也坐下,他却站着,脸倔强地扭向一边。

"我们可以谈谈吗?"我问。

儿子昂着头:"跟你们大人没什么好谈的。"

"那么,我们可以像两个大人一样谈谈吗?"我用商量的口气问。

"像大人一样?"儿子扭回头,看着我,"怎么像大人一样谈谈?"

我笑笑,拍拍床沿,说:"你先坐下,这样我们才像两个大人谈话的样子。"儿子犹豫了一下,坐了下来。我看着儿子,"两个大人之间的谈话,首先是平等的。"

"但是,你们对我一点也不平等。特别是妈妈,什么都喜欢管。"儿子愤怒地"控诉"。我说:"既然我们是像大人一样交谈,就应该心平气和,今后,不管遇到什么事情，都不要再像孩子一样，动不动就哭鼻子耍脾气了，好吗？"儿子忽然不好意思地笑了。

我告诉儿子，两个大人之间的谈话，除了平等，还应该是客观的。我拿今天的事情为例。我问他，"作为一个学生，放学回家了，是不是应该先做好作业，再看电视？就像爸爸妈妈下班回到家，就应该先烧饭做家务，忙好了才能坐在电视机前。"

我拍拍儿子的肩膀，"你知道怎么做了吗？"儿子伸手在我的胸口打了一拳，"我知道了！"

从那天开始，我们这个三口之家，虽然仍是两个大人，一个孩子，可是，如果有什么问题需要沟通和解决的话，那我们一定是像两个或三个大人一样，坐下来，谈谈。

2. 紧紧"握"住自己的命运

一次，去拜会一位事业上颇有成就的朋友，闲聊中谈起了命运。我问："这个世界到底有没有命运？"他说："当然有啊！"我再问："命运究竟是怎么回事？既然命中注定，那奋斗又有什么用？"

他没有直接回答我的问题，但笑着抓起我的左手，说不妨先看看我的手相，帮我算算命。给我讲了一番生命线、爱情线、事业线等诸如此类的话之后，突然，他对我说："把手伸好，照我的样子做一个动作。"他的动作就是，举起左手，慢慢地越来越紧地握起拳头。他问："那些命运线在哪里？"我机械地回答："在我的手里呀！"他再追问："请问，命运在哪里？"我如当头棒喝，恍然大悟。原来，命运在自己的手里！

（1）让学生手中留香

在教育中，我们也应该让学生明白这一个道理：自己的命运在自己的手里。当然，学生这样的深刻认识与体会还需要教师通过一些活动进行指导。例如，下面教师开展的"手掌记录法"就是一种很好的做法。

开学初，班主任给每个学生准备了一个"成长记录袋"。老师要学生在记录袋的封面上画上自己撑开手指的两只小手的轮廓。学生在右手的每个指头上写自己的优点，然后请其他同学评一评自己是否是这样，或请其他同学帮着找优点；学生在左手的每个指头上写自己的缺点，然后请其他同学评一评自己是否是这样，或请其他同学帮着找缺点。

突破平庸

学期结束，教师让学生再画一画手的轮廓，然后通过自评与互评等形式看看自己"成长"了多少：手掌大了多少？优点加了多少？缺点改了多少？

最后努力的方向是：优点越来越多，缺点越来越少。让两个手的手指上都写满优点，乃至手掌心。

"手掌记录法"使人想起孩子出生时，保育员把孩子小小的脚掌印在出生卡上留作纪念的情景。在成长记录袋上描下学生两只手掌的轮廓，让学生感到新奇、有趣、亲切，然后在手指上写自己的优点和缺点，学生就很乐意进行自评和互评了。学期结束，让学生与期初比较，手掌和手掌上的优缺点的变化情况，喻"评"（评价）于"物"（手掌），成为成长记录袋上的一个容易让人动心的"动感地带"和一道亮丽的"风景线"。可以说，"让学生掌握优点"是"让学生掌握命运"的初级阶段。

（2）为学生手下留情

我们已经知道，教师用手指"指名"学生回答问题，在众目睽睽之下可能会给学生造成一种强势的心理紧张，但如果在学生困惑之时，教师能用手指暗暗地"指明"一下，可能会让学生茅塞顿开，暗暗地感激你私下的手下留情。

一次单元测试，我巡视着。当走到李×面前时，我停了下来，眼光急速地扫视着他所做的习题。糟糕！他有三道计算题做错了。如果这三道题失分了，他又达不到及格了。怎么办？一个大胆的念头闪入脑际——给他提示。我悄悄地在这三道题的关键处用手指点一点，提醒他再认真审题。还好，经过暗示他很快发现了错误，并改正过来。此时我看到他脸上露出感激的笑容。

第二天分析试卷时，我兴奋地告诉大家，李×同学这一次比上一单元多考了10分。同学们高兴地为他鼓掌，我也看到了他久违的兴奋。此后，我又对他进行了考前热身和考后指导，使他不断增强学习信心，提高解题能力。

上述案例中，教师的指点，点出的不仅仅只是知识的错误，点出的更是学生对教师的信任和对学习的信心，促使学生变反复失败为反复成功，不断获得成功的心理满足感与幸福感。

给学生更多的"指"引

科学表明，动手与动脑之间有着联动效应，现在流行的"手指操"就是健脑的一种应用。例如，在家庭教育中，有些家长会让孩子通过用手指按电话键来锻炼手指肌肉，更重要的是锻炼左右脑的同步开发。刚开始比一比谁在相同的时间里按的数字多，然后再根据一定的规律按，譬如横线、对角线等；按得熟练以后，还可以让孩子左右手同时上阵，按照一定的律动来按，譬如：左右左右、左左右右、左右右右左左等。

在学校教育中，手还可以成为教师和学生身上最熟悉、最方便的教学"工具"。在教学中，教师巧妙地借助手，可以使一些抽象的知识形象、直观，帮助学生理解，又可以使一些复杂的知识"附着"于学生的手指，帮助学生记忆，还可以把一些结果用手势反馈出来，帮助学生表达。

教师应该为学生伸出一双智慧之手，专心致"指"，以"拳"谋"思"，成为提高学生自主指标的"助手"。

1. 利用手的运动助学

在生活中，手的许多生理功能需要通过手的运动来完成。而在学校教育中，许多知识的教学功能也需要通过手的运动来实现。例如，教师的演示、学生的操作等都离不开手。

（1）手的演示活动

在教学中，教师可以利用手的运动来帮助学生"做"学问。有一个外教在给我们谈到 pipe（管子）这个单词的时候，他把一只手卷起来，对我们说："round（圆的）。"然后又将双手展开说："long（长的）。"最后，他还将另一只手的食指放入卷起的手中说："empty（空的）。"短短三个词汇、三个动作把"管子"这个词的特点解释得清清楚楚。

例如，在教学"相遇问题"时，教师常用拍手运动来形象地解释"相对""同时""相遇"等问题解决的关键要素；在教学"数的分与合"时，教师常用左右手的分与合来帮助学生形象化地理解分与合的含义。

一位教师教学"面积和面积单位"时，上课开始，他高举右手，手掌面向学生，一言不发，学生觉得奇怪，个个都注视着他。稍停，只见他用手掌面去摸黑板面、讲桌面和课本面，接着就引入了新课的学习。

这样的手语既设疑又激趣，比用语言直接讲解表达效果更好。这种手语的一层意义是手语具有指示、表形、象征、情意等多种类型，它和其他非言语行为一样，不仅可以补充语言信息、强化语言信息，而且可以替代语言信息，甚至有时还能起到语言信息所起不到的的作用。在课堂教学中，手语的使用尤其突出，它富于变化，使用方便，能恰到好处地紧密联系师生思维，收到"此时无声胜有声"的效果。这种手语的另一层意义是，教师还应该适时为后继教学内容伸好一只无形之手，潜移默化地做好知识的铺垫。

一位教师教学"认识厘米"，当学生明白尺上的一些构件后，教师让学生说一说"刻度几到刻度几的长度分别是1厘米、2厘米、3厘米……"这一问题无疑是下面两个环节"会量"和"会画"的知识基础。教师在学生回答后配以手势演示，但只是很随意地用手指在尺上从一个刻度指到另一个刻度，因为教师认为，在此处学生达到会看、会数、会算，就已经实现这一教学环节的教学要求了。

如果教师的目光能放远一点，为下面的教学环节着想，那么教师在此处就不应该随意"指点"，而应该含情脉脉地"指划"——用手指根据学生的回答"从刻度几到刻度几是几厘米"，沿着尺边慢慢地从刻度的始点划到刻度的终点。这样慢镜头下的动手过程可以"不露痕迹""不动声色"但却又非常真实、非常形象地让学生感受到教师的操作过程。这一操作的动态轨迹，其实就相当于动手画了一条一定长度的"无形"线段，也体现了"几厘米"表示的是一定长度的直线距离，更重要的是不仅为下面的"量"与"画"提供了理论上的支持，而且提供了实践上的支援，从而使学生的后续操作更能得心应手。

如上所述，教师可以在知识形成的前期就"插上一手"，为学生引入知识，并为学生引用知识"蓄势"。除此之外，教师还可以在知识形成的后期仍"插上几手"，为学生深造知识和深记知识"蓄能"。

一位教师教学"轴对称图形"的课中，把一个轴对称图形纸样对折后半边粘贴在黑板上，教学中根据需要随时用手对它做"对折重合"的动作。同时，教师还教会学生用"两只手掌面向自己，两个小拇指贴在一起"，来代替轴对称图形，让学生沿着小拇指的交接线作合拢与展开的轴向运动，通过两只手掌的合与分让学生感受对折重合过程。学生很兴奋，时时用手做这样的游戏，一直持续到课后。

上述案例中，教师的屡屡"手动"和学生的频频"动手"，可以有效吸引学生的有意注意，让学生时时处处复习知识、巩固知识。

（2）手的游戏活动

学生一旦动手了，就一定会全身心投入。受此启发，在教学中，我们可以把一些单纯的动眼活动、动口活动改成动手活动，使知识动感十足，让学生大显身手。

一位教师教学"2～5的分与合"，在练习阶段，教师按照教材安排组织学生进行"对口令"活动。例如，在学习对5的分与合时，一位学生说1，则另一位学生对4，一位学生说3，则另一位学生对2……

在平常教学中，学生经常开展"对口令"的动口活动，对这种老一套的游戏形式越来越不感兴趣。于是，我课后评课时，就建议上课教师不妨把这种动口活动嫁接到动手活动：借鉴划拳游戏，如果一位学生出拳用手指表示1，那么另一位学生也采用出拳方式用手指表示4……这种既比结果正确又比反应灵敏的手指运动玩味更足，学生更有热情。

在音乐教学中，手更有用武之地，常见用途是可以当作随时随用的"节拍器"。例如，乐句"31 50｜31 50｜33 43｜2 -｜"，传统的跟唱法低年级学生总是控制不了休止符的时值和长音的时值，教师可以要求学生自己划拍，边用手划拍边读节奏。这样，节奏的问题就可迎刃而解。再如，学习"XX、X、X-"这些节奏时值并进行演奏时，拍手这个最简单的动作即可使学生掌握。

拍手是由两手心碰击发声，但若长期、单调地使用，一样会使学生索然无味。此时就需要换一种游戏方式，如能否启发学生利用手来发出其他声音，从而使学生兴趣升温。

在教学《火车开啦》时，我请学生试着用双手摩擦的方法来模仿火车启动的声音。在听腻拍手这单调的声音后，学生对这种发声效果感到非常新奇，课堂气氛非常活跃。

在此基础上，我趁热打铁启发："除了双手摩擦发出的声响外，手还能发出其他声音吗？"学生随即尝试各种方法，如手背相击，双手曲起拍掌等，使手发出各种不同的声音，课堂上顿时奏起了手乐器的合奏曲。

2. 利用手的构造助学

手的构造同样可以成为教学资源。例如，手指长度可以用做关于度量问题的教学，手指根数可以用做关于数量问题的教学，手指间隙可以用做关于

间隔问题的教学等。手可以成为以助学为乐的亲密"伙伴"。

（1）手当操作工具

一只手有5个手指，我们由此很容易想到与5有关的知识教学，教师就可以用手做相关知识的教具或学具。换一种角度说，与5有关的知识教学，很大程度上用"手"作为操作工具更能够"手"到成功。例如，数数"5的认数"教材中的那些人物不如数数自己的手指来得熟悉，摆摆"5的分与合"教材中的那些花片不如摆摆自己的手指来得方便，看看"5的乘法口诀"教材中的那些图画不如看看自己的手指来得亲近。

一位教师教学"5的乘法口诀"，课始出示挂图：河里有5只船，每只船上坐5个小朋友，……

教师刚要发问，突然，一名学生举手："5的乘法口诀，我会编"。教师一怔：哦，她在迁移"2，3，4的乘法口诀"几节课的学法。"那你说，怎么编呀？"该生伸出一只手："一五得五"，伸出两只手："二五得十"（教师指导：二五一十）；他又拉起同桌的一只手："三五十五"，拉起同桌的两只手："四五二十"……

啊？！他"自出心裁"，没"按图索骥"。还不错！于是教师就把手作为5的乘法口诀的编写工具，原来的挂图则成了之后的巩固练习。

一个人手指的数量是有限的，但这种"有限"有时却能让学生产生"无限"的思考。例如，下面案例中，教师巧妙地利用学生手指的"不够用"而迫使学生进行合作学习。

教学"多边形的认识"的课尾，我让学生用皮筋拉三角形和四边形，学生轻而易举地完成了任务。我并没就此罢休，而在原有要求的基础上多此一"举"——增加了延伸活动："能拉一个五边形吗？"多数学生尝试失败，几个学生借助牙齿拉出了五边形。"六边形呢？"学生尝试均失败，说手指不够用。

"有小朋友说手指不够用，你能想办法解决吗？"有些学生同桌合作拉出了六边形，我及时表扬，并让他们介绍方法。我又问："那七边形、八边形、九边形等多边形你们能拉出来吗？"此时，学生不假思索地回答："只要有多个同学帮忙，这些多边形也能拉出来。"

利用手指的多少可以使手指成为学生学习数量知识的工具，利用手指的长短还可以使手指成为学生学习度量知识的工具。例如，一位教师让学生剪一根大约10厘米长的纸条（不用尺，孩子手头有一条8厘米长的线条），在让学生交流

"剪的时候你是怎么想的?"中,学生就自发地想到了用自己的手指来帮忙。

　　生:先用手量一量8厘米长的线条,在纸条上留下刻痕,再估计2厘米,然后剪。

　　生:用手指摆10次。因为我的手指甲的宽差不多是1厘米。

　　生:把纸对折,再用手指去量。

　　……

　　另外,手不仅是学生随身而带的学具,还可以用做教师随身而带的演示工具。例如,已知长方形的周长和长(宽),求宽(长),是学生学习中容易出现错误的问题。教师通过画图分析、讲解,让学生明确长方形的长、宽和周长的关系,花费很多时间,但学生不感兴趣。这里,教师不妨用手演示:用食指代表长,大拇指代表宽,两手配合围成一个长方形。当讲到用周长除以2时,便拿掉一只手,当讲到减去长(宽)时,再去掉食指或大拇指。这种直观演示的方法,可以使学生学会对此类错误做到"手"到"病"除。

　　(2)手当探究题材

　　在教学中,教师不仅可以如上述方法用手帮助学生"做"出学问,利用手指的形状还可以帮助学生"看"出学问。例如,一位教师教学"条形统计图",在课的导入时把手指当作了知识的"形象代言人",让学生由手指的长短感悟了知识的"长短",让学生轻松地理解了知识的意象。

　　教师伸出一只手说:"你知道这5根手指,哪根长,哪根短吗?"学生凭感觉猜测手指的长短后,教师进一步问:"你能想出什么办法,一眼就能看出它们的长短吗?"学生想出用纸条代替手指,再把纸条摆在一条横线上,问题就解决了。

　　这样导入的好处表现在:首先,比较一只手上5根手指的长短,不用代替物是无法完成任务的,这就迫使学生用类似的东西来代替手指,体现了条形统计图的一个特征——用直条的长度代替统计的数量。其次,纸条竖立在同一条横线上,才能一眼看出长短,体现了条形统计图的又一个特征——直条的一端要对齐。这两个特征以学生最熟悉的手指引入,反映的却是制作条形统计图的基本思想方法。

　　手指的长短能够成为学生讨论知识"长短"的题材,手指的多少同样能够成为学生演练知识"多少"的阵地。例如,一位教师教学"有余数的除法"时,精心设计了"数手指"游戏。

　　让学生张开手指,从拇指开始依次数到小指:"1,2,3,4,5",再循环反复，"6，7，8，9，10……"只要学生报出一个数，教师就脱口而出这个数在哪根手指上。教师又对又快的回答让学生感到非常好奇：老师为什么能不看就知道它是哪根手指？这蕴藏着什么奥秘呢？孩子们迫切地想知道答案。于是，教师顺势导入新课。

上述案例中的"数手指"还可以根据数法的不同，设计成比较性练习题材，例如，①数左手手指：大拇指为1，食指为2，中指为3，无名指为4，小拇指为5；然后换向，小拇指为6，无名指为7，中指为8，食指为9，大拇指为10；再换向，大拇指为11，……这样数到2009停在哪根手指上？②数左手手指：大拇指为1，食指为2，中指为3，无名指为4，小拇指为5；然后换向，无名指为6，中指为7，食指为8，大拇指为9；再换向，食指为10……这样数到2009停在哪根手指上？

（3）手当记忆参照

在教学中，教师还可以利用手指的形状帮助学生"记"住学问，使手指成为学生课中记忆知识和课后回忆知识的提示器。让知识与手势联手，手就可以成为学生联系知识和联想知识的"掌中宝"，相关知识就很容易地被学生"手到擒来"。例如，我们可以把下面的一些知识"藏"在手中。

用手指记忆"十几减几（退位减）"：让学生用被减数"十几"中的"10"去减减数"几"，口算出来的差用左手手指表示，然后用右手手指表示被减数"十几"中的"几"，最后双手手指合起来表示的数就是"十几减几"的结果，此举其实就是破十法的思路。

用手指记忆乘法口诀：在学习9的口诀时，伸出两手，从左到右，按1～10的顺序排列，计算一位数乘9时，只要弯起相应的手指，这根手指左边的手指数目就是积的十位上的数字，右面的手指数就是积的个位上的数。如计算3×9时，就弯起左手左起第三根手指，左面的两根手指表示20，右面的7根手指表示7，所以3×9的积就是27。

用手指记忆万以内数位顺序表：左手手心朝自己，从大拇指到小手指依次代表从万位到个位。

用手指记忆常用的长度单位：左手掌心朝自己，从大拇指到小手指依次代表千米、米、分米、厘米、毫米。手指间距离的大小可以形象地表示相邻两个长度单位之间的进率。用同样的方法也可以表示相应的面积单位及其进率。

用手指记忆植树问题：把手指当做树，手指间的距离当做间距，可以清楚地看出"棵数＝间距数＋1"。

我们还可以用手比划单位长度、单位面积的大小，还可以利用拳头来记忆大月小月等知识。

（4）手当信息反馈

在教学中，手还可以作为传递信息的媒体。例如，教师的"招手"意示学生走上前来，教师的"举手"明示学生举手回答，教师的"嘴前一指"暗示学生保持安静，教师的"脑旁一指"提示学生进行思考，教师的"两指交叉"表示停止或结束活动，教师的"手画一圈"则是让学生转身组成前后四人学习小组，教师的"两手在胸前上抬"则为让学生坐正身子……教师这些手语的含意一旦与学生约定，在以后的教学中就可以无需再费口舌，从而节约时间。

在反馈信息时，学生也可以使用手语表达自己的学习结果或学习愿望。例如，用手指表示一些小数目的结果或对项目的选择，用"V"或"X"的手形表达"对"或"错"的判断。又如，可以用翘指表示赞同、用拳头表示反对、用手掌表示补充。除此以外，教师也可以与学生约定，举手时伸出不同数量的手指分别表示特定的信号，这样教师对全体学生的学习情况就能做到一目了然、心中有数。

手在教育教学中的使用艺术还有很多，需要教师在教育与教学活动中积极开发、创新应用，这样教师"牵手"学生、学生"牵手"知识就会易如反掌，这或许是对"智慧来自手指尖上"的又一种新的诠释。

29

把整理与复习『承包』给学生

[整理中，重自理]

平常路　教师常常安排专门的课时、设计专门的流程、布置专门的习题来组织学生进行知识的整理与复习。

非常道　知识的整理应该更多地让学生"自理"，知识的复习应该更多地让学生"自习"。也就是说，整理与复习的主语应该是学生。

尽管新课改的一个重要指向是尊重学生的主体地位，但在教与学、师与生的这对矛盾中我们看到的还是"教"的过度强势，"师"的过分张扬。面对这样的课堂困境，一个很朴素的对策，就是需要教师的"淡出"，需要教师的"慢作为""少作为"甚至"不作为"。例如，数学教学中的整理与复习，我们需要讨论的是能否让学生"自理"与"自习"？

这里所说的整理与复习，并不限于一单元知识结束后"整理与复习"的"过去完成时"，而是泛指每节课所学知识中整理与复习的"现在进行时"。但是，传统教学中的整理更多地由教师包办，流于形式，新授课中的整理环节更是"来也匆匆，去也匆匆"；传统教学中的复习更多地依靠布置较多的练习题或让学生再次读书来达到目的，学生更多的是应付任务的被动。怎样让学生自主整理、自主复习，我认为教师不妨"懒"一下，把整理与复习的权力下放，进行"改制"，"承包"给学生。

让学生设计板书

教学中，教师都比较重视板书，面面俱到、纵横交联、一目了然。全课总结、整理知识时，学生只需照"板"宣读，统一、省时的反面却是学生思维的消极、单调。

一位教师教学"圆的认识"时，板书工整清楚、横串纵联、层次分明、一目了然。全课总结时，学生照"板"宣读，异口同声，只字不差。另一位教师教学时，板书却是乱七八糟，最后在学生"不舒服，要求整理"的"抗议"下，"麻烦"学生动一番脑筋，重新整理"刷新"记录。

板书内容是教学进程的直观反映，板书艺术是教师教学技能之一。然而，现在好多板书呈现的是工整的字迹、呆板的布局和清晰的结构。当学生不假思索地进行全课总结时，教师或许为自己的得意之作而暗暗叫好，造成了如今教学中的全课总结有时形同虚设，难以吸引学生的注意。其实，教师可以形象化地设计板书，或把知识的整理权和板书的设计权交给学生，让学生在全课总结时把杂乱的教师板书进行梳理，学生可以口头整理也可以书面整理，可以课内整理也可以课后整理。

于是，我把板书这块教师的"责任田"改制成学生的"自留地"，在课中不再追求板书的完美，不再完整揭示知识及其关系，课尾学生总结时，没有了现成的"板"本，不得不通过回忆、组织、勾连相关知识进行整理。虽然这样的结果可能多种多样，有些不尽如人意，但反映出学生思维的积极、多向。此举所花时间会增加，教师可以让学生延至课后继续整理，学生在相互交流中又多次进行了整理与复习。例如，教学"比的基本性质"后，学生课后整理的板书作品图文并茂、举一反三，奇思妙想，令人惊叹！

表1

被除数		除数	同时乘以或除以相同的数（0除外）	商	不变
分子	和	分母		分数值	
比的前项		比的后项		比值	

表2

除法	被除数	÷	除数	商	商不变性质	一种运算
分数	分子	—	分母	分数值	分数基本性质	一种数
比	比的前项	：	比的后项	比值	比的基本性质	一种关系

表3

$$\frac{a}{b} = \frac{a \times c}{b \times c} = \frac{a \div c}{b \div c} \qquad (c \neq 0)$$

$\frac{a}{b}$ 既可以看作除式，又可以看作分数，还可以看作比。

表4

$$甲：乙＝甲：乙＝{}_{甲：乙}$$

表5

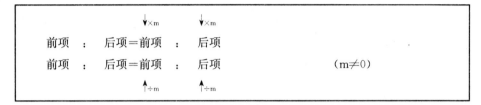

表6

$$分 \quad ： \quad 厘米＝角 \quad ： \quad 分米＝元 \quad ： \quad 米$$

让学生补白教材

　　重视过程的教学，课中经常会出现一些教材中没有的内容，或拓展，或深化，有些是教师预料中的，有些是教师意料外的。一节课结束，如果不及时组织学生再细细回味，这些精彩的过程教学瞬间较易流逝，学生脑中"结余"的可能仅仅是一句空洞的结论。

　　于是，我把教材这块专家的"专利"改制成学生的"钻利"，要求学生课后把课中看到的、听到的、说过的、做过的，而教材没有的内容，整理补充于课本。这样，一是可以把学习的生成过程及时定格于学生的书本、持久保留于学生的脑海；二是学生课后有更多的时间再次思考研究问题，有可能闪现课中未有的"火花"。例如，教学"梯形的面积"后，学生把梯形面积计算公式的其他推导方法再次梳理，补写在课本上，有些学生又有了新的想法：

①课中已出现的新方法

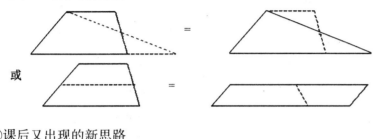

②课后又出现的新思路

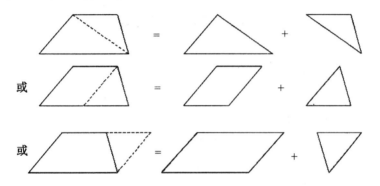

让学生自寻习题

教学中，练习题一般都是现成的，由教材提供，或由教师补充。"计划经济"下的统一、单调、量多，较容易造成学生为解题而解题、为教师而解题的错觉。

于是，我把习题这块教师的"大锅饭"改制成学生的"自助餐"，改换出题途径，增添学生为自己而解题的良好感觉。

1. 领赏题

我对学生的奖罚多以"赏"习题来代替，课后"奖"给活跃的学生一道习题加以鼓励，据其智力水平出发展性习题，做对加分；课后"罚"给失误的学生一道习题加以补过，据其错误原因出针对性习题，做对补分。学生热烈响应，争着自讨"题"吃，他们都视之为奖赏。

2. 自编题

课后，学生解答一些现成的习题后，我还要求学生自编一些题目，在交流中解答。学生自编习题，既可以巩固知识的结构特征及其数量关系，又可以挖掘身边的数学，培养收集信息、处理信息能力，还可以更为广泛地了解其他学科知识，并受到一定的思想教育。

教学"用比例知识解应用题"后，一名学生自编了一题："蚯蚓能消化许多垃圾，有人将7.5吨垃圾运到一个蚯蚓养殖场，78天后，这些垃圾全部被消化了，这个养殖场一年可以消化大约多少吨垃圾呢？"交流中，学生惊奇于蚯蚓的作用，他们在解答时已自觉关注习题的事实情理，开阔了视野。当然，教师也可让学生自编一单元的练习卷，来达到整理与复习单元知识的目的。

让学生编书办报

编书本是成人之事，作文本是语文之事。众所周知，写文章可以起到整理知识、扩充知识、延伸知识的作用，还可以起到"炼"其语、"炼"其思的功效。

于是，我把写作这块语文的"专业"改制成数学的"副业"，尝试让学生也编书办报。

1. 编写《十万个有什么》《十万个为什么》书集

指导学生根据学习内容，编写主题为"有什么""为什么"的数学知识性小文章。例如，教学"平行四边形的面积"后，学生编写了"平行四边形面积计算公式推导为什么要沿着高剪？""平行四边形面积计算公式推导有什么方法？"等。

2. 编写数学手抄报

指导学生根据学习内容编写手抄报，或摘抄，或汇编，或创作。题材广泛、形式多样、内容综合。例如，教学"循环小数"后，学生编写的手抄报中有本节数学知识的框架图、练习题、注意点等内容，还有一些学生引用了大自然中的昼夜交接四季更替的循环、语文中的"老和尚讲故事"的语句回复的循环、音乐中的音调节奏的循环等其他学科知识，还有一名学生把循环节上的循环点比作戴帽子，编写了一则有趣的童话故事……真是五花八门、丰富多彩。

让学生批阅试卷

在教育中，如果你要问学生最怕什么，那么会有许多学生告诉你，他们怕考试。考试时，望着那密密麻麻的题目，学生感到紧张，害怕自己来不及做。考试后，听着那高高低低的分数，学生又感到紧张，害怕自己考砸了。这一切，都是由于考试的利害性与神秘性给学生造成的压力。那么，有没有一种考试能让学生感到是一种快乐、一种期待、一种成就呢？那就是，教师不妨"懒"一点儿，下放批阅权和命题权。

在中学时，英语老师待我特别好，他经常让我帮他批阅试卷。当时，他的盛情让我很乐意为他批阅试卷。批阅试卷，让我在被教师重视的快乐中，尽管许多次地重复对照了英语单词、语法等知识点但不知疲倦，每批阅一张等于又记忆了一次。教师这一高明的"懒惰"，让我难以忘怀他的这份厚爱。

后来，我也做了教师。于是，我也常常"懒"得不批阅学生的作业，而让他们互批，让他们自己讨论寻找出正确的答案。另外，我还常常让学生为我提供单元考试的试题，每人每种类型出一二题，然后我告诉他们我会从这些题目中选择组合成一张单元试卷。于是乎，在接下来的时间里，学生就忙了起来，他们相互求教，把每一个同学出的题目就都练习了一遍，后来的正式考试其实已经不重要了，因为他们早已经胸有成竹了。在这个过程中，他们还非常想获知自己的题目有没有被教师选中，要知道，那对学生而言将是一种"中奖"的快乐与荣耀。此时，这种考试已经真正成为促进学生主动学习的一种手段了。

又后来，看到学生为自己能替教师出谋划策出题，而奔走相告的兴奋劲儿，我干脆把每一单元考一次分解成每一周考一次，由原来的 90 分钟缩短成 10～15 分钟，从而增加学生体验快乐的机会。另外，这一小型考试的微型试卷就完全由学生轮流出，每次只需要出 2～4 道填空题、2～4 道计算题和 2～4 道应用题，因为题量少，所以出题者需要精选题目，做题者也不感觉疲劳。命题者出好题后由我审查，我主要是控制知识难度与把握知识分布，以保证试题的针对性和有效性。这种"短、平、快"的自主考试让学生不再害怕考试，而是盼望着每周的考试，也给了学生超越记录或者重新攀登的更多选择。

学生的自理，并不等于教师偷懒，教师不是"无所作为"，而是"至为无为"，可以"因物以治物"。如"因学设教"，把教师的"教"隐身于学生学的需求之中，根据学生学的需求来巧妙安排教的策略；又如"因势利导"，教师不搞全盘授予、机械灌输，而是顺着学生的发展趋势相机点拨、诱导。如此，教师的"懒"让学生既是受教育者，又是能积极参与的"教育者"，其教学效益必然会大幅提升。

30

让教学踏『歌』前行

[伴乐曲，入佳境]

平常路　各学科教学一般都界线分明，不允许非本学科的东西"插足"其中，包括音乐元素进入日常课堂。

非常道　俗话说：唱得比讲（念）得好听些。音乐的韵味与余味常常能让人回味。把音乐引入其他课堂，有可能造就有品味的课堂，进而成就有品位的课堂。

"看江南、吟江南、唱江南、舞江南、赏江南。"这是一位音乐教师执教歌曲《忆江南》的 5 个教学环节。听赏这节音乐课，感受词与音乐的完美融合，课堂上，孩子们用动情的歌声、优美的舞蹈，淋漓尽致地表达出对白居易的词《忆江南》的深刻理解。

我不禁陷入沉思：为什么孩子们在音乐课堂中那么轻松愉快地就学会了整首词，还有不少孩子竟如痴如醉地沉浸在课堂中忘记了下课？而我们在语文课堂上教学古诗词，两课时又是讲析诗句又是反复朗读，到头来有些同学仍似懂非懂，甚至还有同学巴望快点下课？

用曲调打动学生的心灵

音乐能判断人的性格。喜好音乐的人性格也不同，不少人把所喜爱的音乐类型当作自己的"标签"，用来代表性格与价值取向。剑桥大学调查发现：爵士乐发烧友拥有想象力丰富、爱好自由和平、天性友好等优点；古典音乐爱好者安静、友好、责任心强、聪明，但不善运动，略显沉闷；摇滚乐迷是"天生反叛者"，非常没有责任感并且情绪不稳定；流行音乐爱好者则传统、镇定、善于与人交往，不过缺乏知识与智慧。

音乐还能改变人的性情。文化哲学家斯洛宾格乐说得好："音乐是唯一不需要光的艺术，它本身就是光。这是一束直接照亮人的心扉，直接作用于人的灵魂的心灵内涵之光。"也就是说，音乐可以打动人的心灵。

1. 音乐成为背景

科学研究表明，人们在听赏音乐的过程中，音乐信息（包括节奏、旋律、和声、音色等）对疏导大脑的整体功能起到了良好作用，让思维活跃，使解决问题的能力得到提高。音乐还能诱发出人们心中潜在的巨大力量，使头脑中众多彼此分散、孤立的信息组合起来，增强学生的记忆力。

一位高中语文教师课前看到自己的学生神态有些倦意，于是即兴为学生唱了一首激情的流行歌曲。唱着唱着，许多学生情不自禁地加了进来，最终在群情激奋中响起上课铃声，接下来的课堂气氛一改原先的沉闷，一直保持着活跃的教学态势。

第二天，语文课前，学生纷纷要求教师再来一首。于是，以后的每一节语文课前5分钟都成了师生唱同一首歌的时间。学生在盼望着听歌和唱歌的同时也盼望着语文课的到来，语文教师和语文课成了最受学生欢迎的教师与学科。

教师原本一亮歌喉只是为了给学生解闷，谁知一唱无休止，竟成了语文课前永恒的旋律，给课堂教学顺利展开奠定了轻松的感情基础。

音乐快乐地组织教学的功效可见一斑。如当学生走神，把视线投向窗外时，一句"对面的男孩看过来"，把他的注意力又拉了回来；打扫卫生时，教师和学生齐唱"洗刷刷，洗刷刷"……流行歌曲消弭了教师和学生之间的隔阂，拉近了彼此的心理距离。音乐除了用于课前组织教学成为学生情感的导引之外，更多地被教师用于课中辅助教学成为知识的导引。

朱老师教学毛泽东写的七言律诗《长征》，在学生小组交流、讨论时，她反复、轻声播放《长征》的主旋律，学生在这美妙的音乐中智慧勃发，尽情对话。

为了让学生牢记诗词，朱老师再一次利用音乐，重播《长征》音画，出现课本文字（即歌词），鼓励学生跟着音乐的旋律唱出歌词。由于有了前面的基础，学生对这首歌的旋律已不再陌生，一时间课堂上歌声飞扬，随着音乐旋律，看着真实的长征画面，学生逐渐进入角色，越唱越欢，在歌声中唱出了红军乐观的豪迈气概，在歌声中牢记了这首诗词。我课后喊了几位同学来进行教学效果的背诵检查，结果全部通过。

2. 诗词成为歌曲

回过来再想想自己，现在年龄已经接近 40 的我，仍然可以轻松背诵出李煜的《虞美人》，而其他诗词尽管学生时代能够倒背如流，但如今已经遗忘得所剩无几了。但《虞美人》却能不费心机地背出来，不，正确地说，应该是唱出来，这完全得益于《虞美人》被艺人编成了脍炙人口的流行歌曲，一直传唱下来。于是，我在想，我们的教育是否也应该尽可能地"踏歌"前行，以便让学生一直能传唱下去，一直能记忆下去。假如，我们把一些优秀的诗词都谱成优秀的歌曲，那会是怎样一种教学景象？！

2009 年，教育部语言文字应用管理司司长王登峰，在全国中小学国学教育研究会成都市青羊区现场会上透露："我们正考虑把经典国学诗文谱写成流行歌曲，以经典诗词为词，结合现代流行音乐让中小学生传唱……考虑到中小学生的年龄特点和心理需求，让国学经典教育深入学校方方面面"，"可能会向大学生征集以经典诗词为歌词的原创歌曲并邀请著名歌星演唱……"

3. 文言成为曲艺

湖北来凤大河中学的彭文前老师在文章《用曲艺教文言》中写了以下教学经验：

我从教 30 余年来，任教过初中多门学科。在教学过程中，无论是政史地，还是数理化，我以曲艺（其中的一种，又叫三棒鼓或者花鼓）教学生记故事或公式等，都收到了很好的效果。在我门下毕业的很多学生多年后与我谈起话来，一般都要夸奖一番我用曲艺教学，使他们很感兴趣又学得牢固等事。其中，我以任教初中语文的时间最长，近 30 年的探究，我终于将初中1～6 册语文中的文言文全部改写成了曲艺，如《石壕吏》教完后，我唱该文的曲艺时，不少学生都掉下了眼泪。

彭老师在经验介绍中，还特意说明他一般是在文言文教学完毕之后，才将对其文言的改写（曲艺）"融"进去，时间上比较灵活，课内课外都可以"融"进去（还可以在文艺会演中充当特色节目）。当然，也可以在教学前把对该文的改写（曲艺）唱给学生听。这两种方式都能把字、词、句等的教学内容落实到位，差别只在于前者的巩固性强于后者，后者的激趣性略胜于前者。一般情况下，还是如前者的好。此外，还可以教会学生唱。这样就可以不占用课时，让学生自觉地利用课余时间来达到曲艺教学的目的，一举几得。

4. 课文成为诗歌

"歌唱"语文不仅可以用歌曲和曲艺，还可以用诗歌等各种艺术元素来美化它、愉悦它、升华它。下面案例中"诗吟"课文的教学效果同样值得我们为之喝彩。

这天，开始学习《小镇的早晨》一、二自然段："……小镇的早晨是恬静的，淡淡的霞光下，宽宽的河面闪烁着片片银鳞；河水净得透明，犹如一条碧绿的带子，静静地穿过小镇。……两座拱形石桥遥遥相对，坐落在小镇两头，不时有一叶叶小舟从半月形的桥洞中悄悄钻出来，又在河上轻轻飘过。"

在强化语感训练的同时，如何引领孩子更深地领悟小镇早晨静静的美呢？我突生灵感，在黑板上写起来："小镇的早晨/是恬静的。淡淡的霞光下/宽宽的河面/闪烁着片片银磷。河水/净得透明/犹如/一条碧绿的带子/静静地/穿过小镇。两座/拱形石桥/遥遥相对/坐落在/小镇两头。不时/有一叶叶小舟/从半月形的桥洞中/悄悄钻出来/又在河上/轻轻飘过。"文章变换成小诗的格式，一下子吸引了学生，孩子们点头颔首地读起来。

5. 知识成为歌谣

在一般人眼里，科学的严谨性与说唱音乐（Rap）的娱乐感是很不搭调的，但23岁的、毕业于密歇根州立大学、主修写作和物理学的美国女孩凯特·麦克阿尔菲，却热衷于将枯燥的物理知识写成说唱音乐，并因此成为网络红人。

去年下半年，当欧洲核子研究中心的大型强子对撞器（LHC）进行对撞实验准备时，凯特携手同事创作了《LHC Rap》视频，以说唱的方式介绍关于LHC的知识。

27公里的地下隧道/是为了让质子们互相赛跑/一个跨越瑞士和法国的巨圆/共有60个国家为此出了钱/两束质子在其中转圈震荡/直到到达探测

器的中心，然后碰撞/所有被打包到极其微小空间的能量/变成质量和粒子释放……

一周之内点击量达 200 万。最近，她又创作了新曲《稀有同位素》，介绍美国能源部项目"放射性同位素束流装置"，再次成为网络热点。凯特之所以选择用说唱的方式传播科学，是因为其押韵帮助记忆，丰富的歌词能装下更多的内容。

在教学中，教师把学习的一些知识编成朗朗上口、趣味横生的歌谣，学生对这种含有幽默色彩的知识记得最深刻，同由教师反复叮嘱或反复练习相比，学生记得轻松、记得有效。常用的做法是，教师把一些知识与方法编成顺口溜，可以帮助学生理解和记忆。

对乘法分配律"$a(b+c)=ab+ac$"，一位教师作了这样的"配音"："a 特喜欢交朋友，先与 b 结合，又与 c 结合，最后一起手拉手"；对"0"的运算特点，一位教师配了一首儿歌："零蛋零蛋是笨蛋，与谁相加都滚蛋；零蛋零蛋是炸弹，与谁乘除都完蛋"。

另外，下面的例子中把习题编成绕口令让学生解答，学生在快乐的语境中情不自禁地进入情境，可以达到练而不厌的效果。

学习"整数的四则运算"后，一位教师布置了这样的绕口令习题："四是四，十是十，四十减十四，再乘四十四，是一千一百四十四，你说是不是？"

在课堂教学中融入音乐因素，可以起到辅助、铺垫、衬托的作用。不过，在一些课堂教学中，一些教师在音乐的运用上却出现了一些滥用、错用等现象。例如，一些教师在课堂上只要读书或作业就配以乐曲。其实，在初读课文时是需要辨字识词，边读边思考的，此时配以乐曲只能是无效或负效的，只有在欣赏性的听读，或体悟思想内容后的朗读时配以乐曲才真正有效。学生作业时同样需要安静。

用曲词打通学生的思维

卢梭说："音乐包含了比词语大一百倍的力量。"德国伟大文学家歌德曾对同时代的音乐家贝多芬说："我用文学不能表达的地方，请你用音乐来表达吧！"只要我们在课堂中，能恰当地运用音乐家为我们留下的宝贵精神财富，就能让音乐之光把我们的课堂装扮得风光无限、诗意盎然。

1. 歌词成为主题

当前中学生，尤其是初中学生，喜欢古典诗词的并不多。针对这一现象，有一位语文教师抓住学生的这一"行情"，从当前中学生喜欢的流行歌曲入手，使"流行音乐"与"经典文学"亲密接触，引导学生进入古典诗词的殿堂。

师：流行的不一定都能成为经典，但经典大多是曾经的流行。今天我们就来上一堂与流行音乐有关的语文课。

①欣赏《东风破》

问题：周杰伦的《东风破》中有这样的句子："一盏离愁孤单伫立在窗口，我在门后假装你人还没走。旧地如重游月圆更寂寞，夜半清醒的烛火不忍苛责我。一壶漂泊浪迹天涯难入喉，你走之后酒暖回忆思念瘦。"请根据这些句子，联想我们读过的一些诗词，筛选出与之有类似意境的句子。

生："有约不来过夜半，闲敲棋子落灯花"，显露友人不至，心情怅惘。

生："不应有恨，何事长向别时圆"，表达一种月圆人离的孤寂无奈。

生："古道西风瘦马"，展现了一幅游子浪迹天涯的图画。

生："帘卷西风，人比黄花瘦"，表现了诗人的愁苦和憔悴。

师：看来同学们已走进了诗词所营造的氛围当中，联想很丰富，很有想象力。"一盏离愁""一壶漂泊"，寥寥几字，诉说的孤独和荒凉却是在无尽地延伸；"月圆更寂寞"是写月圆人不能团圆的情怀；"思念瘦"道出了思念之苦对人的煎熬。

②欣赏《千里之外》

问题：《千里之外》歌词中的"闻泪声入林，寻梨花白，只得一行青苔"，跟王维的诗《鹿柴》中的"空山不见人，但闻人语响，返景入深林，复照青苔上"意境相似，它们的共通语意是什么呢？

生：它们都采用了"以声衬静"的手法，"泪声""人语"衬托出树林、空山的幽静。

生：它们都让人隐约感受到作者内心有一股幽冷、落寞的情思。

生：它们都给人一种"诗中有画"的感觉。

师：大家说得真好。王维是诗人、画家兼音乐家。诗人正是以他特有的画家、音乐家对色彩、声音的敏感，才把握住了空山人语响和深林入返照的一刹那所显示的特有的幽静境界。而这种敏感，又和他对大自然的细致观察、潜心默会分不开。同样方文山的《千里之外》也有异曲同工之妙。

③欣赏《菊花台》

问题：《菊花台》歌词中有"菊花残，满地伤，你的笑容已泛黄"，你如何理解这个"黄"字？

生：李清照的"人比黄花瘦"，以花衬人，这里也应该是写人的憔悴愁苦。

生：人们用"老皇历""黄了"形容过时了，旧了，不成功，这里应该是写人远去，模糊，自己内心的失落。

生："黄花"就指"菊花"，菊花凋残了，人也该离开了。

师：（总结）看来流行音乐也别有洞天，也有一扇通向文学经典的大门，我们要从流行中看到经典。今天的流行如果建立在昨天的经典之上，也许它就会成为明天的经典！

2. 歌谱成为例题

音乐的节奏不仅能把文字谱成歌曲，叫醒听者的耳朵，激荡听者的心灵，让人悦耳赏心，在教学中还能用来形象化地诠释一些抽象的内容，让学生在节奏的变化中听懂知识。例如，下面案例中，教师就用音符来帮助学生理解美术中"色彩的明度渐变"这一抽象知识。

师：欣赏这些用明度渐变方法制作的图例，从这些图例中你感受到了什么？能否用语言或身体动作来表示？

生：有慢慢远去的感觉，好像还在往深处去。（双手慢慢从身边推向前方，表示纵深感）

生：像音乐中的音符，从浅逐渐变深的颜色就像"1—2—3—4—5—6—7—i"（哼唱）。

生：反过来从深逐渐变淡的颜色就是"i—7—6—5—4—3—2—1"。

师：下面我们来听段音乐，听听音乐中的节奏变化是否与美术中的明度渐变相通？（播放从轻到重的一段打击乐曲，并随音乐出示从淡到深的一组颜色）

生：还可以用击掌的声音高低来表示其中的变化，从淡到深的颜色渐变就可以从轻到重地击掌。（试击掌）

师：真不错！我们一起来试一试，颜色从深逐渐变淡的感觉，可以击掌，也可以敲桌子或敲其他物体。（全班学生一齐从重到轻地击掌或敲击物体）

3. 歌词成为试题

《长江商报》2007年12月4日报道：武汉市常青一中的学生拨打本报热线称，前天刚刚经过了月考，在语文试卷中，有一题居然是默写周杰伦的唱曲《青花瓷》中的歌词。

我们姑且不去评论把歌词作为试题的是是非非，但这一中学把周杰伦唱曲《青花瓷》作为考题，考虑的正是这首歌歌词的耳熟能详与优美文字，学生都在热情传唱，也就都能唱出其中的歌词，所以这一试题的背景离学生并不遥远。

开学伊始，我就一直被一个难题所困扰着：如何在班上开展经典诗文诵读呢？如果只是让孩子机械地记忆与背诵，那么可以预见，这种枯燥乏味的形式必然导致事与愿违。长此以往，孩子们还会对经典诗文产生一种厌烦感，那可就得不偿失了。怎么办？一次偶然的机会，我听到了张学友的歌《但愿人长久》，清新脱俗的曲子配上苏轼的词，给人耳目一新的感觉，同时也令我茅塞顿开：对，就这么办！

第一步：明修栈道，暗度陈仓

第二天上课，我什么也没带，同学们见此情景，如临大敌，以为我要给他们来次突然袭击——考试。看着他们忐忑不安的神情，我却说："同学们，今天老师改行教音乐，这节课我们来学唱一首流行歌曲《但愿人长久》"。教室里一片欢腾，最后所有学生都能声情并茂地唱完这首歌。下课后，大家都回味无穷，甚至连放学站路队时，口中还念念有词。

第二步：故弄玄虚，诱敌深入

下一节语文课，我依然两手空空地走上讲台，孩子们以为还要学歌，非常兴奋。我不动声色地从口袋里拿出一沓白纸，说："今天我们举行一次古诗词测验。"孩子们的脸上立刻晴转多云，我微微一笑："每个人在纸上默写《但愿人长久》的歌词！"教室里顿时议论纷纷："不是考试吗，怎么默写起歌词了？""因为这首歌用的就是宋朝大诗人苏轼的《水调歌头》啊！"孩子们恍然大悟："原来如此，这太简单了！"10分钟不到，全班同学都交卷得了满分。我趁热打铁："这次大家考得很好，秘诀在哪里？"孩子们异口同声："唱歌！"

第三步：一鼓作气，乘胜追击

打那以后，我们班的孩子开始以极大的热情"唱诗"，有些具备音乐特长的孩子甚至开始自己给古诗词谱曲。在全班同学一致提议下，语文期末考试就多了一项古诗才艺表演。

无独有偶，2009年的高考语文，北京和浙江不约而同地把歌词当成了作文题。其中，北京卷以张韶涵的《隐形的翅膀》为题，而浙江卷则以《绿叶对根的情意》的歌词为材料。据说，有的考生在考场上看到题目的时候就不由自主地哼起了旋律，紧张的心情立刻放松了不少。

其实，把一些流行文化元素和高考题目相结合的做法，并不是这次高考才有的现象。2008年，方文山的《青花瓷》歌词和"哈利·波特"曾联手走进山东高考基本能力测试的考题。而在台湾地区，方文山的歌词曾被收入小学教材。赵薇《渐渐》里的一句"寒冷将灵魂冻结"，也曾出现在台湾学校的语文考题中。

4. 诗词成为习题

教师出示清代诗人王士祯的《题秋江独钓图》，同时播放古筝乐曲《渔舟唱晚》：一蓑一笠一扁舟，一丈丝纶一寸钩。一曲高歌一樽酒，一人独钓一江秋。

师：这首诗中哪个字出现得最多？这个字的字数占全诗总字数的百分之几？

生：诗中"一"字出现得最多，共有9个，占全诗总字数的32%。

师：诗人用字大胆，连用9个"一"使全诗妙趣横生、写出了"独钓"的那一份悠闲和自在。课后请每个同学找一首诗，其中一个字出现的次数至少占全诗总字数的10%，然后有感情地朗读。

课后有学生找到了这样一首诗：秋日秋阳照，秋夜秋菊香。秋风迎秋实，秋人秋收忙。"秋"字占了这首诗总字数的40%。

课后学生既要找诗，又要读诗，还要算诗，经历了找、读、算的过程，学生的感受是丰富的，收获是丰盛的。学生在欣赏美文的同时也学会了以数学的眼光来分析问题，解读文本。

狄德说，知道事物应该是什么样，说明你是聪明的人；知道事物实际是什么样，说明你是有经验的人；知道怎样使事物变得更好，说明你是有才能的人。其中，让教学踏"歌"前行，就是让学生学得更好的一种创造性做法，这需要教师的聪明才智和开拓精神。

31

考试，想说爱你好容易

[变考试，为试考]

平常路　教师常常把考试作为评论学生好坏与衡量学生长短的唯一工具，用试卷说话，凭成绩看人，而不顾学生以前的表现，也不估学生将来的发展。

非常道　考试只是教师教学和学生学习进程中的一次知识回忆与思想回顾，它更多的功能应该体现在，能够引导学生对学习前程的一种美好希望和美丽展望。

学习之事中最容易让学生产生恐惧的无疑是紧张的考试。在学生心目中，考试就是"一张试卷一支笔""文字符号玩玄秘"，还有"三大纪律八项注意"，考前不是铺天盖地"长演习"，就是措手不及"搞突袭"，考时怕教师眼睛"盯"着，担心被怀疑，考后怕教师眼睛"瞪"着，担心被训批……特别是学习中下等的学生，尤为如临大敌。曾经看过这样一则笑话：

老师为了介绍考试的重要性，对考试作了生动的比喻：平时考试是点心，天天吃不厌；单元考试是正餐，要定时定量吃；期末考试是满汉全席，一次吃个够。学生听了，齐声说："老师，我们想减肥！"

其实，普遍让学生视为"烤"事、"拷"事和"铐"事的考试，只要教师注意考试的方式方法，同样能够考出学生的好心情。我们应该积极改变考试的形象，让学生感到考试不是"终点"而是"中点"，不是"利害"而是"利益"，不是"压力"而是"动力"，除了"专用"还可"活用"，除了"独作"还可"合作",除了"既定"还可"商定",让学生不再厌倦和害怕考试。

考你好心情

我们都明白,考试时学生心情好才能发挥好。所以,我们应该改变试卷的"形象",让它"平易近人",让学生乐于接近它,从而在快乐考试中能够心想事成。也就是说,好考才会考好。

1. 亲切的考试卷面

以往的试题往往语言纯粹、单调、严肃,"废话"很少,无形中给学生一种压抑、紧张的心理氛围。

对此,我们在命题时应注意语言的亲切性,尽可能使语言充满人情味,体现卷面的友好性。我们可以把一些"生硬"的陈述式语言进行"整容",或使用邀请式语言,例如"请你……";或添加鼓励性语言,例如"试试看";或改成征询式语言,例如"你会吗?";或附加提醒式语言,例如"可别算错喽";或配用卡通式图像,例如"判断题"旁配画一只穿白大褂的兔子;或创设趣味性语境,例如(试题)"漫画:'插队'"——

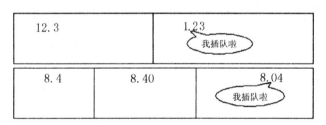

看了两幅漫画,你认为它们(小数点和"0")可以"插队"吗?为什么?

2. 开放的考试题目

以往的试题往往要求单一、答案唯一、方法统一,学生没有选择的余地,一遇到记忆"盲区",学生就可能六神无主、心理紧张。

对此,我们在命题时应注意试题的开放性,增加开放题。我们除了可以设计一些条件多余、条件缺少、答案多样、解法多样等常见的开放题,还可以尝试以下新的开放式题型,一是把常规题增加条件,让学生选择部分条件,编成符合要求的、自己有把握并且感兴趣的题目解答;二是把常规题缩减条件，让学生补充，编成合"情"（符合个情）合"理"（符合要求）的题目解答。学生想出一种就可加分（总成绩可超过 100 分）。这些开放题既照顾了学困生，让他们有更多的施展空间来保分，又满足了学优生，让他们有更多的发展机会来争分，形成了"八仙过海、各显神通"的局面。

例如，（试题）"请你选择条件，配上问题，编成应用题，并解答。"①修路队修一条长 30 千米的公路，②甲队单独修 10 天完成，③乙队的工作效率是甲队的（缺条件），④已修的与未修的比是 3∶7。学生可将它们分别组合成一般分数应用题、工程应用题、按比例分配应用题，还可发展成较复杂的复合应用题等后解答。

3. 灵活的考试时间

以往的考试往往需 1 小时左右，考试的长时间、大题量容易使小学生应接不暇、顾此失彼、虎头蛇尾、身心疲惫，难以发挥最佳水平。

对此，我们可以更多地采用"短"（内容分解）、"平"（难度适中）、"快"（时间缩短）的小型考试，以此提高学生考试的质量和考试的承受力，增加学生成功的次数和进取的机会。多次的小型考试，一方面，学生因其"多次"而习以为常，消缓紧张；另一方面，学生因其"小型"而感觉轻松，专心对待。另外，在低年级，我们还可以把考试"溶解"于游艺活动之中，让学生在玩乐中进行考试。

4. 广泛的考试范围

以往的考试往往学科性很强，学生只能说"专门语言"，很难表达一些真情实感的"题外话"。

对此，一方面，我们应该允许学生综合其他学科知识，或生活知识来解释题意、充实内容。

例如，（试题）"'我国的人口约有 12 亿，约占世界总人口的 21％；我国的耕地约有 19 亿亩，约占世界总耕地面积的 7％。'根据以上条件，你能知道什么？"学生由此算出世界总人口、耕地总面积，有些学生还透过数学看到国情，抒发了为国力强盛而自豪、为耕地被占用而担忧的感情。

又如，（试题）"小明 7 月份 60 元零花钱使用情况为'买学习用品的元数：买零食玩具的元数：去网吧玩游戏的元数＝2∶4∶4'。"①你能算出小明的各项支出是多少元吗？②你有什么想法要对小明说吗？如果是你，会怎样安排这 60 元零花钱?

另一方面,我们采用一些实际生活材料或其他学科材料,让学生用本学科知识解决,让学生感到知识无处不在。

考你好商量

以往的考试普遍是教师说了算,专门的时间,专门的地方,专门的题目,专门的监视,专门的标准,专门的分数,学生没有做主的权利。如果我们能把固定的考试变成教师与学生商量着考试,或者学生与同学商量着考试,学生就可能把考试当作自己的好事。

1. 作业式考试

教师都有这样的感受,有些学生作业(特别是家庭作业)成绩不如考试成绩。一是由于作业利害度较低,学生不在乎;二是由于作业重复题较多,学生没兴趣。

对此,我们可以把每次作业也变成"考试",让学生面对同类型同难度练习题时可与教师商量,只选做其中几题(必要时可师生议定),"过关"者可免做其余的题目,有余力者可再要求选做更高层次的补充题目获得加分。我们把学生每次作业成绩计入平时考试成绩。这样,作业就成了学生减负和高攀的"利益",引起学生的重视,他们对作业不再"轻描淡写",而与考试同等对待,起到"轻负担、高质量"的效果。

2. 调研式考试

以往的考试是封闭式考试,考场如同禁区,学生大多是"纸上谈兵"。对此,我们可以实施开放的调研式考试,设计一些"小课题",让学生走出教室、走进生活去调查研究,运用所学知识和生活经验解决一些实际问题。学生可与他人商量,合作解决一些有一定难度的生活问题。这种考试将不受时间限制。

另外,我们还可以把一些将要学习的探究性教材内容,让学生课前预先研究。例如,(试题)"怎样比较同分母分数或同分子分数的大小"。有的学生利用分数与除法的关系计算得解,有的学生利用分数的意义得解,或用语言说明,或用各种图例解释。这种"未教先考"的方式既可促使学生"钻进"教材自学,又可促使学生"钻出"教材创新。课堂上仅需交流与总结,我们还把一些已经学习的实验性教材内容，课后再次让学生深究。例如，（试题）"只用一个三角形怎样推导三角形的面积计算公式"等。

3. 对抗式考试

以往的考试是教师出题、学生解题，学生如同只训练"接球"的技能，缺乏主动与互动。对此，我们可以实施分组的对抗式考试，将学生分成若干组，组内学生商量合作，"盘算"相关知识（必要时教师可提供样卷）自编相应试题。

考试时一组学生面试另一组学生，一组学生出题，另一组学生相互商量、合作解答，出题组可评述或追问。各组轮流进行，小组成绩视为组员成绩。考试中，对抗组的学生可对疑惑问题（例如试题解法的多样性、试题情节的合理性、试题内容的发展性等）进行答辩，旁听组的学生也可向对抗组的学生发问。

4. 申请式考试

以往的考试是一次性考试、终结性考试，"一锤定音"，学生没有回旋余地。对此，我们可以实施自愿的申请式考试，如果学生对考试成绩不满意（例如，认为考试时发挥失常、再复习能有进步等），可与教师商量，申请再考同一级别的试题。必要时教师可"权力下放"，再考试卷让学优生模拟出卷并批卷；如果学生对考试难度不满足，也可与教师商量，申请试考高一级别的试题。

总之，我们在考试评价中力求体现以下几个开放：

一是考试形式的开放。可以口试、笔试与操作相结合，教师出题与学生出题相结合，水平考试与等级考试相结合，常规式考试与游艺式考试相结合，一次考试与多次考试相结合，扣分式考试（分数封顶）与加分式考试（分数不封顶）相结合，师评与自评、生评、家长评相结合等。

二是考试内容的开放。可以类型多样、题材丰富、知识综合、试题多答（如开放题）、智情融和等。

三是考试时空的开放。可以课内学习知识考试与课外学习知识考试（例如，课外阅读、专题研究）相结合，整体考试与部分考试相结合，考场考试与现场考试相结合，教后考试与教前考试相结合等。

我认为，考试就应这样，重点不在于"考"而在于"试"，不应成为甄别与选拔的"考具"，而应成为激励与进步的"试纸"。"考"，有上对下的压力，学生无选择，更多的是被动与紧张；"试"，有下对上的努力，学生有选择，更多的是主动与快乐。

西南师范大学出版社
《名师工程》系列丛书目录

系列	序号	书　　名	主编	定价
教学系列创新数学	1	《小学数学：名师教学目标落实艺术》	余文森	30.00
	2	《小学数学：名师高效教学设计艺术》	余文森	30.00
	3	《小学数学：名师易错问题针对教学》	余文森	30.00
	4	《小学数学：名师魅力课堂激趣艺术》	余文森	30.00
	5	《小学数学：名师同课异教》	林高明　陈燕香	30.00
	6	《小学数学：名师抽象问题艺术教学》	余文森	30.00
通识与心理系列	7	《突破平庸——提升教育质量的31个跳板》	严育洪	30.00
	8	《好心态成就好学生——学生心理问题剖析与对症教育》	李韦遽	30.00
	9	《教育，诗意地栖居》	朱华忠	30.00
	10	《好班规打造好班级》	赵凯	30.00
教育管理力系列	11	《名校激励管理促进力》	周兵	30.00
	12	《名校安全管理执行力》	袁先潋	30.00
	13	《名校师资团队建设力》	赵圣华	30.00
	14	《名校危机管理应对力》	李明汉	30.00
	15	《名校校本研究创新力》	李春华	30.00
	16	《学校文化力建设策略》	袁先潋	30.00
	17	《名校长核心教育力》	陶继新	30.00
	18	《名校长高绩效领导力》	周辉兵	30.00
	19	《名校行政管理细节力》	杨少春	30.00
	20	《名校教学管理提升力》	张　韬　戴诗银	30.00
	21	《名校学生管理教导力》	田福安	30.00
	22	《名校校园文化构建力》	岳春峰	30.00
教学系列创新语文	23	《小学语文：享受对话教学》	孙建锋	30.00
	24	《小学语文：名师教学目标落实艺术》	刘海涛　王林发	30.00
	25	《小学语文：名师魅力教学设计艺术》	刘海涛　王林发	30.00
	26	《小学语文：名师魅力课堂激趣艺术》	刘海涛　王林发	30.00
	27	《小学语文：单元整体教学构建艺术》	李怀源	30.00
	28	《小学作文：名师情趣课堂创设艺术》	张化万	30.00
教师修炼系列	29	《班主任行为八项修炼》	杨连山	30.00
	30	《教师健康心理六项修炼》	李慧生	30.00
	31	《教师专业化五项修炼》	田福安　杨连山	30.00
	32	《课堂教学素养六项修炼》	刘金生	30.00
	33	《教师新师德六项修炼》	王毓珣　王　颖	30.00
教育细节系列	34	《名师最具渲染力的口才细节》	高万祥	30.00
	35	《名师最有效的沟通细节》	李　燕　徐　波	30.00
	36	《名师最有效的激励细节》	张　利　李　波	30.00
	37	《名师培养学生好习惯的高效细节》	李文娟　郭香萍	30.00
	38	《名师人格教育的经典细节》	齐　欣	30.00
	39	《名师营造课堂氛围的经典细节》	高　帆　李秀华	30.00
	40	《名师最有效的赏识教育细节》	李慧军	30.00
	41	《名师最有效的批评细节》	沈　旎	30.00

系列	序号	书　　　名	主编	定价
大师讲坛系列	42	《大师谈教育心理》	肖　川	30.00
	43	《大师谈教育激励》	肖　川	30.00
	44	《大师谈教育沟通》	王斌兴　吴杰明	30.00
	45	《大师谈启蒙教育》	周　宏	30.00
	46	《大师谈教育管理》	樊　雁	30.00
	47	《大师谈儿童人格塑造》	齐　欣	30.00
	48	《大师谈儿童习惯培养》	唐西胜	30.00
	49	《大师谈儿童能力培养》	张启福	30.00
	50	《大师谈早恋与性教育》	闵乐夫	30.00
	51	《大师谈儿童情感教育》	张光林　张　静	30.00
教师成长系列	52	《学学名师那些事》	孙志毅	30.00
	53	《每天学点教育心理学》	石国兴　白晋荣	30.00
	54	《给新教师的建议》	李镇西	30.00
	55	《教师心灵读本：成为有思想的教师》	肖　川	30.00
	56	《教师心灵读本：教师，做反思的实践者》	肖　川	30.00
高中新课程系列	57	《高中新课程：教师角色转变细节》	缪水娟	30.00
	58	《高中新课程：班主任新兵法细节》	李国汉　杨连山	30.00
	59	《高中新课程：教学管理创新细节》	陈　文	30.00
	60	《高中新课程：更有效的评价细节》	李淑华	30.00
教学新突破系列	61	《把教学目标落实到位——名师优质课堂的效率管理》	冯增俊	30.00
	62	《拿什么调动学生——名师生态课堂的情绪管理》	胡　涛	30.00
	63	《零距离施教——名师和谐师生关系的构建艺术》	贺　斌	30.00
	64	《一个都不能落——名师提升学困生的针对教学》	侯一波	30.00
	65	《让学习变得更轻松——名师最能吸引学生的情境设计》	施建平	30.00
	66	《让知识变得更易学——名师改造难学知识的优化艺术》	周维强	30.00
教学提升系列	67	《方法总比问题多——名师转变棘手学生的施教艺术》	杨志军	30.00
	68	《用特色吸引学生——名师最受欢迎的特色教学艺术》	卞金祥	30.00
	69	《让学生爱上课堂——名师高效课堂的引导艺术》	邓　涛	30.00
	70	《拿什么打开思路——名师最吸引学生的课堂切入点》	马友文	30.00
	71	《没有记不牢的知识——名师最能提升学生记忆效果的秘诀》	谢定兰	30.00
	72	《让学生的思维活起来——名师最激发潜能的课堂提问艺术》	严永金	30.00
名师讲述系列	73	《施教先施爱——名师讲述班主任的核心教导力》	杨连山　魏永田	30.00
	74	《在欢乐中成长——名师讲述最具活力的课堂愉快教学》	王斌兴	30.00
	75	《让学生做自己的老师——名师讲述如何提升学生自主学习能力》	徐学福　房　慧	30.00
	76	《引领学生高效学习——名师讲述如何提高学生课堂学习效率》	刘世斌	30.00
	77	《教育从心灵开始——名师讲述最能感动学生的心灵教育》	张文质	30.00